大重型模块
海洋运输装备手册

王　辉　主编
高　远　副主编

中国石化出版社
·北京·

图书在版编目(CIP)数据

大重型模块海洋运输装备手册/王辉主编；高远编. —北京：中国石化出版社，2023.12
ISBN 978-7-5114-7385-1

Ⅰ.①大…　Ⅱ.①王…②高…　Ⅲ.①海上运输-长大货物运输-手册　Ⅳ.①U695.2-62

中国国家版本馆CIP数据核字(2023)第254614号

中国石化出版社出版发行
地址:北京市东城区安定门外大街58号
邮编:100011　电话:(010)57512500
发行部电话:(010)57512575
http://www.sinopec-press.com
E-mail:press@sinopec.com
北京科信印刷有限公司印刷
全国各地新华书店经销
*
787毫米×1092毫米 16开本 19印张 474千字
2023年12月第1版　2023年12月第1次印刷
定价:96.00元

编 委 会

主　编：王　辉

副主编：高　远

参　编：（以姓氏笔画为序，排名不分先后）

王玉东　王　坤　王　健　云　庆　代坤龙

冯　琪　刘　昭　苏　轶　李　庆　吴春蕾

畅镜明　高雪冬　黄　倩　韩淑怡　廖　飞

审　核：李兴举　孙益国

序

20世纪80年代以来，PDS、PDMS、SmartPlant 3D（SP 3D）等高精度设计工具的发展，以及自行式液压模块车、各种大型船舶、大型起重机、提升及顶升装置等现代化装备的出现，极大地推动了模块化建造技术的发展，使该技术陆续应用于沿海大型石油天然气地面工程、炼油化工厂、矿物加工厂、发电厂等陆上项目的建造过程中。

模块化建造技术与传统建造技术的关键差别在于项目的异地同步建造和因此增加的复杂且风险较高的运输环节。在这一环节中，运输装备的选择尤为重要。科学、合理地选择装卸和运输装备，不仅可以提高项目的可实施性，而且可以降低项目实施风险、缩短项目周期、减少项目投资，使得项目建设可控。因此，我们迫切需要对大重型模块及其他相关大件在制造、装船、海洋运输和卸船过程中所涉及的主要运输装备的资源信息和性能参数等进行汇总、整理，以协助工程技术人员科学、快速选择合理的运输装备。

《大重型模块海洋运输装备手册》很好地满足了这一需求。其内容涵盖了大重型模块及其他类似大件在制造和装卸船过程中用到的运输车辆信息，以及海上运输过程中用到的船舶信息；介绍了运输车辆和运输船舶的基础知识；整理、汇总了5家国内外知名品牌自行式液压模块车的技术参数；收录了国内外170余艘特种船舶的主要性能参数信息；列举了多个行业大件海运的工程实例，可为工程技术人员了解和选用大重型模块运输装备提供有益参考。

希望该书能够为读者提供一个全面、系统、专业的视角，帮助大家更好地了解和选用运输装备，为我国大件海洋运输技术的发展贡献力量。

前　　言

近年来，随着高精度设计工具和现代化大型装备的出现，模块化建造技术在石油天然气行业中，已向沿海及以船舶运输、陆地短距离转运为主的大重型模块方向发展。在由海洋到陆上的转变过程中，充分了解并合理选用大重型模块海洋运输装备具有十分重要的意义。

本书详细介绍了大重型模块在制造、装卸船和海洋运输过程中用到的自行式液压模块车和甲板驳船、半潜船、重吊船、拖轮等各类大件运输车辆与船舶的种类、外形、结构、性能及用途等；同时，整理、汇总了5家国内外知名品牌自行式液压模块车的技术参数，收录了国内外170余艘特种船舶的主要性能参数，给出了多个行业海运大件运输的工程实例，可以帮助读者更好地了解和选用这些运输装备。

本书由王辉担任主编，高远担任副主编。第1章由高远、王辉、苏轶、刘昭编写，第2章由高远、苏轶、吴春蕾、王辉编写，第3章由王辉、王玉东编写，第4章由冯琪、代坤龙编写，第5章由苏轶、畅镜明、王辉编写。全书由黄倩担任文字校对，李兴举、孙益国担任技术审核。其他参编人员参与了本书的资料收集与整理等工作。在此，谨向在成书过程中提供过支持和帮助的领导、同事们致以最衷心感谢！

希望本书能够成为对包括大重型模块在内的大件海洋运输感兴趣的读者们的有益指南，相信本书将为您在海洋运输领域的工作和学习提供有价值的信息。

虽然本书进行了多次校审、修改，但因编者水平有限，难免存在疏漏之处，恳请广大读者批评指正。

目　　录

第1章　大件运输车辆基本知识

第1节　概述

目前，大件运输行业普遍使用自行式液压模块车（Self-Propelled Modular Transporter，SPMT）对大重型模块进行场内短倒、装卸船等操作。SPMT主要应用于重、大、高、异型结构物的运输，其优点主要是使用灵活、装卸方便，载重量在多车机械组装或者自由组合的情况下可达50000t以上。

第2节　自行式液压模块车基础知识

自行式液压模块车由动力头（PPU）和带液压马达驱动轮的驱动模块组成。动力头内安装了大马力卧式发动机（400马力以上）、液压泵和大容量的液压油箱，不但为驱动轮提供动力，也为轴线平板车的所有悬挂液压缸和转向液压缸提供液压源。除了增加驱动装置外，自行式驱动模块车与普通的轴线平板车具有同样的技术特点，也可以进行灵活拼组，见图1-2-1。

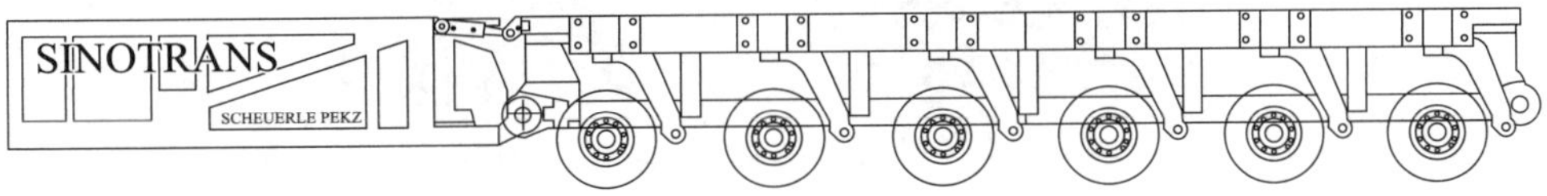

图1-2-1　自行式液压模块车

从图中可以看出，自行式轴线平板车不具有普通牵引车的驾驶室等设施，其操控是通过挂在操作员胸前的操控箱完成的。操控箱与自行式车组以软线或无线的方式连接。

自行式轴线平板车可同时使用两个及两个以上的动力头，以提供更加强大的驱动力，因此这种车辆非常适合超大、超重货物的运输，速度一般为1~5km/h，空载可达到11.5km/h。

自行式液压模块车的支撑与行走驱动装置和上述的自行式轴线平板车的结构相同，二者所不同的是转向系统与制动系统。上述的自行式轴线平板车转向系统主要是采用机械连杆机构进行各车轮的转向连接，而自行式液压模块车是在每个悬架上设置了独立的转向液压缸和电子角度传感器，通过计算机控制，实现每个车轮按计算机程序设定的规律进行转向。车组可以实现多种转向模式，包括纵向四轮转向（纵向八字转向）、横向四轮转向（横向八字转向）、纵向对角横移转向（斜行）、横向对角转向（横行）、后轮转向（甩尾）、前轮转向（甩头）和原地回转、与其他车组相同的常规转向、360° 中心回转、整体侧向平移的蟹行、仅前部转弯的扇形和随意确定转向中心的转弯等。制动系统的区别主要体现在自行式轴线平板车采用气动制动，而SPMT采用液压制动。SPMT主要应用于重、大、高、异型结构物的运输，其优点主要是使用灵活、装卸方便、载重量在多车机械组装或者自由组合的情况下可达50000t以上。在装备制造业、石油、化工、海洋石油、桥梁建造等工程领域应用广泛。

下面以索埃勒品牌SPMT为例进行介绍。

一、基本结构

SPMT主要有4轴线和6轴线两种规格的模块车，如图1-2-2所示。模块车主要由车架、轮轴、悬挂系统等部分组成。车架包括纵梁、横梁、端梁等。轮轴安装在车架底部，每个轮轴安装2只轮胎。轮轴间隔分布有随动轮轴、驱动轮轴和制动轮轴。另外，模块车车体上安装转向、动力、制动、局部控制等系统。

图1-2-2　索埃勒SPMT4轴、6轴及多轴线拼线图

图1-2-3为常见的SPMT轴线的基本尺寸参数和单轮转向参数，4轴SPMT有两驱动和四驱动两种，6轴有两驱动、四驱动、五驱动、六驱动四种。此处以两驱动4轴线模块车、四驱动6轴线模块车为例进行分析。

图1-2-4为SPMT的动力单元（PPU）。PPU通过液压联轴节与平板连接。内置整车使用的所有动力液压泵，液压泵通过法兰与发动机连接，由发动机驱动。该泵为整车驱动、冷却、转向、升降、制动提供高压液压油。另外，全车的电气系统、主控制系统都安装在PPU内。单PPU可连接40轴线，单PPU最多可同时连接三挂（6纵列）模块车。

PPU由发动机、空滤器、散热器、中冷器、油冷却器、变量泵、燃油箱、液压油箱、蓄电池等元件组成。为模块车提供液压和电力。PPU通过铰接和抬头油缸来与平台车相连接。铰接处的连接销可由液压动力推动，抬头油缸的连接可实现PPU上翘0° ~13° 。PPU可以单独或同时操作模块车上的液压组，以对货物进行精确的升降操作。

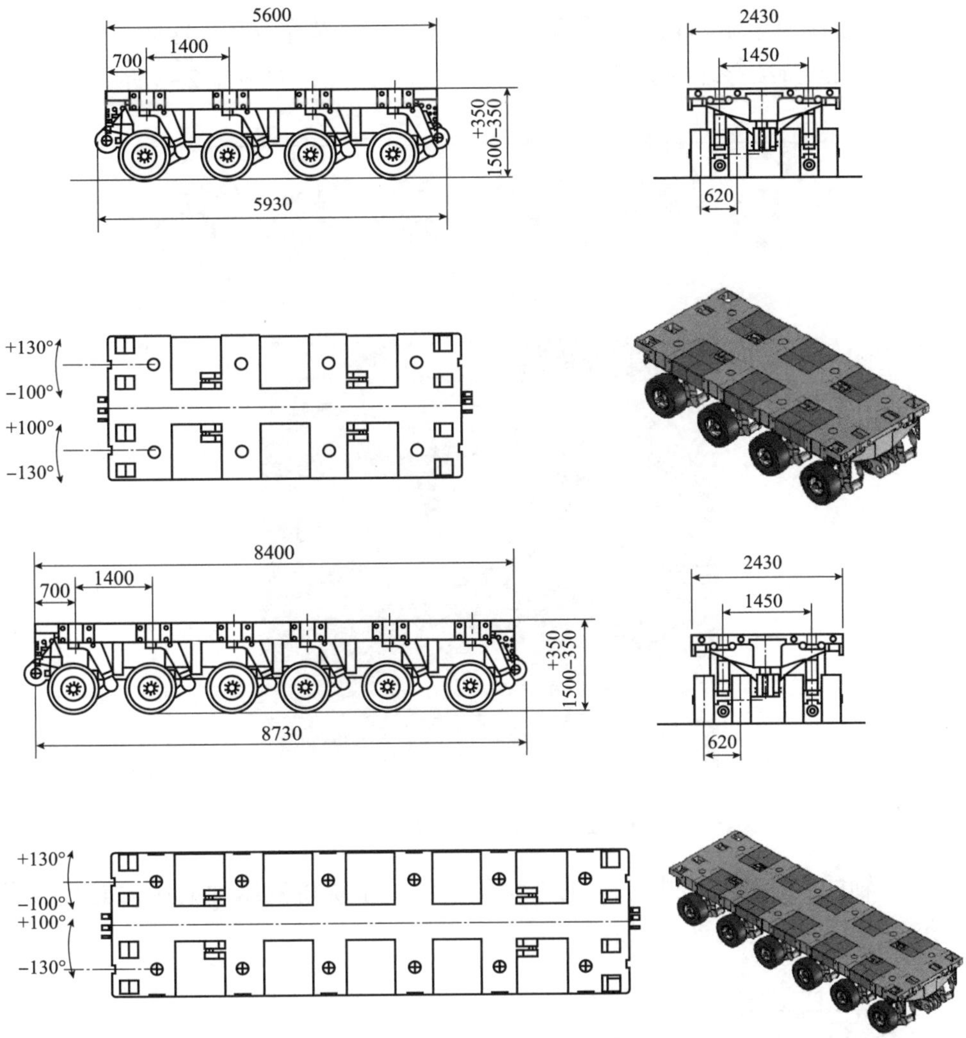

图1-2-3　SPMT轴线基本参数和单轮转向参数（单位：mm）

图1-2-4　SPMT的动力单元

二、SPMT特征

自行式液压模块车驱动轮均匀分布，在坡道、地面附着不好或地面局部路面松软等情况下，可以保证持续存在的驱动力，具有良好的通过性，如图1-2-5所示。

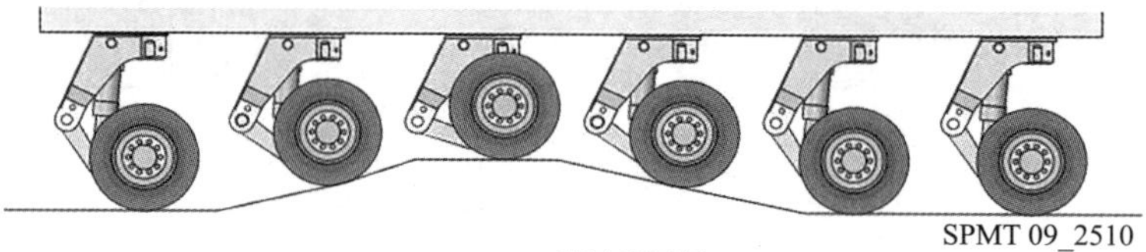

(a) SPMT通过性图纸

(b) SPMT通过性实例

图1-2-5　SPMT通过性示意图

SPMT单轴的转向是在控制系统的作用下，液压系统将液压油的压力能转换成机械能，带动整个悬挂系统的旋转，如图1-2-6所示。

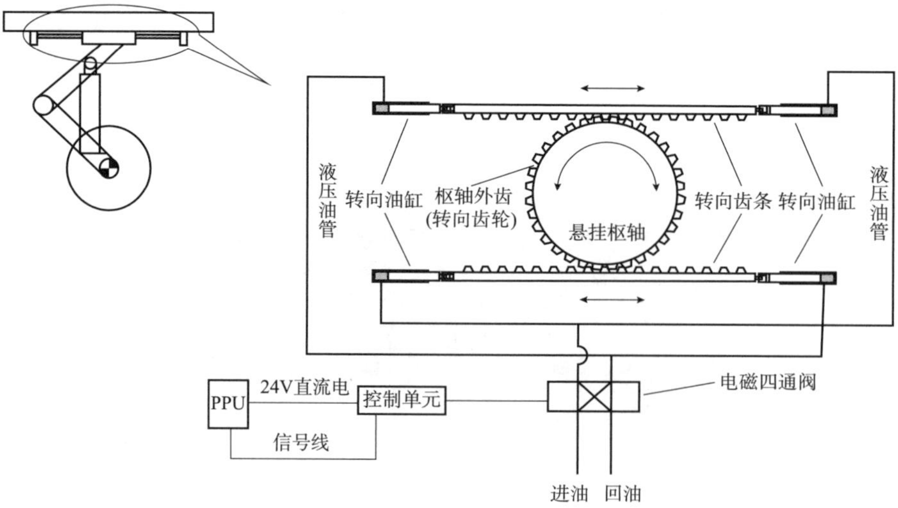

图1-2-6　SPMT转向结构

SPMT有7种转向程序，分别为纵向四轮转向（纵向八字转向）、横向四轮转向（横向八字转向）、纵向对角横移转向（斜行）、横向对角转向（横行）、后轮转向（甩尾）、前轮转向（甩头）和原地回转7种程序。

三、模块车

轴线模块配备了液压驱动单元、电液多方位转向单元和液压升降单元。它是模块组合运输系统的一部分，适合运输各种重物。它可以运动至货物下方，利用模块车的升降功能装载货物，或由其他吊机进行装载。其装载平台为全覆盖式，并且可以自由接近。平台车（图1–2–7）配备必要的液压管路和快速接头，以跟其他模块车进行拼接。

图1–2–7　平台车

四、车架

如图1–2–8所示，车架是承载的主要部件，主梁为箱形梁结构，材料使用高性能焊接钢板Q690E，屈服强度大于等于690MPa。设计计算是按最不利荷载工况来考虑的。车架纵梁布置在中间，横梁连接两端，悬挂安装在横梁上。

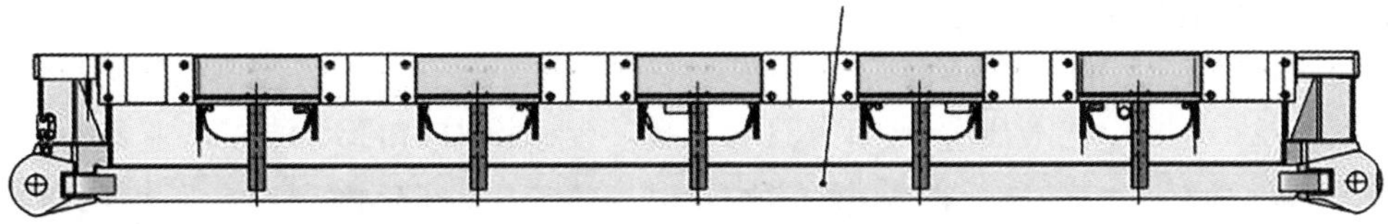

图1–2–8　车架

有效载荷下的抗弯技术条件，如图1–2–9所示。

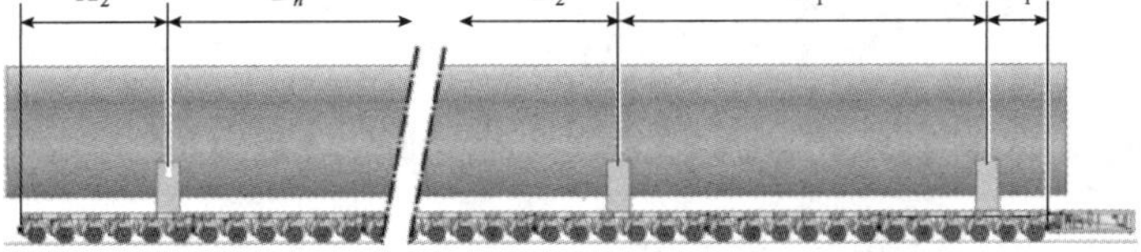

图1–2–9　有效载荷下的抗弯技术条件

如图1-2-9所示，运输超大型货物时通常需要寻找多个支点，这是因为受到了模块车的许可弯矩规定的限制。具体说明如下：

（1）A_1和A_2表示SPMT的悬臂长度，其数值不得超过A_{max}。

（2）B_1，B_2，…，B_n表示两支点的间距，其数值不得超过B_{max}。

必须同时满足这两个尺寸条件，见表1-2-1。

表1-2-1　模块车许可弯矩规定技术条件对照表

轴载（t/轴线）		A_{max}（m）	B_{max}（m）
2纵列	4纵列		
48	96	6.3	14
40	80	7	15.4
30	60	8	18
20	40	10	22.5

除上述条件外，装载还需注意下列问题：

（1）货物必须拥有比连接在一起的自行式液压模块车更为出色的抗弯能力。

（2）货物必须是整件的（即使由不同零部件组成也必须安装成一个整件）。

（3）货物的配车方式尽量让轴线负荷均匀。

（4）运输过程中，因路面纵横坡度等原因，货物重心相对于SPMT不断发生转移。

（5）货物的重心投影必须与自行式液压模块车液压三角形重心相对，如果偏离较大距离，需要按照实际情况计算配车的稳定性以及各液压分组的轴线载荷。

（6）货物的支点必须与货物紧密连接，以避免货物发生扭曲变形的风险。

（7）货物及货物的支点必须保证安全地放置在自行式液压模块车上，以避免发生货物移动的风险。

五、液压悬挂系统

如图1-2-10所示，液压悬挂分为驱动悬挂、制动悬挂和随动悬挂，主要由悬挂架、摆动臂、悬挂油缸、驱动桥、制动桥、随动桥、轮辋、轮胎等部件组成。悬挂通过回转式减速器、球关节轴承与车架相连，承受分配到悬架上的载荷，悬挂架与平衡臂之间由液压油缸连接支撑，使载货平台有700mm的调节范围。

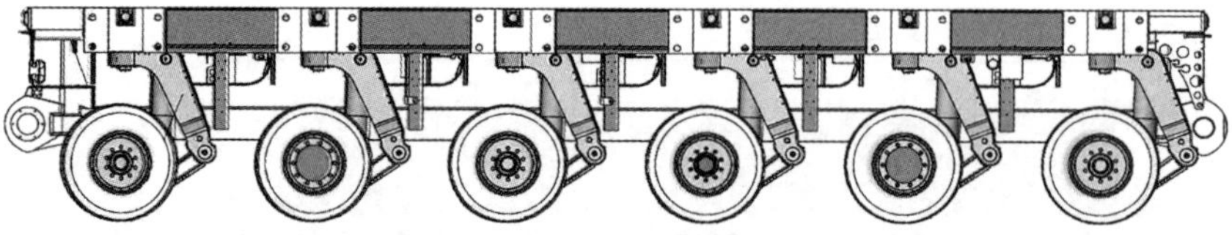

图1-2-10　液压悬挂系统

驱动悬挂安装有减速机和马达，可实现车辆行走功能。制动悬挂安装有带制动油缸的制动车桥，可实现车辆行车制动和驻车制动。

每个悬挂配备提升到最高位的机械限位装置，降到最低位采用油缸最小行程限位，配备有最低位限位销，用于整车运输、拆换轮胎和维修车桥。空载或重载时拆换轮胎，可将整车降到最低，拆换轮胎的悬挂装配最低位限位销，关闭对应悬挂油缸球阀，整车升起一定高度，轮胎离地后进行更换，再将整合降到最低，打开球阀后升起到行驶高度，完成轮胎更换。

当路面有凹坑或凸点时，车辆行驶时载荷平台能够始终保持水平，具有良好的通过性能；车辆支撑系统可以通过悬挂液压系统调整，可形成三点支撑或四点支撑。

轴与车架通过液压悬挂连接，高度可调。轮轴安装在摆动臂前端的轴头上，当路面出现不平坦的路况时，悬挂和车轴会升降和摆动，确保轮轴受力均衡。

在路面垂直方向不平坦时，可通过成组的悬挂油缸提供纵向补偿。在路面横向不平坦时，车桥可通过横向摆动来调整。

在坡度路面，可通过调节悬挂油缸来完成平台的调平，保证货台平面保持相对水平。所有的悬挂油缸均装有管路防爆阀，如果管路发生破裂，流量的增大会在防爆阀两端迅速产生一个压差，使损坏的管路在防爆阀处封堵起来，不会导致悬挂油缸内高压液压油大量泄漏，以避免货物倾斜。

六、液压系统

如图1-2-11所示，SPMT的液压系统由液压驱动系统、液压转向系统、液压提升系统、液压冷却系统、液压制动系统组成。液压系统的动力来源于发动机，发动机工作带动变量泵输出高压液压油，并通过设置不同规格的液压阀体，为各类液压系统提供不同压强的液压油。

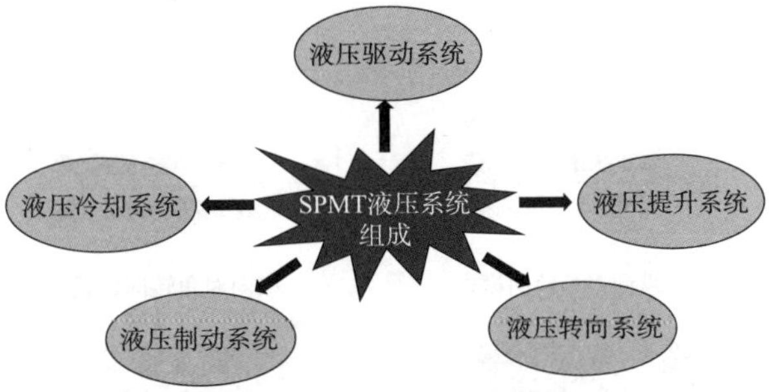

图1-2-11　液压系统组成

（一）液压驱动系统

如图1-2-12所示，液压驱动系统由控制器、发动机、行走驱动泵、行走马达等部件组成。液压驱动系统是变量泵、变量马达的闭式系统。发动机驱动变量闭式泵为驱动马达供油，泵的变量控制方式是DA控制或EP控制，马达的变量采用EP控制方式；转向、悬挂液压系统是负载敏感泵供油的开式系统，悬挂采用液压悬挂，其升降和调平采用电磁阀操纵。

（二）电—液多模式转向系统

悬挂的转向系统如图1-2-13所示。悬挂的转向系统包括转向油泵、转向比例阀、转向油缸、转向齿轮、转向齿条。转向角度为-100°~130°和数字式电子转向程序。

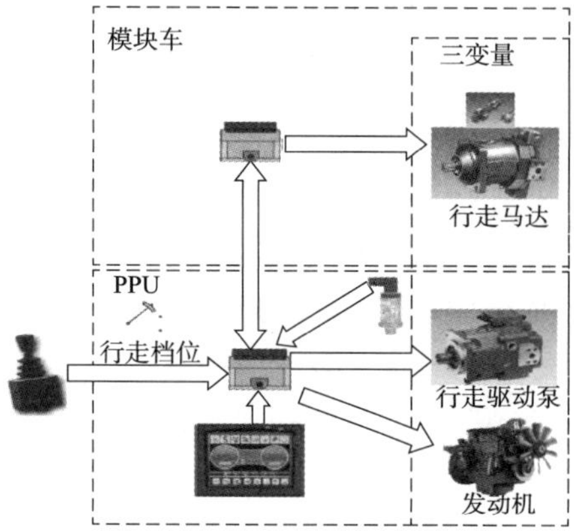

图1-2-12　液压驱动系统

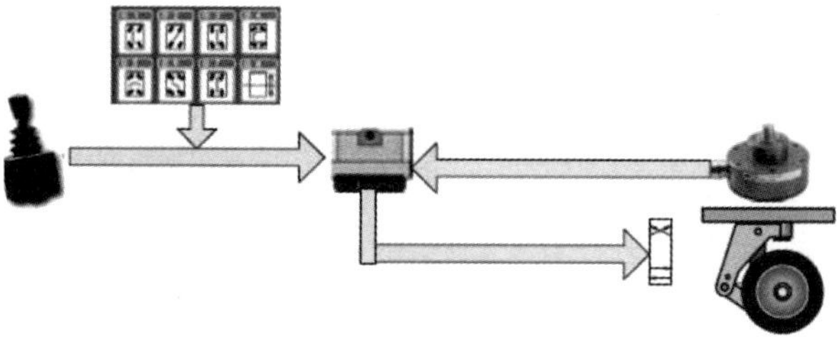

图1-2-13　转向系统

每个悬挂的转向可以通过转向比例阀单独控制。转向油缸、转向齿条、悬挂枢轴通过螺栓与车架相连，便于维修。其转向灵活可靠，满载时转向压力低，其额定输出转矩可达50000N·m，同时，采用闭式润滑结构，维护周期长。

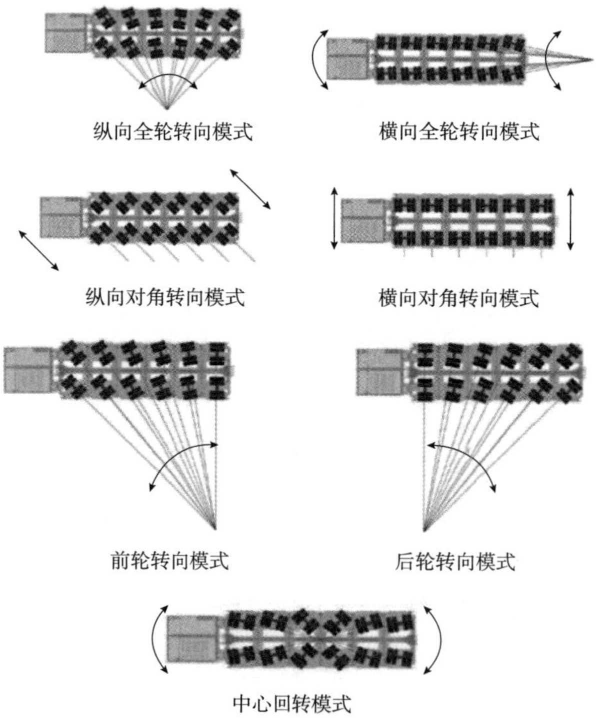

图1-2-14　转向模式

如图1-2-14所示，转向模式包括纵向全轮转向（纵向八字转向）模式、横向全轮转向（横向八字转向）模式、纵向对角转向（斜行）模式、横向对角转向（横行）模式、前轮转向（甩头）模式、后轮转向（甩尾）模式和中心回转模式等。对于模块车的软连接配置，旋转中心可以自由设定，即允许向几乎任何一个方向运动。在模块车静止和全负载情况下，可以允许转向和改变转向程序。这样，即可实现最大负载的精确升降和运输。

（三）液压提升系统

如图1-2-15所示，液压提升系统与液压转向系统共用开式变量泵。油泵出来的油平均分配到悬挂油缸，使车辆载货平台均匀提升。以国内使用最多的

48t级SPMT为例，满载时其悬挂油缸压强为30MPa。

悬挂上的支撑液压缸由管路和软管相互连接。使用截止阀（球阀）对液压缸进行液压分组。

根据货物质量、重心位置和道路情况，可以将支撑系统分为3~4个液压组，在多个模块车拼车时也一样适用。这样，即使在不规则道路上行驶，也可以确保均匀的轴负荷。

每个轴线的液压回路之间都配备球阀，这样可以确保在多台模块车拼接的情况下，也可以灵活地对液压系统进行分组。

在更换轮胎或单轴损坏的情况下，可以通过手动操作球阀来锁死，或将单轴从整个液压系统中分离出来。

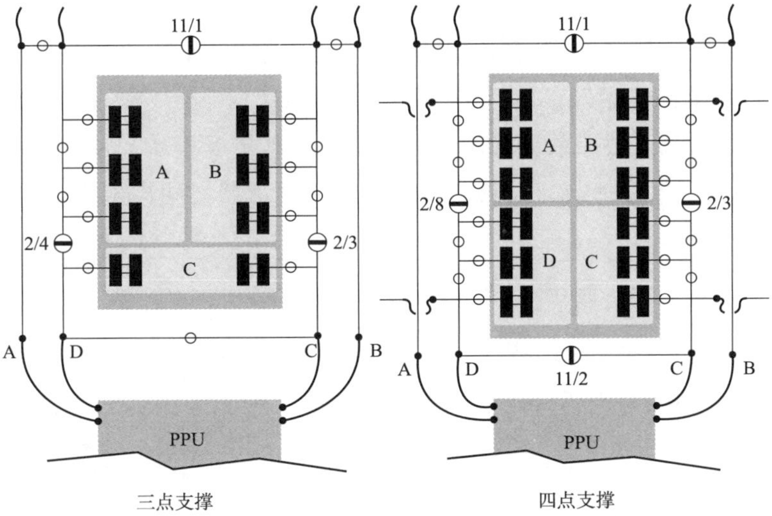

图1-2-15　液压提升系统

（四）液压冷却系统

液压冷却系统采用齿轮泵驱动液压马达带动风扇进行散热。由控制器监控发动机温度来动态调节散热器风扇转速，使发动机处于最佳工作温度，如图1-2-16所示。

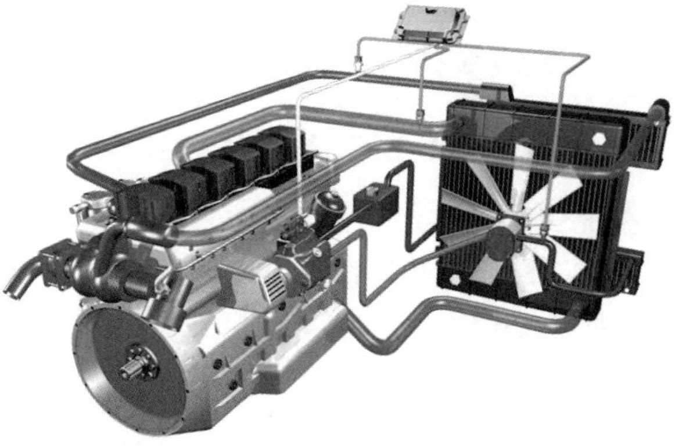

图1-2-16　液压冷却系统

（五）液压制动系统

SPMT使用液压制动系统，制动压力来源于PPU内变量泵，通过液压管路的连接，将PPU提供的制动压力传递至模块车上的制动油缸。同时PPU上还配备了制动蓄能罐、手动打压泵。前者配合手动球阀，可在应急情况下释放蓄能罐内的制动压力，以使模块车进入制动刹车状态；后者应用于制动系统故障，无法提供制动压力、无法解除刹车时，通过手动打压，建立制动压力，进而使模块车解除制动刹车状态。该系统可实现的功能包括：行车制动和解除，手动紧急制动，驻车制动，以及手动紧急解除制动。

七、控制系统

SPMT的标称电压为24V，配备4个12V（合计电量225Ah）的蓄电池，PPU配置的电控、监测设备采用液晶显示器。

如图1-2-17所示，微控系统采用TTC控制器及其扩展模块，使SPMT各系统控制的可靠性和稳定性更好。控制器与控制器、控制器与显示器之间均采用CAN总线形式进行数据传输。

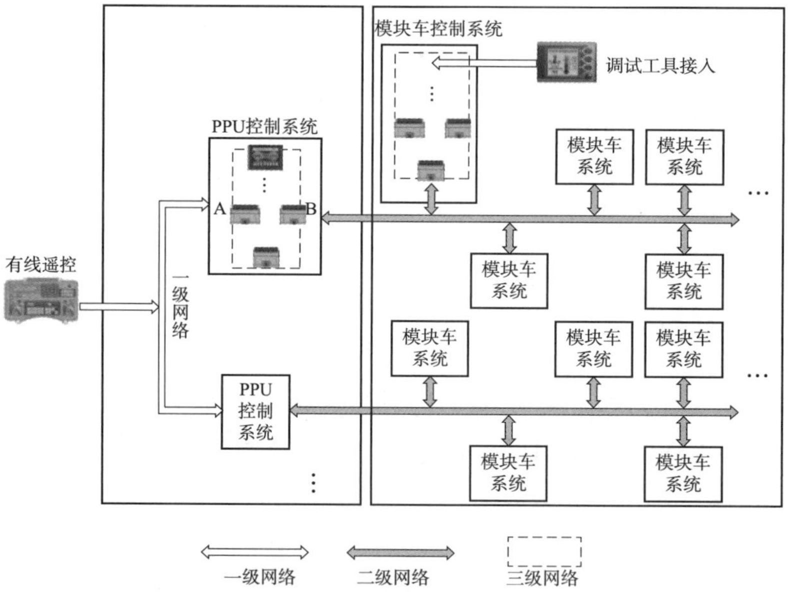

图1-2-17　控制系统

设有控制单元箱，各种控制元件均在控制箱内。

电控系统一般配置有：工程车专用控制器、液晶显示器、编码器、压力传感器、倾角传感器等，保护等级一般均在IP67以上。

（一）显示器

显示器除具有一般操作、监视功能外，还有如下显示功能：

（1）仪表显示。发动机水温表、发动机转速表、制动压力表、发动机小时计、驱动泵压力表、转向顶升泵压力表、机油压力表、燃油油量表、电压表。

（2）具有发动机故障代码显示功能。

（3）灯光报警。发动机滤芯阻塞报警、液压过滤器滤芯阻塞报警、燃油低报警、机油压力报警、机油液位报警、冷却剂温度报警、液压油位低报警等。

（4）照明。警示灯、尾灯装置。

显示器各功能界面主要有主页面、发动机检测页面、液压系统检测页面、PPU报警页面、SPMT驱动报警页面、SPMT转向报警页面、并车标定页面、悬挂表达页面、行走驱动标定页面、查询页面等。

（二）遥控器

SPMT一般采用有线/无线一体遥控装置（如图1-2-18所示）来实现车辆的驱动控制、升降控制、转向控制等，保证整车运行同步平稳协调。

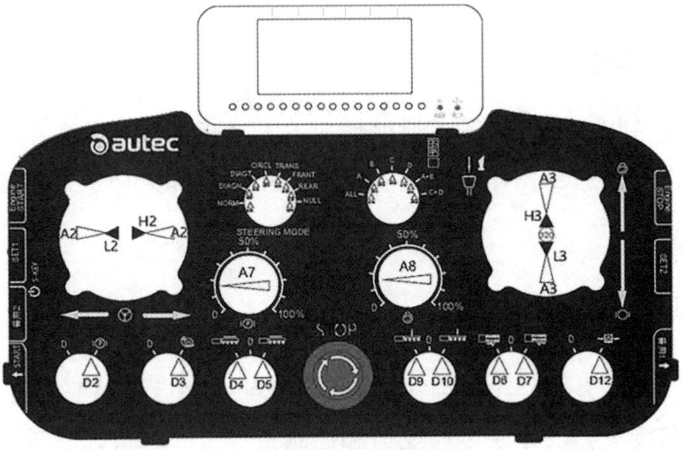

图1-2-18　有线/无线一体遥控器（带显示功能）

遥控器由接收器和发射器组成，集中了对车辆控制的所有功能。在车辆运行现场信号有干扰的情况下，可连接电缆，做有线遥控器使用，功能与无线状态时一致。遥控器能够实现主从车设定，设定为主车的遥控器可实现车组所有功能：如行驶、制动、转向、升降、熄火、急停、驻车制动、转向模式的设定、信息监测等功能。

（三）并车控制系统

如图1-2-19所示，单台SPMT组合设定成功后，由各PPU单元的ECU主控制器通过CAN总线连接通信，由显示器设定各SPMT的地址，确定主、从站。

PPU单元ECU主控制器通过CAN总线诊断系统启动，检测各SPMT CAN总线连接是否正常，并通过显示器将信息反馈给操作人员。

确定运输车组中心位置，将各SPMT中心与运输车组中心x、y坐标参数、角度输入

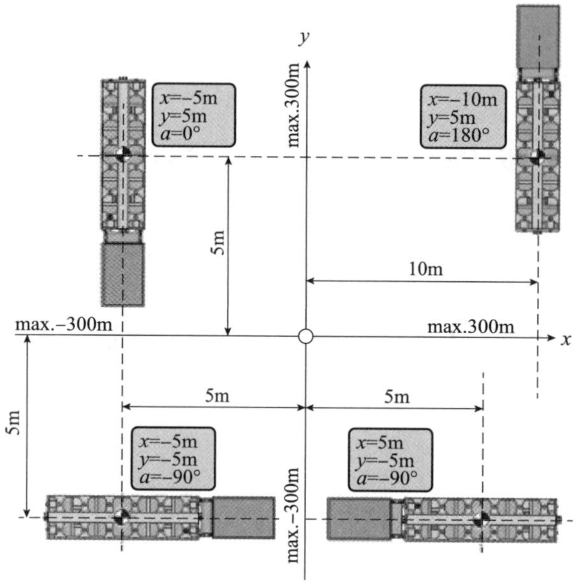

图1-2-19　并车控制系统

CMV显示器后，ECU自动计算出各轴线在各种转向模式下的转向角度。

多台PPU并车除了控制转向角度外，同时需协调控制各发动机转速、行走速度、液压系统压力等参数，为了保证运输车组的协调工作能力、简化运算程序、减少通信数据量，在固定转向模式下，主要协调车辆行走速度以及液压系统压力；在纵向全轮转向（纵向八字转向）、纵向对角转向模式下，限定主站SPMT运行车速（可修改），其他各从站SPMT依据与主站SPMT的距离、转向角度的实时变化协调车辆的行走速度以及液压系统压力。

（四）应急控制系统

应急控制系统是指在遥控器不可用的情况下，或现场有特殊要求时，通过侧操作面板对整车进行操作的非遥控操作工作模式，通过侧面板开关切换正常遥控模式和特殊操作模式。

八、电气系统

平台车的电气系统为24V-DC系统。模块车的前端和后端必要时可以加装照明系统。模块车配备电线和接头，以方便传输电力和控制指令，同时可以实现与其他模块车的连接。电气/电子开关和控制元件安装于防震接线盒内，线路和元件应具备符合标准的标签，以方便故障查询和设备维修。接线盒应为不锈钢材料，符合IP67的防水防潮等级。

九、拼车机构

各模块车之间可横向或纵向拼接。模块车之间纵向拼接时，液压连接采用高性能快速接头插接，密封性好，操作便捷。电气接口采用工程重型插接件，拼车连接时方便、快捷。

第2章　自行式液压模块车参数

第1节　概述

目前，中国市场分为进口自行式液压模块车和国产自行式液压模块车，均以单轴承载48t为市场主流。进口车型生产厂家为德国索埃勒公司（Scheuerle 车辆制造有限公司），国产制造竞争较为激烈，市场使用以华运顺通、大方、新大方、万山四家生产的车型为主。

本书将对模块运输常用的自行式液压模块车参数进行介绍，以供读者了解，详细设计参数见本章后续小节。

第2节　索埃勒品牌

一、PPU技术参数

索埃勒品牌自行式液压模块车PPU技术参数见表2-2-1。

表2-2-1　索埃勒品牌自行式液压模块车PPU技术参数

尺寸（长×宽×高）	4430mm×2310mm×1100mm
连接长度	4275mm
带胶轮时的高度	1157mm
自重	7200kg
动力头抬头角度（纵向/斜向）	13°/5°
发动机（厂家/型号）	戴姆勒Daimler AG/OM502 LA
排放标准	欧III
油缸数量/容量	8/V型/15930cm^3
功率	350kW（476PS）@1800r/min
扭矩	2300N·m@1200r/min
冷却系统	液冷—空冷
启动器—电压/功率	24V/6.2kW
发电机（电压/功率）	24（28）V/2800W
油耗	10~84L/h

续表

蓄电池/电压	4 × 12V，225Ah/24V
燃油箱容积	约400L
液压油箱（不锈钢）容积	约800L，可用容量520L
变量泵1（驱动）	最大流量345L/min，最大压力4 × 10^4kPa
变量泵2（驱动）	最大流量240L/min，最大压力4 × 10^4kPa
变量泵（转向）	最大流量370L/min，最大压力3.6 × 10^4kPa
环境温度	-20~40℃
驱动能力	最多可驱动40轴线80个悬挂（26个驱动悬挂）

索埃勒品牌自行式液压模块车PPU外形图如图2-2-1所示。

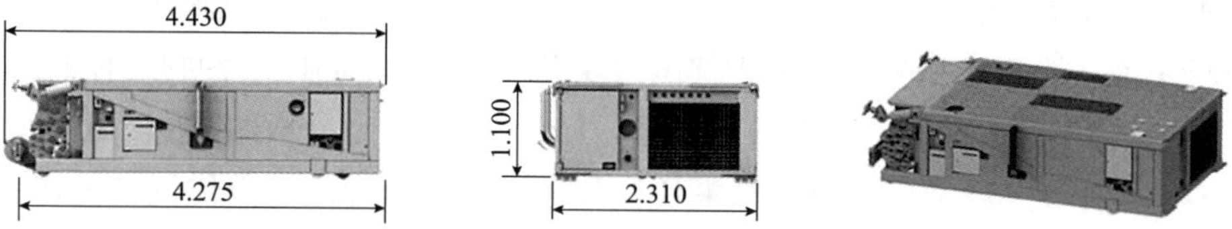

图2-2-1　索埃勒品牌自行式液压模块车PPU外形图（单位：m）

二、四轴线模块单元车技术参数

索埃勒品牌四轴线模块单元车技术参数如表2-2-2所示。

表2-2-2　索埃勒品牌四轴线模块单元车技术参数

模块型号	PEKZ 140.8.2X24			
轮胎	16 × 355/65-15 PR 24，Continental IC40德国马牌轮胎，数量16个			
平板尺寸（长 × 宽）	5600mm × 2430mm			
平板最低高度	1150mm			
平板行驶高度（中间高度）	1500mm			
液压补偿行程	700（± 350）mm			
悬挂总数	8个			
驱动悬挂总数	2个			
制动悬挂总数	4个			
从动悬挂数	2个			
牵引力	2 × 60kN=120kN			
制动力	4 × 55kN=220kN			
允许最大行驶速度	11.5km/h			
转向结构形式与转向角度	齿轮齿条结构，转向角度-100°~130°			
使用环境温度	-20~40℃			
平板允许弯矩	-6262~7785kN·m			
速度	5km/h	3km/h	1km/h	0.5km/h
最大净载重	126650kg	142650kg	174650kg	174650kg

续表

自重（约）	17350kg	17350kg	17350kg	17350kg
允许总重	144000kg	160000kg	192000kg	192000kg
允许轴载荷	36000kg	40000kg	48000kg	48000kg

索埃勒品牌四轴线模块单元车外形图如图2-2-2所示。

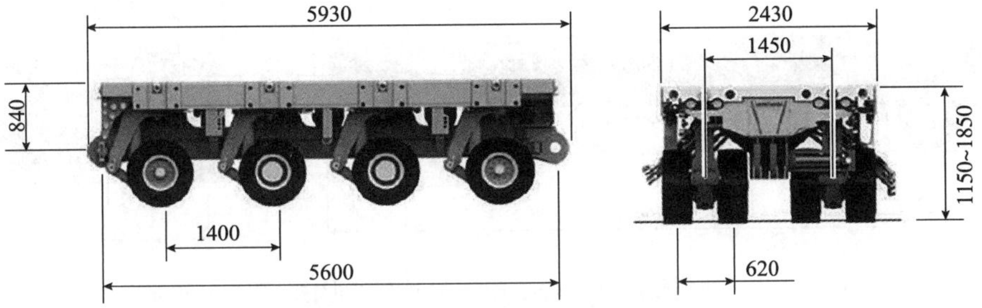

图2-2-2　索埃勒品牌四轴线模块单元车外形图（单位：mm）

三、六轴线模块单元车技术参数

索埃勒品牌六轴线模块单元车技术参数见表2-2-3。

表2-2-3　索埃勒品牌六轴线模块单元车技术参数

模块型号	PEKZ 210.12.4 X24			
轮胎	24 × 355/65-15 PR 24，Continental IC40德国马牌轮胎，数量24个			
平板尺寸（长 × 宽）	8400mm × 2430mm			
平板最低高度	1150mm			
平板行驶高度（中间高度）	1500mm			
液压补偿行程	700（±350）mm			
悬挂总数	12个			
驱动悬挂总数	4个			
制动悬挂总数	6个			
随动悬挂数	2个			
牵引力	4 × 60kN=240kN			
制动力	6 × 55kN=330kN			
允许最大行驶速度	11.5km/h			
转向结构形式与转向角度	齿轮齿条结构，转向角度-100°~130°			
使用环境温度	-20~40℃			
平板允许弯矩	-6262~7785kN·m			
速度	5km/h	3km/h	1km/h	0.5km/h
最大净载重	190150kg	214150kg	262150kg	262150kg
自重（约）	25850kg	25850kg	25850kg	25850kg

续表

允许总重	216000kg	240000kg	288000kg	288000kg
允许轴载荷	36000kg	40000kg	48000kg	48000kg

索埃勒品牌六轴线模块单元车外形图如图2-2-3所示。

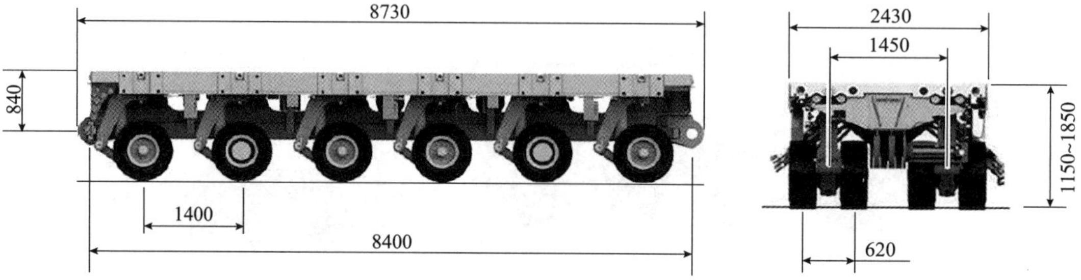

图2-2-3　索埃勒品牌六轴线模块单元车外形图（单位：mm）

第3节　华运顺通品牌

一、PPU技术参数

华运顺通品牌自行式液压模块车PPU技术参数见表2-3-1。

表2-3-1　华运顺通品牌自行式液压模块车PPU技术参数

长×宽×高	4155mm×2310mm×1100mm
拼接长度	4000mm
自重	6.5t（含燃油、液压油）
最大仰角	向上13°
发动机/排放标准	德国道依茨 TCD2015V06/EURO 3
功率	330~360kW@2100r/min
扭矩	2080N·m@1300r/min
油耗	7~60L/h
蓄电池/电压	4×12V，120Ah/24V
燃油箱容积	400L填充容积
液压油箱（不锈钢）容积	800L填充容积
行走泵	A4VG180+A4VG125 最大流量600L/min，最高压力4.2×10⁴kPa
转向升降泵	A11VO190 最大流量375L/min，最高压力3.6×10⁴kPa
环境温度	-20~50℃
驱动能力	最多可驱动40轴线

华运顺通品牌自行式液压模块车PPU外形图如图2-3-1所示。

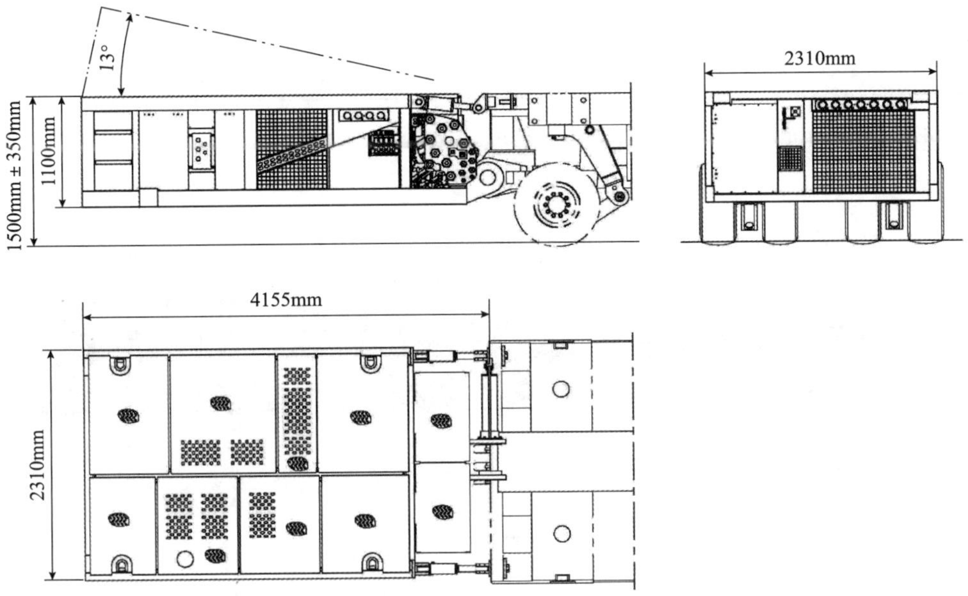

图2-3-1 华运顺通品牌自行式液压模块车PPU外形图

二、四轴线模块单元车技术参数

华运顺通品牌四轴线模块单元车技术参数如表2-3-2所示。

表2-3-2 华运顺通品牌四轴线模块单元车技术参数

轴线数	4条			
行驶速度	5km/h	3 km/h	1 km/h	0.5 km/h
额定有效载荷	125.8t	133.8t	153.8t	173.8t
设备自重	18.2t	18.2t	18.2t	18.2t
额定总载荷	144.0t	152.0t	172.0t	192.0t
最大轴载	36.0t	38.0t	43.0t	48.0t
载重平台尺寸（长 × 宽）	5600mm × 2430mm			
载重平台行驶高度	1500mm			
载重平台升降行程	700mm（ ± 350mm）			
悬挂数量（全部）	8个			
悬挂数量（驱动悬挂）	2个			
悬挂数量（制动悬挂）	4个			
悬挂数量（从动悬挂）	2个			
牵引力	2 × 80kN=160kN@4 × 10^4kPa			
制动力	4 × 55kN=220kN			
许用最大行驶速度	11.5km/h			
轮胎数量型号	16 × 355/65-15			

续表

转向角度	-100°~130°
工作环境温度	-20~50℃
平台许用弯矩	-6262~7785kN·m

华运顺通品牌四轴线模块单元车外形图如图2-3-2所示。

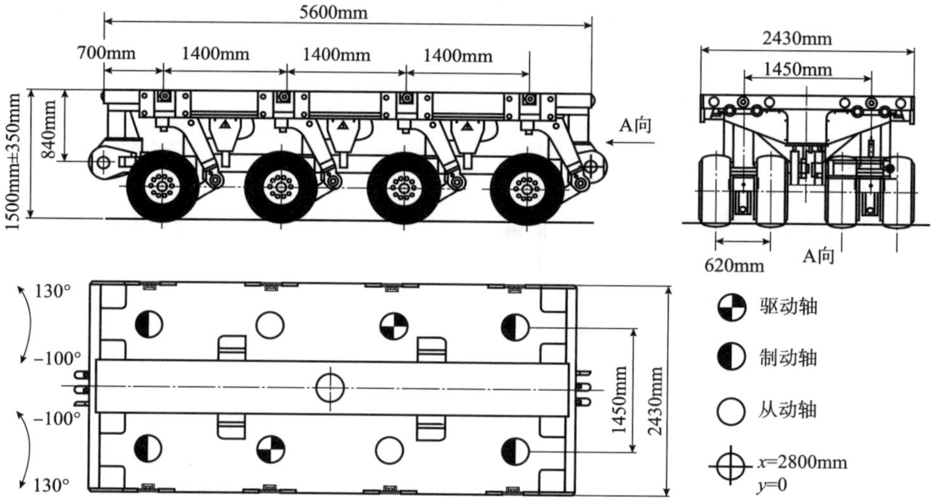

图2-3-2　华运顺通品牌四轴线模块单元车外形图

三、六轴线模块单元车技术参数

华运顺通品牌六轴线模块单元车技术参数如表2-3-3所示。

表2-3-3　华运顺通品牌六轴线模块单元车技术参数

轴线数	6条			
行驶速度	5km/h	3km/h	1km/h	0.5km/h
额定有效载荷	189.2t	201.2t	231.2t	261.2t
设备自重	26.8t	26.8t	26.8t	26.8t
额定总载荷	216.0t	228.0t	258.0t	288.0t
最大轴载	36.0t	38.0t	43.0t	48.0t
载重平台尺寸（长×宽）	8400mm×2430mm			
载重平台行驶高度	1500mm			
载重平台升降行程	700mm（±350mm）			
悬挂数量（全部）	12个			
悬挂数量（驱动悬挂）	4个			
悬挂数量（制动悬挂）	6个			
悬挂数量（从动悬挂）	2个			
牵引力	4×80kN=320kN@4×10^4kPa			
制动力	6×55kN=330kN			

续表

许用最大行驶速度	11.5km/h
轮胎数量型号	24 × 355/65–15
转向角度	–100° ~130°
工作环境温度	–20~50℃
平台许用弯矩	–6262~7785kN·m

华运顺通品牌六轴线模块单元车外形图如图2–3–3所示。

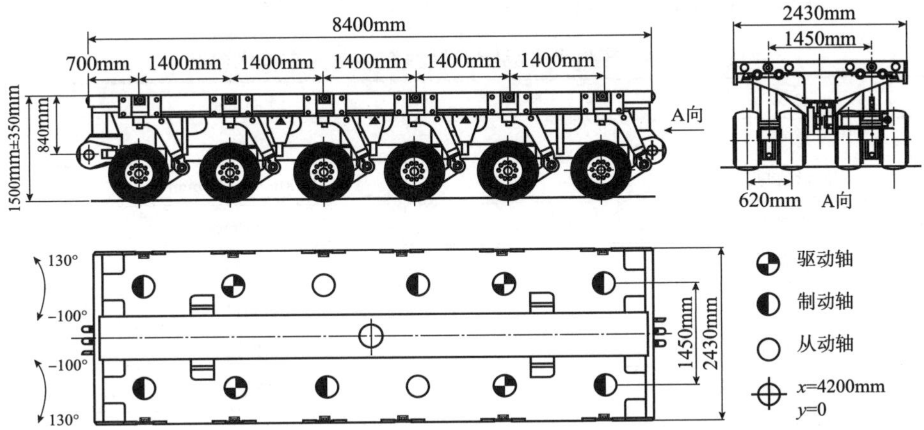

图2–3–3　华运顺通品牌六轴线模块单元车外形图

第4节　苏州大方品牌

一、PPU技术参数

苏州大方品牌自行式液压模块车PPU技术参数如表2–4–1所示。

表2–4–1　苏州大方品牌自行式液压模块车PPU技术参数

自重	7000kg
总长	4350mm
总宽	2310mm
总高	1080mm
发动机品牌/型号	DEUTZ（德国）/TCD2015
进气形式	增压中冷
气缸数	6个
功率	330kW
转速	2100r/min
蓄电池	4 × 12V

续表

发电机	28V，100AMP
车辆电气系统电压	24V
液压系统额定压力	3×10^4kPa

二、四轴线模块单元车技术参数

苏州大方品牌四轴线模块单元车技术参数如表2-4-2所示。

表2-4-2　苏州大方品牌四轴线模块单元车技术参数

总长	5600mm			
总宽	2430mm			
装载高度	1500mm ± 350mm			
行驶高度	1500mm			
轴距	1400mm			
自重	4500kg/轴线			
悬挂数量	8个			
驱动桥/制动桥数量	4/4或2/6			
轮胎型号	32 × 14.5–15/16			
速度	5km/h	3km/h	1km/h	0.5km/h
净载重	100000kg	108000kg	126000kg	142000kg
总质量	118000kg	126000kg	144000kg	160000kg

三、六轴线模块单元车技术参数

苏州大方品牌六轴线模块单元车技术参数如表2-4-3所示。

表2-4-3　苏州大方品牌六轴线模块单元车技术参数

总长	8400mm			
总宽	2430mm			
装载高度	1500mm ± 350mm			
行驶高度	1500mm			
轴距	1400mm			
自重	4500kg/轴线			
悬挂数量	12个			
驱动桥/制动桥数量	4/8			
轮胎型号	32 × 14.5–15/24			
速度	5km/h	3km/h	1km/h	0.5km/h
净载重	150t	162t	189t	213t
总质量	168t	180t	207t	231t

第5节　郑州新大方品牌

一、PPU技术参数

郑州新大方品牌自行式液压模块车PPU技术参数如表2-5-1所示。

表2-5-1　郑州新大方品牌自行式液压模块车PPU技术参数

型号	PPU390
PPU（长×宽×高）	4650mm×2310mm×1100mm（具体长度可微调）
PPU提升角	约12°
PPU自重	约7.5t
发动机厂家	华柴道依茨/潍柴
发动机型号	TCD12.0/WP13
发动机功率	390kW/2100r/min
尾气排放标准	非道路国Ⅳ阶段
燃油箱容积	350L
液压油箱容积	有效容积630L
驱动系统最高工作压力	400bar
转向系统最高工作压力	350bar
电气系统标称电压	24V
每个动力模块单元可驱动的最大轴线数	40轴线

郑州新大方品牌自行式液压模块车PPU外形图如图2-5-1所示。

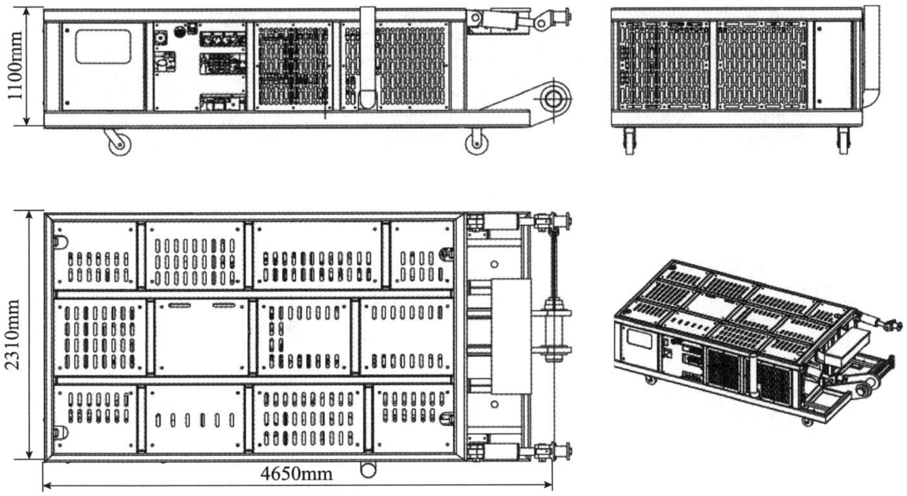

图2-5-1　郑州新大方品牌自行式液压模块车PPU外形图

二、四轴线模块单元车技术参数

郑州新大方品牌四轴线模块单元车技术参数如表2–5–2所示。

表2–5–2　郑州新大方品牌四轴线模块单元车技术参数

型号	DCMZ48X4			
行驶速度	5km/h	3km/h	1km/h	0.5km/h
最大总质量	144t	160t	172t	192t
整备质量	18t	18t	18t	18t
最大载质量	126t	142t	154t	174t
轴线载荷	36t	40t	43t	48t
载重平台尺寸（长 × 宽）	5600mm × 2430mm			
载货平台重载行驶高度	约1500mm			
载货平台升降补偿行程	700mm（ ± 350mm）			
悬挂数量（全部）	8个			
悬挂数量（驱动悬挂）	2个			
悬挂数量（制动悬挂）	4个			
悬挂数量（从动悬挂）	2个			
牵引力	120kN			
制动力	160kN			
轮胎型号	355（实心轮胎）			
转向角度	230°（ –100° ~130° ）			

郑州新大方品牌四轴线模块单元车外形图如图2–5–2所示。

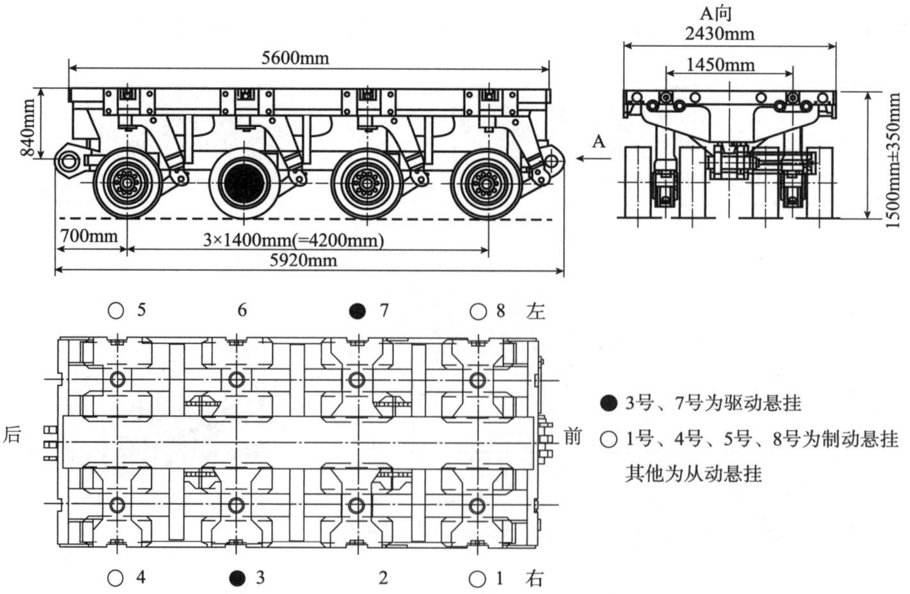

图2–5–2　郑州新大方品牌四轴线模块单元车外形图

三、六轴线模块单元车技术参数

郑州新大方品牌六轴线模块单元车技术参数如表2-5-3所示。

表2-5-3　郑州新大方品牌六轴线模块单元车技术参数

型号	DCMZ48X6			
行驶速度	5km/h	3km/h	1km/h	0.5km/h
最大总质量	216t	240t	258t	288t
整备质量	27t	27t	27t	27t
最大载质量	189t	213t	231t	261t
轴线载荷	36t	40t	43t	48t
载重平台面积（长 × 宽）	8400mm × 2430mm			
载货平台重载行驶高度	约1500mm			
载货平台升降补偿行程	700mm（ ± 350mm）			
悬挂数量（全部）	12个			
悬挂数量（驱动悬挂）	4个			
悬挂数量（制动悬挂）	6个			
悬挂数量（从动悬挂）	2个			
牵引力	240kN			
制动力	240kN			
轮胎型号	355（实心轮胎）			
转向角度	230°（-100° ~130° ）			

郑州新大方品牌六轴线模块单元车外形图如图2-5-3所示。

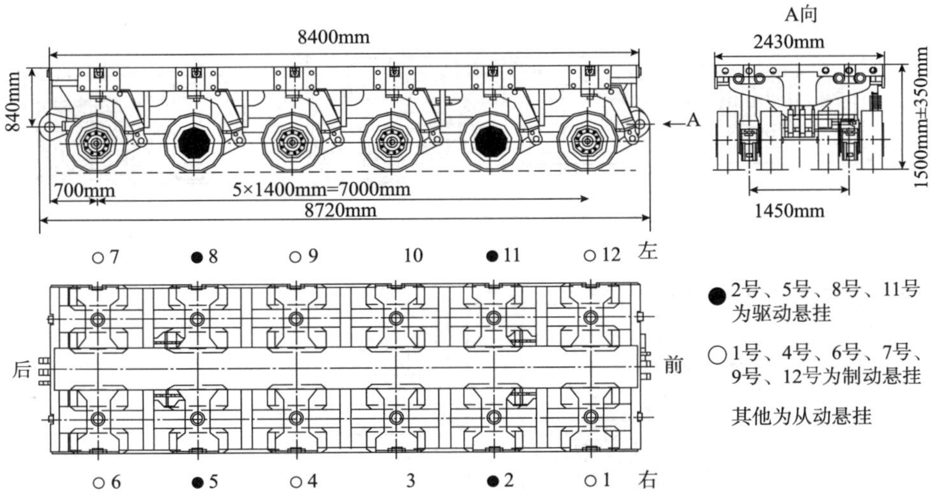

图2-5-3　郑州新大方品牌六轴线模块单元车外形图

第6节　万山品牌

一、PPU技术参数

万山品牌自行式液压模块车PPU技术参数如表2-6-1所示。

表2-6-1　万山品牌自行式液压模块车PPU技术参数

型号	W1000Zd
PPU（长×宽×高）	4200mm×2310mm×1100mm
PPU提升角	向上12°
PPU自重	7t
发动机厂家	道依茨Deutz
发动机型号	TCD2015 V06
发动机功率	360kW/2100r/min
尾气排放标准	欧Ⅲ
燃油箱容积	400L
液压油箱容积	800L
驱动系统最高工作压力	400bar
转向系统最高工作压力	350bar
电气系统标称电压	24V
每个动力模块单元可驱动的最大轴线数	40轴线，其中驱动轴线数为13

万山品牌自行式液压模块车PPU外形图如图2-6-1所示。

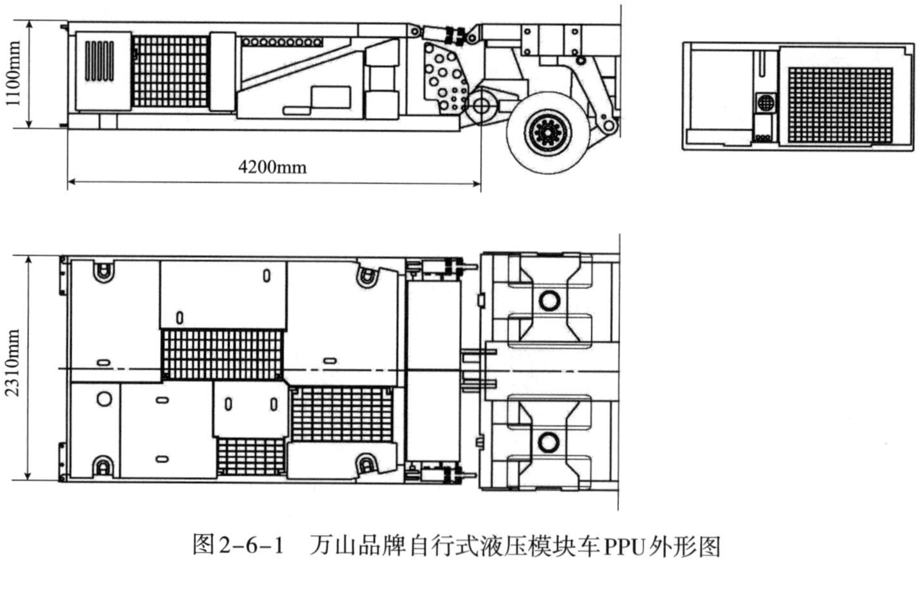

图2-6-1　万山品牌自行式液压模块车PPU外形图

二、四轴线模块单元车技术参数

万山品牌四轴线模块单元车技术参数如表2-6-2所示。

表2-6-2　万山品牌四轴线模块单元车技术参数

型号	WS91204Zd1			
行驶速度	5km/h	3km/h	1km/h	0.5km/h
最大总质量	144t	160t	172t	192t
整备质量	18t	18t	18t	18t
额定载质量	126t	142t	154t	174t
轴线荷载	36kg	40kg	43kg	48kg
载重平台面积（长×宽）	5600mm×2430mm			
载货平台满载最低高度	约1150mm			
载货平台满载行驶高度	约1500mm			
载货平台升降补偿行程	700mm（±350mm）			
悬挂数量（全部）	8个			
悬挂数量（驱动悬挂）	2个			
悬挂数量（制动悬挂）	4个			
悬挂数量（从动悬挂）	2个			
400bar时的牵引力	120kN			
制动力	160kN			
轮胎型号	355/65-15/9.75实心轮胎			
转向角度	±106°			
平台许用弯矩	-6200~7700kN·m			

万山品牌四轴线模块单元车外形图如图2-6-2所示。

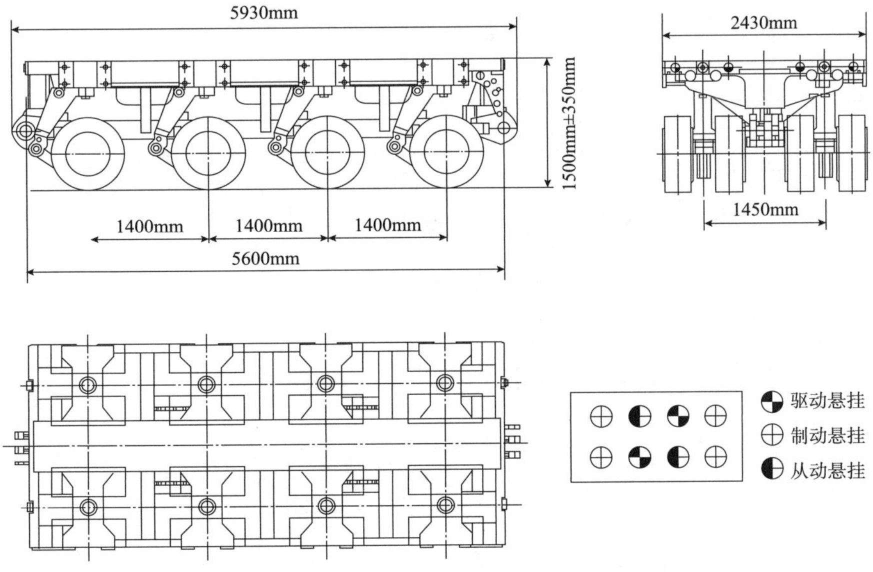

图2-6-2　万山品牌四轴线模块单元车外形图

三、六轴线模块单元车技术参数

万山品牌六轴线模块单元车技术参数如表2-6-3所示。

表2-6-3　万山品牌六轴线模块单元车技术参数

型号	WS91804Zd1			
行驶速度	5km/h	3km/h	1km/h	0.5km/h
最大总质量	216t	240t	258t	288t
整备质量	27t	27t	27t	27t
额定载质量	189t	213t	231t	261t
轴线荷载	36t	40t	43t	48t
载重平台面积（长×宽）	8400mm×2430mm			
载货平台满载最低高度	约1150mm			
载货平台满载行驶高度	约1500mm			
载货平台升降补偿行程	700mm（±350mm）			
悬挂数量（全部）	12个			
悬挂数量（驱动悬挂）	4个			
悬挂数量（制动悬挂）	6个			
悬挂数量（从动悬挂）	2个			
400bar时的牵引力	240kN			
制动力	240kN			
轮胎型号	355/65-15/9.75实心轮胎			
转向角度	±106°			
平台许用弯矩	-6200~7700kN·m			

万山品牌六轴线模块单元车外形图如图2-6-3所示。

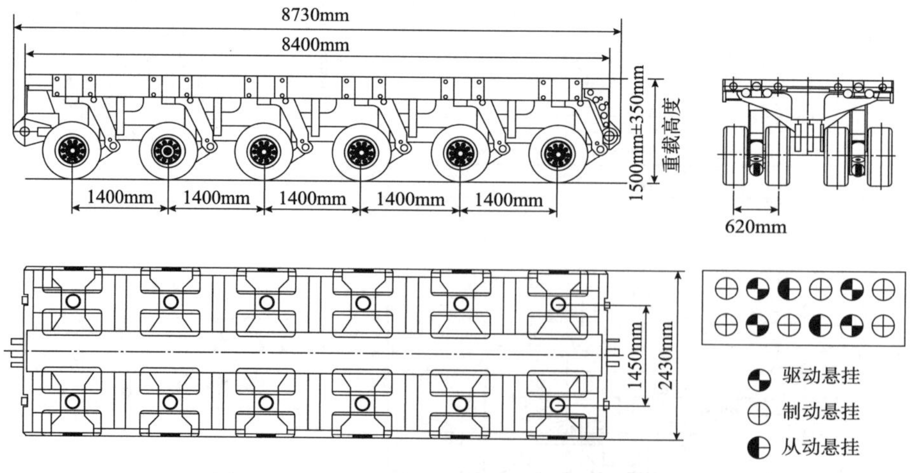

图2-6-3　万山品牌六轴线模块单元车外形图

第7节　SPMT实际应用中的注意事项

本章所列举的5种品牌的SPMT基本功能一致，机械构造大同小异。其差异主要表现在两方面：其一，液压管路的设计不同，液压管路的数量及拼接位置存在差异，直接导致不同品牌的SPMT之间无法互相拼接；其二，电气控制系统彼此之间完全独立，PLC主控制器的控制程序、控制逻辑完全不同，且不同品牌的SPMT之间无法建立通信，互相不兼容。这两点决定了每种品牌的SPMT只能与同品牌车辆拼接使用。

对于超大型海工模块运输而言，其所需要的SPMT车组极为庞大。在无法确保全部使用同一品牌SPMT的情况下，同时使用两种甚至两种以上品牌的SPMT进行运输，这在理论上是可行的，但运输安全风险也会随之增大。在混合使用多种品牌SPMT时，需注意以下几点：

（1）使用前检查。确保所有SPMT各项性能均正常，同种品牌的SPMT之间通信正常。

（2）正确设定坐标。根据整车组的回转中心，设定各组SPMT的坐标，以此可保证不同品牌SPMT的转向同步性。

（3）控制速度。因不同品牌SPMT的液压系统动作速度存在差异，模块运输过程中，为保证整车组良好的同步性，必须降低行驶速度、转向速度、车组升降速度。

（4）增大摩擦系数。增大SPMT模块车与模块设备之间接触面的摩擦系数，尽量避免两者间发生相对位移。

需要注意的是，在遵照上述注意事项的前提下，仍会存在较高的安全风险。在实际运输过程中，由于液压驱动系统的同步性较差，液压马达转速不一致，有可能造成模块与SPMT模块车之间发生相对位移，或导致转速较慢的驱动轴被拖拽，进而损坏液压马达和悬挂臂。

第3章 船舶基本知识

第1节 概述

水路运输距离长，一方面，具有运输能力大，运输成本低，通用性和通过能力强，通行限制条件少，污染小、潜能大的优势。另一方面，水路运输受启运港、中转港、目的港的位置，船舶运输能力，港口码头的靠泊、吞吐、装卸能力，航线是否成熟，航道是否畅通等因素的限制，灵活性差，另外，水路运输速度慢、运输时间长，可及性较差，受气候和季节影响大。水路运输对模块的尺寸限制小，单航次可运输多件模块，运输成本低。虽然水路运输时间长，水路运输仍是模块制造场地与项目建设地均位于港口附近的远距离、越洋大型模块的首选运输方式。

第2节 船体的外形与主尺度

一、船体的组成

船舶由船体和各种配套设备、装置、系统等组成。

船体的结构形式与船舶的类型有关，通常大致可分为主船体（hull）和上层建筑（superstructure）两部分，图3-2-1所示为某船体的基本构成。

主船体和上层建筑的组成见表3-2-1。

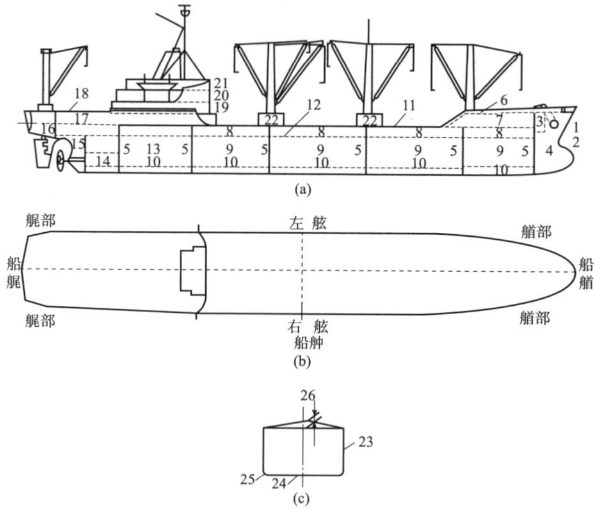

图3-2-1 船体的基本构成

1—艏柱；2—球鼻艏；3—锚链舱；4—艏尖舱；5—横舱壁；6—艏楼甲板；7—艏楼；8—甲板间舱；9—货舱；10—双层底；11—上甲板；12—下甲板；13—机舱；14—轴隧；15—艉尖舱；16—舵机舱；17—艉楼；18—艉楼甲板；19—艇甲板；20—驾驶甲板；21—罗径甲板；22—桅屋；23—舷侧；24—平板龙骨；25—舭部；26—梁拱

表3-2-1　主船体和上层建筑的组成

主船体	主船体是船舶的主体部分，是由船底、舷侧、上甲板围成的水密的空心结构。其内部空间又由水平布置的下甲板、沿船宽方向垂直布置的横舱壁和沿船长方向垂直布置的纵舱壁分隔成许多舱室	甲板	甲板是船体垂向上呈上下层并沿船长方向水平布置的大型纵向连续板架，是主船体的垂向分隔。 按照甲板的作用及位置的不同可分为上甲板（船体最上面一层的连续甲板）、下甲板、平台甲板、强力甲板、舱壁甲板、干舷甲板、量吨甲板等。对于单甲板船来讲，上甲板、强力甲板、舱壁甲板、干舷甲板、量吨甲板都指的是同一层甲板	主船体内各舱室的名称与作用。 机舱：用于安装主机、辅机、锅炉及其配套设备的舱室，为船舶的动力中心。按机舱位置的不同分为舯机型、舯后机型、艉机型。现代大型集装箱船多采用舯机型或艉机型；矿砂船、散货船、油船等多采用艉机型。 货舱：是用于载货的舱室。由于船舶的大小、种类不同，货舱的大小、形状、开口等也各不相同。 压载舱：为调整船舶浮态，用以装载压载水的舱室。 深舱：为双层底以外的压载舱、船用水舱、货油舱（如植物油舱）及按闭杯试验法闪点不低于60℃的燃油舱等。深舱由船舶中纵剖面处设置的纵舱壁或制荡舱壁分隔为左右对称的舱室，以减小自由液面的影响，一般对稳性要求较高的船舶设置深舱。 其他舱室：如淡水舱、燃油舱、滑油舱、污油水舱、隔离空舱（其作用是防火、防爆、防渗漏）、舵机间、应急消防泵间、艏尖舱和艉尖舱等
		舷侧	连接上甲板与船底，是主船体两侧的直立部分	
		船底	为主船体的底部结构，有单层底和双层底两种结构形式。船底横向两侧以圆弧形式逐渐向上过渡至舷侧的部位称舭部	
		艏艉	主船体两舷舷侧在过渡至近前后两端时，逐渐呈线形弯曲接近，并最终合拢，其中，前端的合龙部分称船艏，线形弯曲部分称艏舷（又称艏部），后端的合拢部分称船艉，线形弯曲部分称艉舷（又称艉部）	
		舱壁	舱壁为主船体内垂向布置的结构，按布置方式分为横舱壁和纵舱壁两种	
上层建筑	在上甲板以上的船体结构可统称为上层建筑。上层建筑位于船艏、船舯和船艉的部分分别被称为艏楼、桥楼和艉楼，为了增大上层建筑空间，有的船将艏楼与桥楼连接起来，或将桥楼与艉楼连接起来，甚至把三者全部连接起来。其他的围蔽建筑称为甲板室	艏楼	位于艏部的上层建筑，作用是减少艏部上浪，改善航行条件，艏楼的舱室可作储藏室用	上层建筑的形式：  (a)三岛式 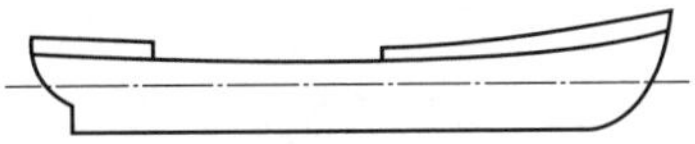 (b)二岛式，长艏楼 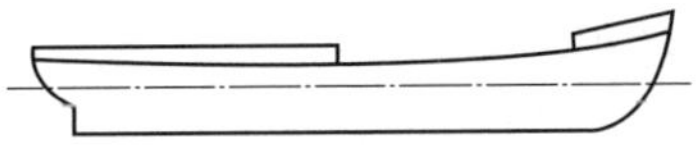 (c)二岛式，长艉楼 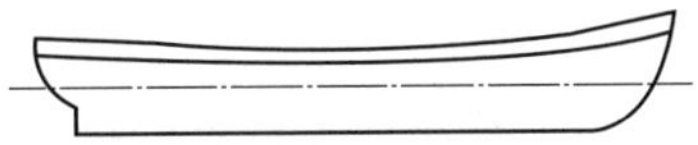 (d)全通式上层建筑 上层建筑内各层甲板的命名。 根据船舶种类、大小的不同，上层建筑（桥楼）所具有的甲板层数有所不同，对于其命名方式常见的有以下两种：有的船舶从上层建筑下部的第二层甲板开始向上按A、B、C……的方式命名各层甲板；有的船舶则按各层甲板的使用性质命名，如罗经甲板、驾驶甲板、船长甲板、高级船员甲板、艇甲板和起居甲板等
		桥楼	用来布置驾驶室及船员起居与服务处所的上层建筑。桥楼布置的位置有船中部、舯后部及艉部等	
		艉楼	位于艉部的上层建筑，作用是减少船艉上浪，其内的舱室也可用作船员居住舱室或其他用途。现代船舶为了提高其载货能力，桥楼的位置后移，故很多船舶没有艉楼	
		甲板室	宽度达不到上层建筑要求的甲板上的围壁建筑。作用是作储藏室、布置起货设备（如其上安装起货设备的桅屋、布置开关舱设备的泵间等）等	

上层建筑的形式与机舱位置有一定的关系。如图3–2–2所示为机舱位置在艉部、舯部和舯后部的货船外形，分别称为艉机型船、舯机型船和舯后机型船。舯机型船具有视野宽阔、操作方便和空载时纵倾小等优点。艉机型船具有艉轴长度短、艉轴不穿过货舱、增加装载货物的空间等优点，一般油船、散货船都采用此型，并对防火有利。舯后机型船的优点介于前述两种机型之间，其货舱布置得到改善，纵倾调整较艉机型船有利，杂货船多为这种形式。

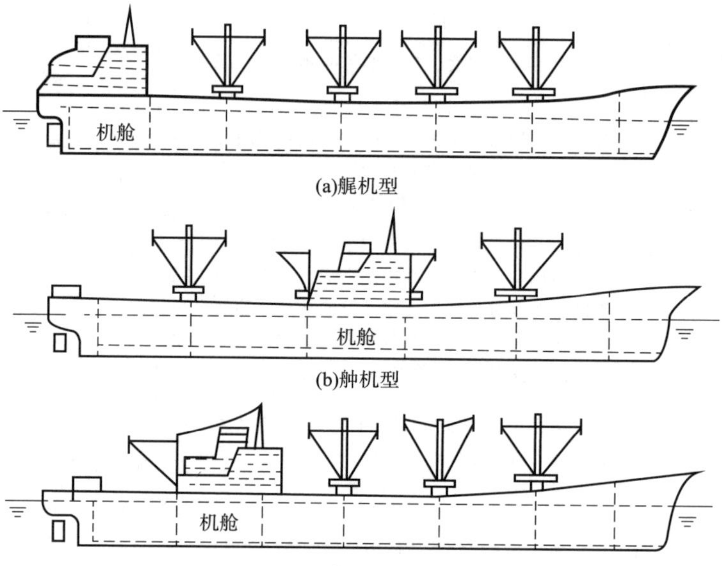

图3–2–2　货船的机舱位置

老式货船上层建筑采用艏楼、桥楼、艉楼的“三岛式”布置形式，现代大中型的舯机型货船多采用艏楼、舯甲板室、艉甲板室的布置形式，而艉机型货船多采用艏楼、艉楼（或艉甲板室）的布置形式。目前货船大多是艉机型和舯后机型的，桥楼形式的上层建筑已很少见。

二、船体线型

为了减小船舶航行时所受到的阻力（摩擦力、涡流阻力、兴波助力）最小，船体的表面通常都制成流线型的光滑曲面，船体两端尖瘦中间肥大。

不同船舶的船体形状也不完全相同。船体形状可以从三个方面来看。

1.船体侧面形状

船体侧面形状包括甲板边线、龙骨线及艏、艉外形轮廓线形状。

1）甲板边线和龙骨线

甲板边线有艏艉升高的舷弧形曲线、折线和水平直线等形状。舷弧可以减少艏艉上浪，也可增加艏艉的储备浮力。有些内河船舶为简化结构和便于施工，也用水平的甲板线。

龙骨线有水平直线、倾斜直线、曲线或断折曲线几种形式。水平直线式使用得最广，便于制造和进坞修理。倾斜直线式一般均为艉倾。这往往是因为舷吃水受到限制，或是为了放置较大直径的螺旋桨，如登陆艇、拖船、渔船、快艇等。机帆船及滑行快艇等特殊船型的龙骨线则为曲线或断折曲线式，如图3-2-3所示为几种形式的甲板线和龙骨线形状。

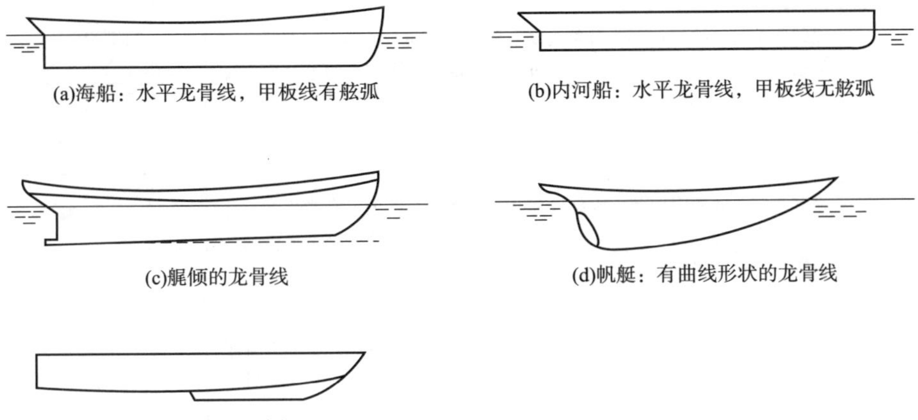

(a)海船：水平龙骨线，甲板线有舷弧

(b)内河船：水平龙骨线，甲板线无舷弧

(c)艉倾的龙骨线

(d)帆艇：有曲线形状的龙骨线

(e)单断级快艇

图3-2-3　甲板线和龙骨线形状

2）船艏形状

常见的船艏形状，见表3-2-2。

表3-2-2　常见的船艏形状

形状	特点	图例
直立型艏	艏柱呈与基线相垂直或接近垂直的直线，艏部甲板面积不大，现已很少采用，主要用于驳船和特种船舶上	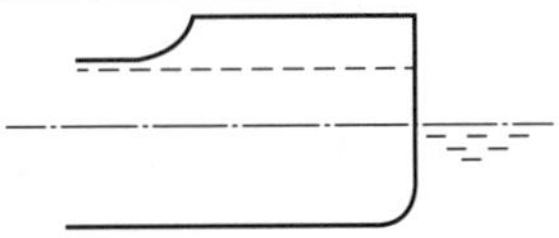
前倾型艏	艏柱呈直线前倾或微带曲线前倾，艏部不易上浪，艏甲板面积大，在发生碰撞时船体水线以下的部分不易受损，外观上比较简洁，有快速感。军船上多采用直线前倾型，民船上常用微带曲线前倾型	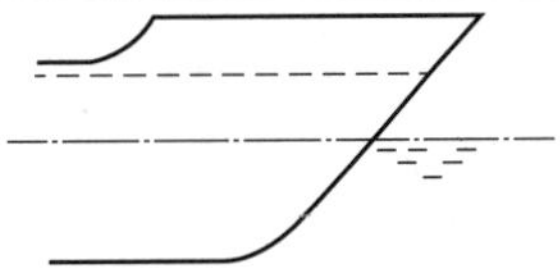
飞剪型艏	艏柱在设计水线以上呈凹形曲线，艏部不易上浪，且较大的甲板悬伸部可以扩大甲板面积，有利于布置锚机和系船设备。飞剪型艏常用在远洋航行的大型客船和一些货船上	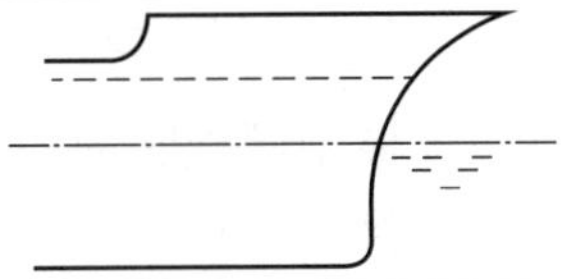
破冰型艏	设计水线以下的艏柱呈倾斜状，与基线约成30°夹角，以便冲上冰层。该形式的艏用于破冰船上	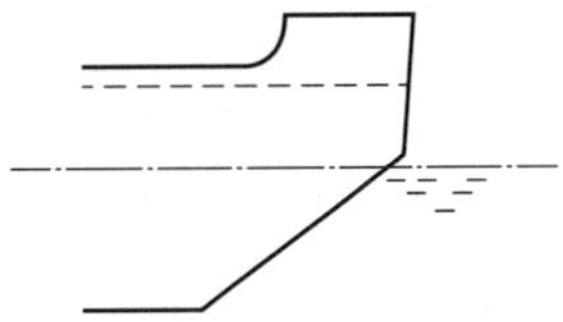
球鼻型艏	设计水线以下的艏部前端有球鼻型的突出体，突出体有多种形状，其作用是减小兴波阻力。球鼻艏多用在大型远洋运输船和一些军舰上，军舰上可利用球鼻的突出体装置声呐	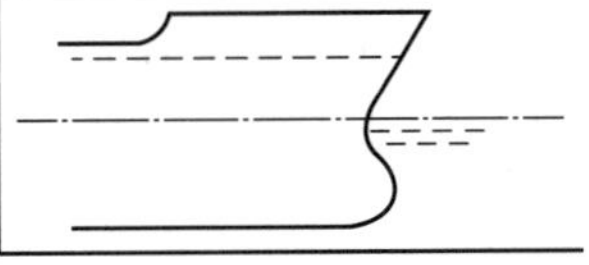

3）船艉形状

常见的船艉形状，见表3-2-3。

表3-2-3　常见的船艉形状

形状	特点	图例
椭圆型艉	船的艉部有短的艉伸部，折角线以上呈椭圆体向上扩展，端部露出水面较大，螺旋桨和舵易受破坏。过去民用船多采用这种艉型，现在仅在有些驳船上可以见到	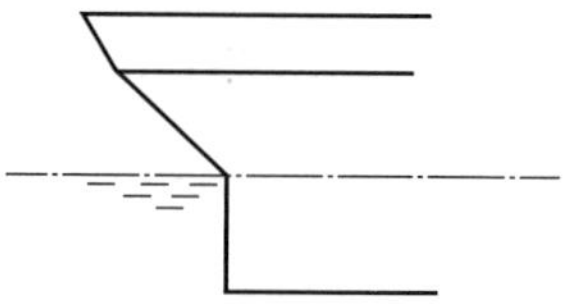
巡洋舰型艉	具有光顺曲面的艉伸部，艉部大部分浸入水中，增加了水线长度，有利于减小船的阻力，并有利于舵和螺旋桨的保护。这种艉型在军舰和民用船上都用得较广	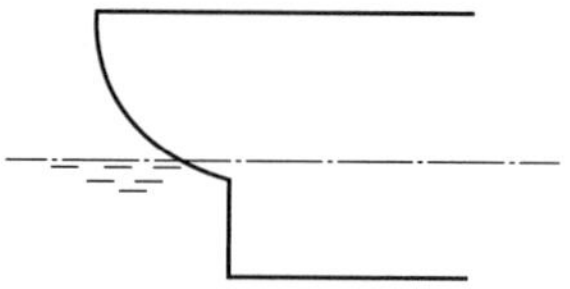
方型艉	艉部有垂直或斜的尾封板，其他仍保留巡洋舰艉的特点。艉部水流能较平坦地离开船体，减小航行阻力，艉部甲板面积较大有利于舵机布置，并防止高速航行时艉部浸水过多。方型艉大多用于航速较高的舰艇及许多货船上	

2.设计水线面形状

设计水线的艏艉形状对船舶快速性等航行性能有重要的影响。水线面形状一般有平行中体式、无平行中体式和方艉式三种，见表3-2-4。

表3-2-4　水线面形状

形状	特点	图例
平行中体式	是在船长中部附近一段的宽度不变，且与船体中心线平行。这种形式的船体施工简便、舱室方正，多用于货船和客船	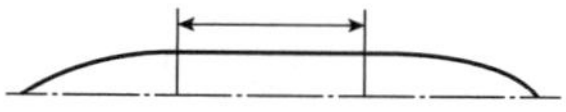
无平行中体式	无平行中体式的水线是光滑的曲线，适用于中速船	
方艉式	适用于高速舰艇	

3.船体中部横断面形状

船体中部横断面的形状主要由梁拱线、船底线和舷侧线构成。

梁拱线一般为抛物线，中间高出舷侧的部分称为梁拱，梁拱的主要作用是便于甲板排水。为了便于建造，有的船把梁拱线改为折线。还有的船为了在甲板上装货或行车，同时也为了简化建造工艺，采用水平直线。

船底线有水平直线和向两舷斜升的。吃水受限制的内河船或大型运输船都采用平底，军船多采用斜升底。

舷侧线有直舷式、外倾式和内倾式。外倾可提高船的稳性，内倾可降低船在靠岸时甲板破坏的概率，如图3-2-4所示为中横剖面的几种形式。

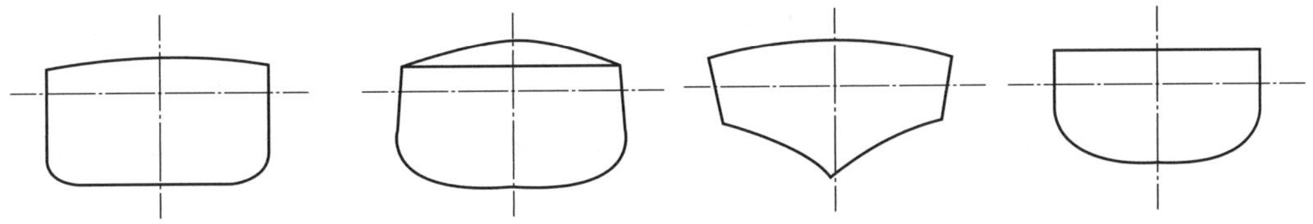

(a)平底，直舷　　(b)船底斜升，内倾　　(c)尖底，外倾　　(d)船底斜升，直舷

图3–2–4　中横剖面的几种形式

以上这三个方向的形状只能反映出船体的大致形状，要想反映船体的外形沿船长、船宽、船深三个方向的变化必须通过船体型线图来表示。

4.船体型线图

型线图是表示船体形状和大小的图样，是船舶设计图中的主要图样之一，可以根据它进行船舶性能的计算和船体结构的设计，造船和修船时也经常要使用它。

船体型线图是在三个相互垂直的投影面上（如图3–2–5所示），以三组平行于这三个基本投影面的平面与船体型表面相截的截交线、投影线、外廓线表示船体外型的图样，如图3–2–6所示。

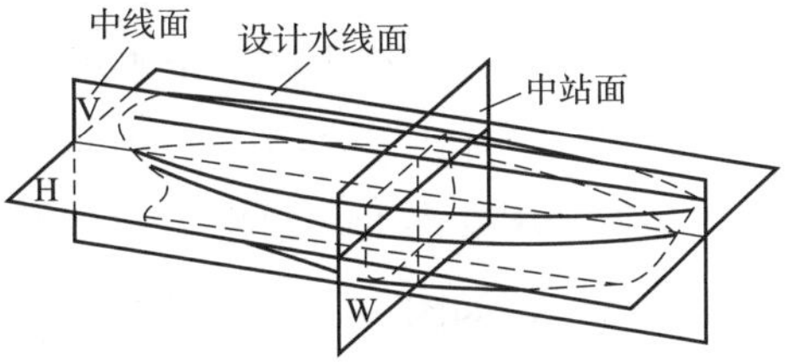

图3–2–5　三个相互垂直的平面

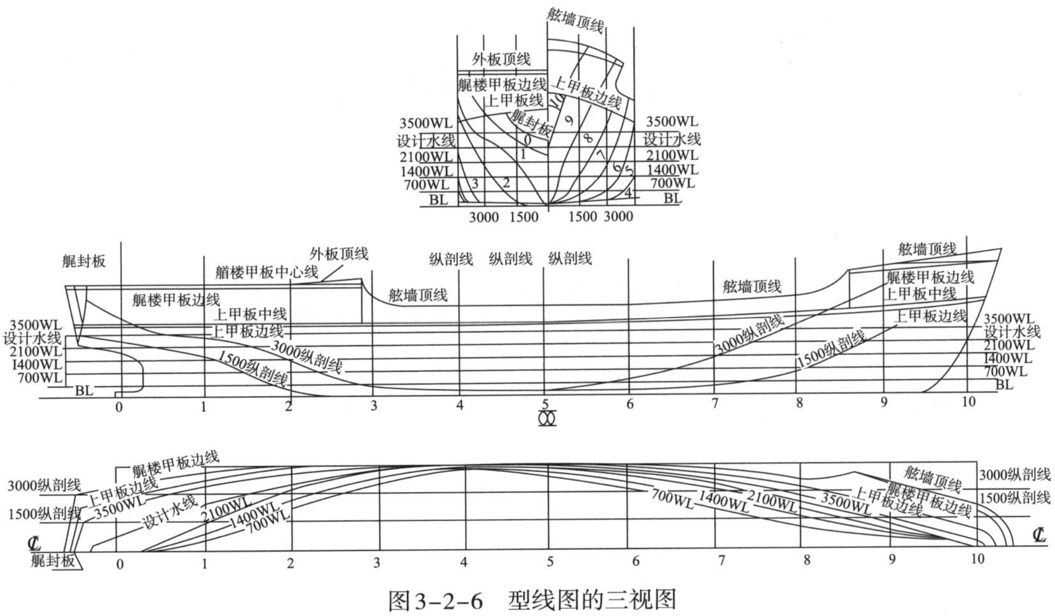

图3–2–6　型线图的三视图

1）型线图的三个基本投影面及三个基本剖截平面

将船体放在三个相互垂直的基本投影面V面（正面投影）、H面（水平投影）、W面（侧面投影）中，使船体处于正浮状态，船艏在右，船艉在左，如图3–2–6所示。三个基本剖截平面分别为：中线面、设计水线面和中站面。

（1）中线面（平形V面）：通过船体中心线，将船体分为左、右对称两部分的纵向剖切平面。

（2）设计水线面（平行H面）：通过设计水线，将船体分为水上、水下两部分的水平剖切平面。

（3）中站面（平行W面）：通过垂线间长的中点，将船体分为前体、后体两部分的横向剖切平面。自船艉向船艏看，左侧为左舷，右侧为右舷。

2）型线图的型线及其形成

为了表示船体型表面沿船长、船深和船宽的变化，必须用三组平行于三个基本投影面的等距剖面来剖切船体型表面，便得到一系列与船体型表面的交线。

用平行于中线面的一组纵向平面（纵剖面）剖截船体型表面，它们与船体型表面的交线称为纵剖线，如图3-2-7（a）所示。

用平行于设计水线面的一组水平面（水线面）剖截船体型表面，它们与船体型表面的交线称为水线，如图3-2-7（b）所示。

用平行于中站面的一组横向剖面（横剖面）剖截船体型表面，它们与船体型表面的交线称为横剖线，如图3-2-7（c）所示。

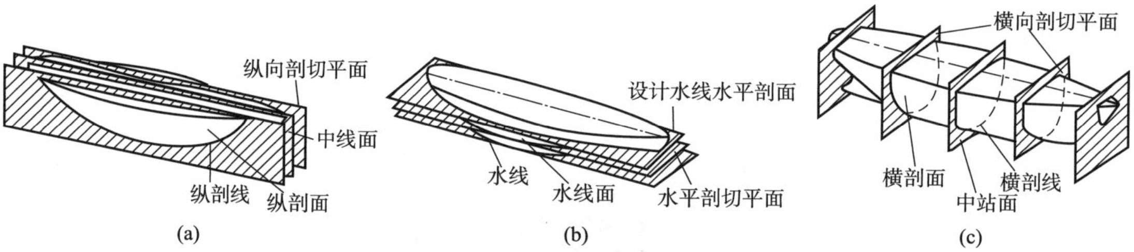

图3-2-7　三组剖截面及三组剖线

三、船舶尺度、主尺度比及船型系数

（一）船舶尺度

船舶尺度是度量船体外形大小的基本量度，如图3-2-8所示。根据用途的不同，可分为最大尺度、船型尺度和登记尺度三种。

图3-2-8　船体主尺寸

1.最大尺度

最大尺度又称全部尺度或周界尺度，是船舶靠离码头、系离浮筒、进出港、过桥梁或架空电缆、进出船闸或船坞以及狭水道航行时安全操纵或避让的依据。

最大尺度包括最大长度、最大宽度和最大高度。

1）最大长度L_{OA}

最大长度又称全长或总长，是指从船艏最前端至船艉最后端（包括外板和两端永久性固定突出物）之间的水平距离。

2）最大宽度

最大宽度又叫全宽，是指包括船舶外板和永久性固定突出物在内并垂直于纵中站面的最大横向水平距离。

3）最大高度

最大高度是指自平板龙骨下缘（舵托下缘低于平板龙骨下缘的按舵托下缘计算）至船舶最高桅顶间的垂直距离。最大高度减去吃水即得到船舶在水面以上的高度，称净空高度。

2.船型尺度

船型尺度是《钢质海船入级规范》（以下简称《规范》）中定义的尺度，又称型尺度或主尺度。在一些主要的船舶图纸上均使用和标注这种尺度，且用于计算船舶稳性、吃水差、干舷高度和船体系数等，故又称计算尺度或理论尺度。

1）设计水线长L_{WL}

设计水线平面与船体型表面艏艉端交点之间的水平距离。

2）垂线间长L_{PP}

指沿设计夏季载重线，艏垂线与艉垂线之间的水平距离。艏垂线是通过设计水线船艏端点所作的垂线；艉垂线是通过设计水线与舵柱后缘或舵杆中心线（对无舵柱的船舶）交点所作的垂线。垂线间长又称型长。

3）型宽B

指在船舶的最宽处，由一舷的肋骨外缘量至另一舷的肋骨外缘之间的横向水平距离。型宽又称船宽。

4）型深H

指在船长中点处，沿船舷由平板龙骨上缘量至上层连续甲板（上甲板）横梁上缘的垂直距离，对甲板转角为圆弧形的船舶，则由平板龙骨上缘量至横梁上缘延伸线与肋骨外缘延伸线的交点。

5）型吃水T

指在船长中点处，由平板龙骨上缘量至夏季载重线的垂直距离。

6）干舷F

型深H与吃水T的差值再加上上甲板的厚度。

3.登记尺度

登记尺度为《1969年国际船舶吨位丈量公约》中定义的尺度。登记尺度是主管机关登记船舶、丈量和计算船舶总吨位及净吨位时所用的尺度，它载于船舶的吨位证书中。

1）登记长度（量吨长度）

指自龙骨板上缘量得的最小型深85%处水线总长的96%，或沿该水线从艏柱前缘量至上舵杆中心线的长度，取两者中的较大者。对于无舵杆的船舶，取最小型深85%处水线总长的96%。如在最小型深85%处水线以上的艏柱外形为凹入的，则该水线总长的最前端和艏柱前缘都应在该水线以上艏柱外形最后一个垂直投影在该水线上的点量起。

2）登记宽度

指船舶最大宽度，对金属壳板船，其宽度是在登记船长中点处量到两舷的肋骨型线；对其他材料壳板船，其宽度在登记船长中点处量到船体外表面。

3）登记型深

指从龙骨上缘量至船舷处上甲板下缘的垂直距离。对木质船舶和铁木混合结构船舶，垂直距离应从龙骨镶口的下缘量起。倘若船舶中央横剖面的底部具有凹形，或装有加厚的龙骨翼板时，垂直距离应从船底平坦部分向内延伸且与龙骨侧面相交的一点量起。对具有圆弧形舷边的船舶，则应量至甲板型线与船舷外板型线的交点。对于阶梯形上甲板，并且升高部分延伸超过决定型深的一点时，则应量至平行于甲板升高部分的甲板较低部分的延长虚线。

（二）主尺度比

船舶各主尺度之间的比值也是表征船舶几何特征的重要参数，并且尺度比也反映了船舶的性能，例如：

（1）长宽比L_{PP}/B，与船舶的快速性和航向稳定性有关，比值越大，表示船体越瘦长，船舶于水中航行时所遇的阻力越小，其快速性和航向稳定性越好，高速船舶尤其如此。

（2）型深吃水比H/T，与船舶的稳性、抗沉性以及船体内部的容积均有密切的关系。比值大，表示干舷高，储备浮力大，抗沉性好，但船舱容积增大，重心升高。

（3）型宽吃水比B/T，该比值的大小与稳性、横摇周期、耐波性、快速性等因素有关。比值大，表示船体宽度大，稳性大，但横摇周期小，耐波性变差，航行阻力增加。

（4）船长吃水比L/T，与船舶的操纵性有关，比值越小，表示船舶转动越灵敏。

（三）船型系数

船型系数是表示船体水下形状肥瘦程度的无因次系数，它们都与船舶航行性能有密切关系。

1.方形系数C_B

它是设计水线以下的船体体积V与长方体体积$L_{WL}\times B\times T$的比值（见图3-2-9），即：

$$C_B = \frac{V}{L_{WL}BT} \quad (3-2-1)$$

C_B值的大小反映了船体水下部分总的肥瘦程度。C_B大，表示船的水下型线较为饱满，C_B小，船的水下型线就较瘦削。货船的C_B较大，客船小于货船，而军舰最小。

2.棱形系数C_P

它是设计水线下的船体体积V与纵向棱柱体积$L_{WL} \times A_M$的比值，A_M为中站面面积，如图3-2-10所示，即：

$$C_P = \frac{V}{A_M L_{WL}} \quad (3-2-2)$$

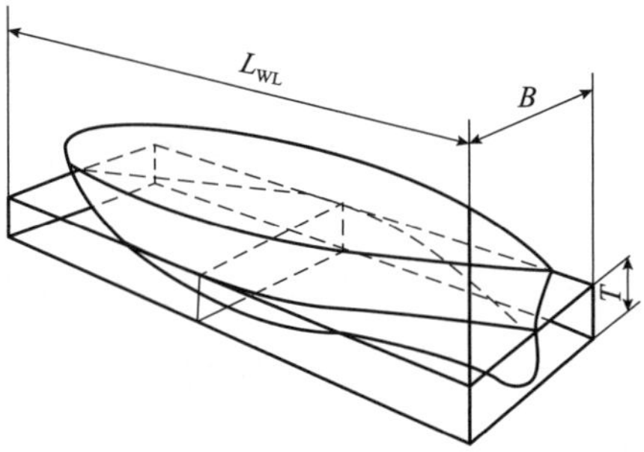

图3-2-9　方形系数

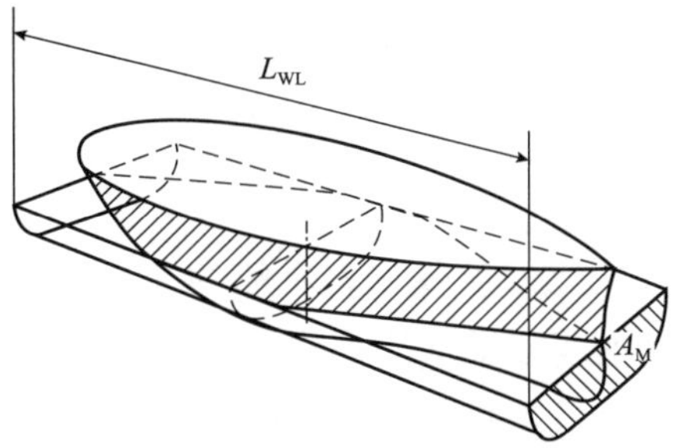

图3-2-10　棱形系数

C_P值的大小反映了船体水下部分的体积沿船长的分布情况。如果两船的船长和水下排水体积皆相同，C_P值大，表示排水体积沿船长分布得比较均匀；C_P值小，则表示船体水平形状中部饱满而两端瘦削。因此，一般C_P越大，则水阻力也越大。故C_P与船舶快速性有密切关系，高速船的C_P较小，低速船的C_P较大。

3.水线面系数C_{WP}

它是设计水线面面积A_W与长方形面积$L_{WL} \times B$的比值，如图3-2-11所示，即：

$$C_{WP} = \frac{A_W}{L_{WL}B} \quad (3-2-3)$$

C_{WP}值的大小反映了设计水线面两端的尖削程度，它与船舶的快速性及稳性有关。客船和军舰的两端比较尖削，其C_{WP}值也较小；货船的两端较丰满，其C_{WP}值就较大。

4.中横剖面系数C_M

它是设计水线以下的中横剖面面积A_M与长方形面积$B \times T$的比值，如图3-2-12所示，即：

$$C_M = \frac{A_M}{B \times T} \quad (3-2-4)$$

C_M值的大小反映了中横剖面的饱满程度。通常低速的大型货船的中横剖面比较丰满，其C_M值就较大；而高速的军船、客船及渔船等的C_M值就较小。

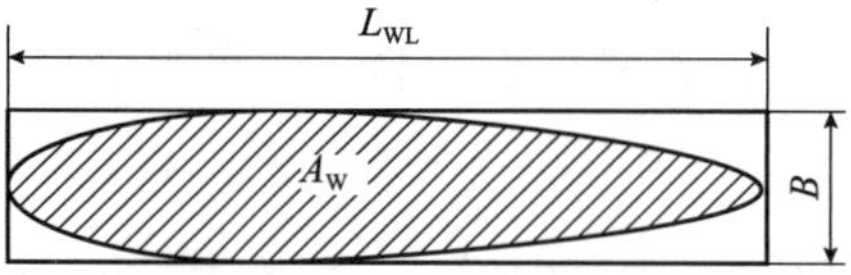

图3-2-11　水线面系数

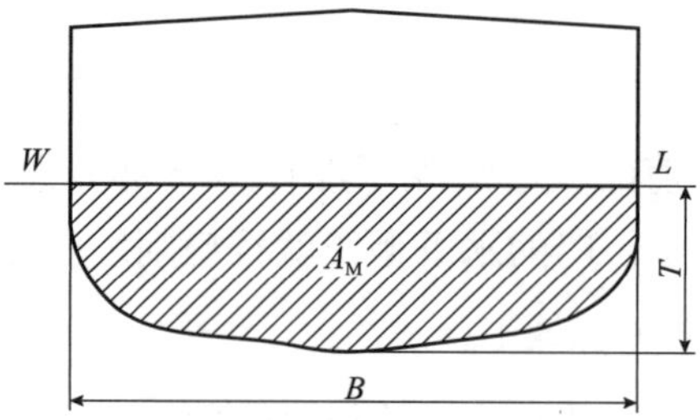

图3-2-12　中横剖面系数

5.垂向棱形系数C_{VP}

它是设计水线下的船体体积V与水线面面积A_W乘以吃水T之积的比值，即：

$$C_{VP}=\frac{V}{A_W\times T}\times 100\% \tag{3-2-5}$$

上述诸系数一般皆指船在设计水线时的值，随着吃水的不同，诸系数值也就发生了变化。

船舶的主尺度仅仅表示船的大小，而船型系数则能更好地表示出船体水下部分的形状（肥瘦程度和排水体积分布情况），而最完整地表示出全船形状的则为船体型线图。船舶的主尺度和船型系数，对船的航行性能影响极大。

第3节　船舶吨位及各部位标志

一、船舶吨位

船舶吨位是船舶大小的计量单位，可分为重量吨位和容积吨位两种。

1.船舶的重量吨位

船舶的重量吨位是表示船舶重量的一种计量单位，以1000kg为1公吨，或以2240lb为1长吨，或以2000lb为1短吨。我国规定，1kg=2.2046lb。目前国际上多采用公制作为计量单位。船舶的重量吨位，又可分为排水量吨位和载重吨位两种。

（1）排水量吨位。排水量吨位是指自由漂浮于静止水面上的静态船舶所排开水的质量，在平衡条件下等于该船舶装载状态下的总质量。排水量吨位又可分为轻排水量、重排水量和实际排水量三种。

轻排水量又称空载排水量，指船舶装备齐全但无载重时的排水量，是船舶本身加上船员和必要的给养物品三者重量的总和，即船舶最小限度的重量，不包括航行所需的锅炉中的燃料和水、冷凝器中的淡水等重量。

重排水量又称满载排水量，是船舶载客、载货后吃水达到满载水线（通常指夏季载重线）时的排水质量，即船舶最大限度重量。

在空载排水量和满载排水量之中又分出港和到港两种。前者指燃料、润滑油、淡水、粮食及其他给养物品都按照设计所规定的数量带足，后者则假定这些消耗品还剩余10%。通常所谓的满载排水量，如果没有特别注明，就是指满载出港时的排水量。一般来说，民用船舶的满载出港排水量就是它的最大排水量，通常它是决定船舶的主要要素的出发点，因此也作为民用船舶的设计排水量。

实际排水量又称装载排水量，是船舶每个航次装载货物后实际的排水量。

排水量的计算公式如下：

排水量（长吨）=长 × 宽 × 吃水 × 方模系数（ft^3）/35（海水）或36（淡水）（ft^3）

排水量（公吨）=长 × 宽 × 吃水 × 方模系数（m^3）/0.9756（海水）或1（淡水）（m^3）

我国规定，$1m^3=35.3147ft^3$。

排水量吨位可以用来计算船舶的载重吨；在造船时，依据排水量吨位可知该船的重量；在统计军舰的大小和舰队规模时，一般以轻排水量为准；军舰通过巴拿马运河，以实际排水量作为征税的依据。

（2）载重吨位。载重吨位又称载重量，表示船舶在营运中能够装载的荷载重量。载重吨位可分为总载重吨和净载重吨。

总载重吨是指船舶根据载重线标记规定所能装载的最大限度的重量，它包括船舶所载运的货物、船上所需的燃料、淡水和其他储备物料重量的总和。

总载重吨=满载排水量−空船排水量

净载重吨是指船舶所能装运货物的最大限度重量（又称载货重吨），即从船舶的总载重量中减去船舶航行期间需要储备的燃料、淡水及其他储备物品的重量所得的差值。

船舶载重吨位可用于对货物的统计；作为期租船月租金计算的依据；表示船舶的载运能力；也可用作新船造价及旧船售价的计算单位。

2.船舶的容积吨位

船舶的容积吨位是表示船舶容积的单位，又称注册吨。它是各海运国家为船舶注册而规定的一种以吨为计算和丈量的单位，以$100ft^3$或$2.83m^3$为1注册吨。容积吨位又可分为容积总吨和容积净吨两种。

（1）容积总吨。容积总吨又称注册总吨，是指船舱内及甲板上所有关闭的场所的内部空间（或体积）的总和，是以$100ft^3$或$2.83m^3$为1吨折合所得的商数。

容积总吨的用途很广，它可以用于国家对商船队的统计，表明船舶的大小，用于船舶登记，用于政府确定对航运业的补贴或造舰津贴，用于计算保险费用、造船费用以及船舶的赔偿等。

（2）容积净吨。容积净吨又称注册净吨，是指从容积总吨中扣除那些不供营业用的空间所剩余的吨位，也就是船舶可以用来装载货物的容积折合成的吨数。

容积净吨主要用于船舶的报关、结关，作为船舶向港口交纳的各种税收和费用的依据，还作为船舶通过运河时交纳运河费的依据。

总吨位是指甲板下吨位加甲板间舱室与甲板以上密闭舱室在内的总容积。进坞费，拖运费以及有时租船费以总吨位收取；净吨位或登记吨位指从总吨位中扣除按规定为非营运性处所的容积而得出的吨位，港口与码头费，运河费，照明费以及有时领港费以净吨位收取。

二、船舶的主要标志

在船舶的外壳板上、罗经甲板两侧、烟囱上都勘画着一些标记，其作用在于向外界展示相关信息。根据需要，船舶勘画的标志主要有球鼻艏和侧推器标志、吃水标志、甲板线和载重线标志等。

（一）球鼻艏和侧推器标志

对于球鼻型船艏的船舶，在其船艏两侧满载水线以上勘画球鼻艏标志。对装设有侧推器的船舶，勘画侧推器标志（舷侧推器标志位于球鼻艏标志的正后面），以引起靠近的船舶的注意，如图3–3–1所示。

（二）吃水标志

船舶靠离码头、通过浅水航道或锚泊时都需要实时精确掌握吃水。由于装载的不均匀，船舶可能处于纵倾或横倾状态，船舶四周各处的吃水不尽相同，因此，在船舶的艏、舯、艉左右两舷船壳板处共有三组六处吃水标志，通常称为六面水尺，舯部水尺水线上还包括干舷标志。水尺水线的起始点应该从船底龙骨底板的外缘量取，干舷标志应该以干舷甲板的甲板面上缘为起始点向下量取。在实际工作中，通常是通过观测船舶的水尺标志而获得船舶的实际吃水。水尺标志（水尺）有公制和英制两种，是以数字（一般是罗马数字或阿拉伯数字）表示船舶实际吃水的，如图3–3–2所示。

图3–3–1　球鼻艏标志和侧推器标志

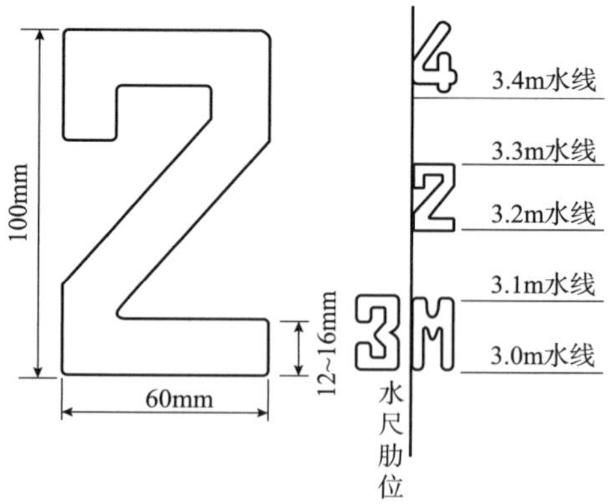

图3–3–2　水尺字母图

水尺观测的方法是，水线达到水尺标志上某数字的下边缘，则表示该处的实际吃水为该数字所表示的数值；水线刚好淹没该数字，则表示该处的实际吃水为该数字所表示的数值加上相应的字高；水线位于字高的一半处时，则表示该处的实际吃水为该数字所表示的数值加上相应字高的一半。当水面有波动时，应根据若干次观测所得的平均值来确定实际水线的位置。

（三）甲板线标志

为了表明干舷甲板位置，度量干舷，船舶在船中两侧勘画一长300mm、宽25mm的水平线，其上边缘一般应经过干舷甲板上表面向外延伸与船壳板外表面之交线，称甲板线。

（四）载重线标志

为保证船舶在不同航行区带、区域和季节期应具备的最小干舷，使船舶具有尽可能大的装载能力，船舶检验局规定必须在船舯部的两舷外勘画载重线标志。某一时刻的水面至甲板线上边缘的垂直距离，即为该船当时的干舷，干舷越大，储备浮力相对越大。

载重线标志如图3-3-3所示。载重线标志由外径为300mm、宽为25mm的圆圈，与长为450mm、宽为25mm的水平线相交组成。水平线的上边缘通过圆圈中心，圆圈中心应位于船舶两舷的船长中点处，从甲板线上边缘垂直向下量至圆圈中心的距离等于所核定的夏季干舷。勘画载重线时，（应在载重线圆圈两侧并在通过圆圈中心的水平线上方或圆圈的上方和下方）加绘表示勘定机构的简体字母。

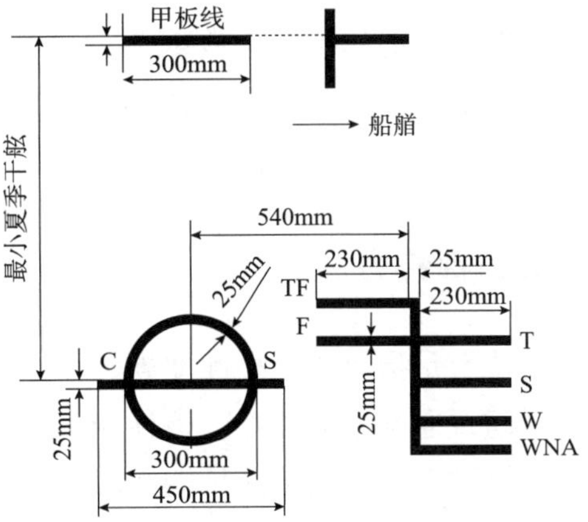

图3-3-3　船舶的载重线标志

所勘画的载重线共有6条，各线段均为长230mm、宽25mm的水平线段，这些线段与标在圆圈中心前方长540mm、宽25mm的垂线成直角，由甲板线上边缘至各载重线上边缘的垂直距离即为不同区带、区域和季节期的最小干舷大小。

所用字母与各载重线的含义为：CS指中国船级社；TF指热带淡水载重线；F指夏季淡水载重线；T指热带载重线；S指夏季载重线，其上边缘通过圆圈中心；W指冬季载重线；WNA指北大西洋冬季载重线。

第4节　船舶性能

船舶在航行过程中，特别是在海洋中，由于海况非常复杂，所以经常会遇到狂风骇浪或急流险滩，因此要求船舶应具有良好的性能，能高速、平稳、安全地航行。船舶的航行性能主要包括航速、续航力、自持力、浮性、稳性、抗沉性、快速性、耐波性（适航性）和操纵性等。

一、航速

航速是指单位时间内船舶航行的距离。内河船和海船的航速计量单位是不同的。内河湖泊船的航速同陆地上交通工具的速度计量单位一样，为km/h；海船的航速单位为n mile/h，称为“节”。“节”的代号是英文“knot”的词头，采用“kn”表示，1kn=1n mile/h。我国规定，1海里（n mile）=1852.0m=1.852km。

通常来看，民船的航速为15~25kn，军用舰艇的航速可达到20~40kn，甚至更高。一些高速船舶的航速，如水翼艇、小水线面船可达50kn以上。

二、续航力

续航力是指船舶一次性满载燃料，以一定的航速连续航行所能达到的最大航程。这是船舶航行性能的重要参数之一，尤其对于军用船舶的意义特别重大，将直接决定舰艇的作战性能指标。目前，远洋船舶及大型军舰的续航力都超过10000海里。一些核动力潜艇可以在一次装满核燃料后，终生便不需要再添加燃料，如美国的“德州”号核潜艇。

三、自持力

自持力是指船舶一次性加满燃料，带上充足的淡水、食物和其他消耗品而能维持的最长时间，通常以天计算。该性能决定了此船舶在离开岸基后独立生存的能力，对于远洋船、海洋考察船及某些长期在海上作业的船只，具有很重要的意义。一些作业船队或舰队往往通过海上补给的方式增加船只的续航力和自持力。

四、浮性

浮性是指船舶以一定的载荷漂浮于水面的能力。

船舶承载一定载荷浮于水面，可以视为处于平衡状态下的浮体，此时作用于船舶的力如图3-4-1所示。

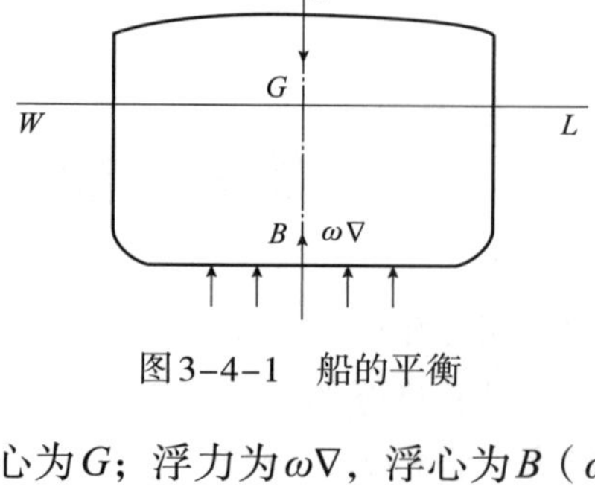

图3-4-1　船的平衡

船舶自身质量为W，重心为G；浮力为$\omega\nabla$，浮心为B（ω为水的质量密度，∇为排水体积）。

根据阿基米德定律，浮力等于浮体所排开水的质量，所以$W=\omega\nabla$，因此，船舶平衡的条件应为：$W=\omega\nabla=\Delta$（Δ为排水量，即船舶排开水的质量），并且重心G与浮心B在同一铅垂线上。

船舶浮于静水的平衡状态称浮态，表征船舶不同浮态的参数是吃水T和横倾角Φ以及纵倾角θ。船舶的浮态可分为：正浮、横倾、纵倾、任意状态（横倾与纵倾），见表3-4-1。

表3-4-1　船舶的浮态

浮态	状态图例	表征参数
正浮	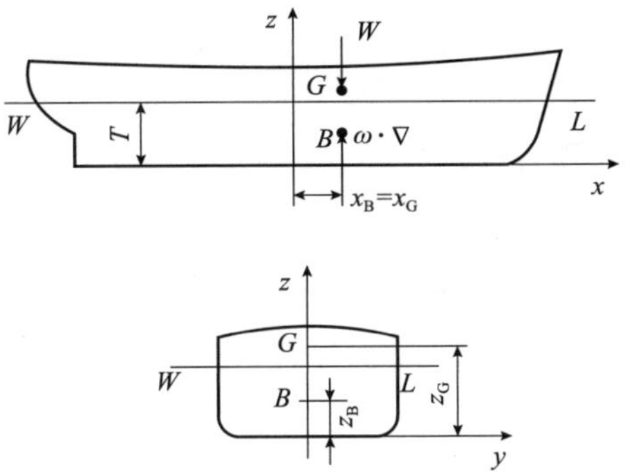	该浮态可以用吃水T一个参数表示
横倾	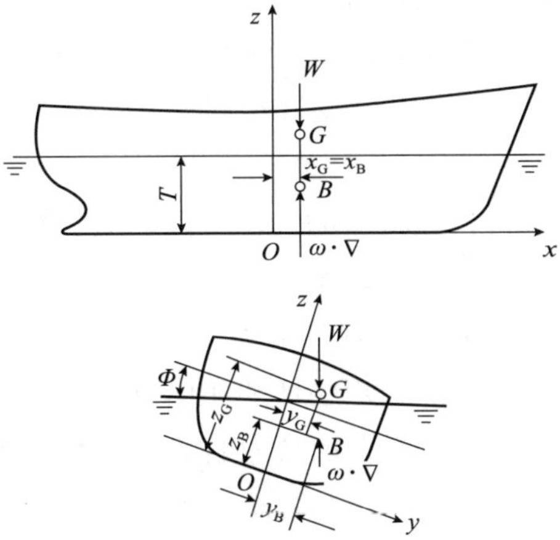	该浮态可以用吃水T及横倾角Φ两个参数表示
纵倾	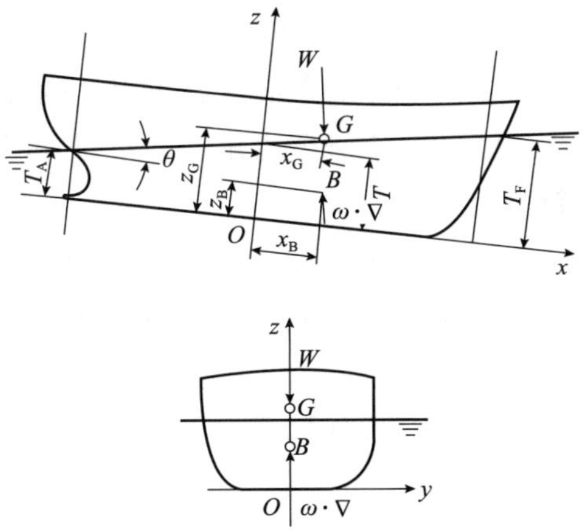	平均吃水$T=\frac{1}{2}(T_F+T_A)$，即艏吃水与艉吃水和的一半。该浮态可以用平均吃水T及纵倾角θ两个参数表示

续表

浮态	状态图例	表征参数
任意状态	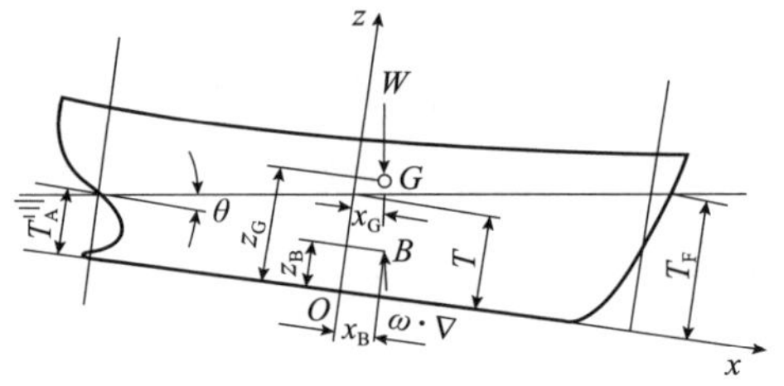 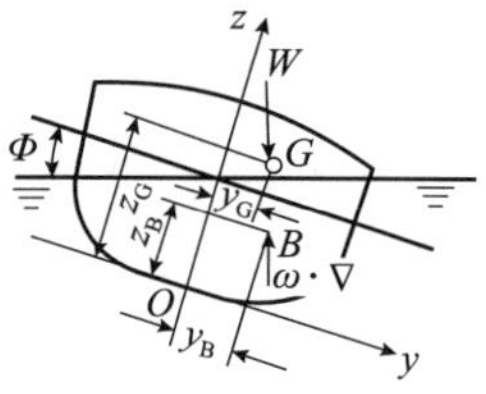	即船舶既有横倾，又有纵倾的状态。该浮态可以用平均吃水T，横倾角Φ及纵倾角θ三个参数表示

五、稳性

稳性是指船舶受到外力矩作用离开平衡位置而倾斜，当外力矩消失后回复到原平衡位置的能力。由于船舶在海上航行时，经常受到风浪等各种外力的作用，使其产生倾斜。船舶的稳性关系到其在受到外力干扰产生倾斜后会不会翻转，当外力消失后船舶会不会回复到原来的平衡位置。

船舶受外力作用后，将会发生倾斜，此时船舶的排水体积形状发生了变化，自然引起了浮心的位移，如果船舶的装载情况不变亦即重心位置不变，这样船舶的重心与浮心不再处于同一铅垂线上，重力W与浮力$\omega\nabla$便形成一对力偶，如图3-4-2所示。当船舶所受外力作用消失后，由这一对力偶所产生的力矩会使船舶回复到原平衡位置，我们将船舶的这种能力定义为船舶的稳性，而将促使船舶回复到原平衡位置的力矩称为复原力矩，由此可见，复原力矩的大小是船舶稳性的一个重要判断指标。船舶重心越低，复原力矩就越大。

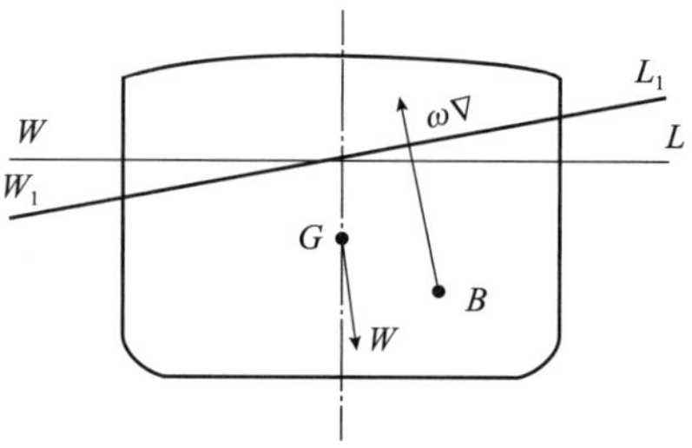

图3-4-2　船的倾斜和复原

提高船舶稳性的措施可以从两方面着手：一是提高船舶的最小倾覆力矩；二是减少船舶所受的风压倾斜力矩。

提高船舶的最小倾覆力矩的措施主要有：降低船的重心，增加干舷，增加船宽，增加水线面系数，减少自由液面和悬挂质量，注意船舶水线以上的开口和水密性、提高船舶的进水角等。

减少船舶所受的风压倾斜力矩，主要是减少船的受风面积，也就是减少上层建筑的长度和高度。

六、抗沉性

抗沉性是指船舶在遭受海损事故而一舱或数舱进水后，仍能保持一定的浮性与稳性不致沉没和倾覆的能力。

船舶在使用过程中有可能发生海损事故，造成船体破损，海水进入船体内。这种海损事故虽然是偶然性事件，但它会造成严重的后果，甚至会使生命财产遭到重大损失。因此，在船舶设计阶段，就考虑了抗沉性问题。

船舶的抗沉性是用水密舱壁将船体分割成适当数量的舱室来保证的，要求当一舱或数舱进水后，船舶的下沉不超过规定的极限位置，并保持一定的稳性。

为保证船舶在遭受海损事故以后不致沉没，就必须对其破舱后的下沉极限作出规定，对于民用船舶而言，其极限是在舱壁甲板顶面的边缘线以下76mm处，这表明至少应具有76mm的干舷。在船舶侧视图上，舱壁甲板边线以下76mm处的一条曲线（与甲板边线平行）称为安全限界线（简称限界线），如图3-4-3所示，船舶最大吃水线（极限水线）应不超过安全限界线。

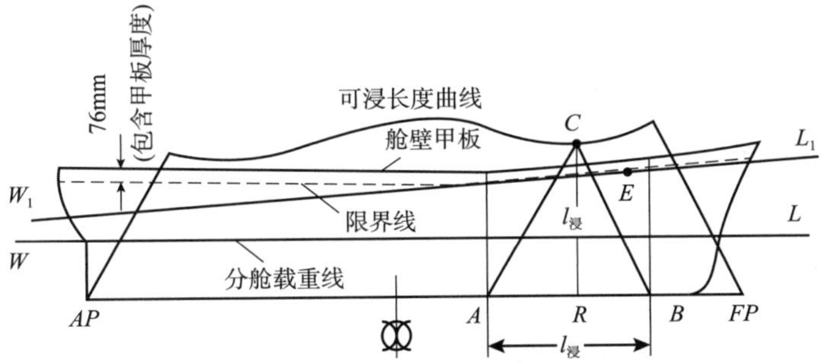

图3-4-3　安全限界线

要使船舶破舱以后的水线不超过限界线，就必须对船舱的长度加以限制，允许的最大舱长称为可浸长度（$l_浸$）。舱室在船长方向的位置不同，它的可浸长度也不同。不同类型的船舶对抗沉性的要求是不同的，在《抗沉性规范》中采用了一个小于1的系数F，称为分舱因数。如果可浸长度为l，则Fl称为许用舱长。$1 \geqslant F>0.50$为一舱制船，$0.50 \geqslant F>0.33$为二舱制船，$0.33 \geqslant F>0.25$为三舱制船。这分别表明船舶在一舱、二舱及三舱进水后仍能浮于极限水线。

要提高船舶的抗沉性，一是采取分舱方法，二是可以增加储备浮力，如增加干舷、减少吃水、增大舷弧以及使横剖面外倾等均可增大储备浮力。

应该指出，以上所说的抗沉性是船舶设计时就给予的抗沉能力。事实上，船舶一旦发生海损事故，是否会沉没或倾覆在一定程度上还与船上人员采取的措施有关，如果沉着指挥抢险、堵漏、抽水、抛掉船上的负荷、调整船的倾斜，将会对船的浮态及稳性产生积极的效果。

船舶的抗沉性不应太大，否则建造成本可能会很高。

七、快速性

船舶在水面航行，要达到预定的航速，必须由推进器供给推力以克服在此航速下所遇到的阻力，而推进器的推力则由船舶主机的能量转换得来。船舶速航性（或称船舶快速性），就是船舶尽可能消耗较小的机器功率以维持一定航速的能力，或者，在给定的机器功率下，表征船舶航行快慢的一种性能。

船模试验是目前研究船舶速航性的主要方法。它是将实船和螺旋桨按一定比例缩小，制作成船模和桨模，然后在试验水池中进行试验，从而分析研究船舶的阻力和推进问题。很多优良船型几乎都是通过大量模型试验而得到的。

船舶速航性通常包含“船舶阻力”和“船舶推进”两部分内容。研究阻力的目的在于掌握阻力的变化规律，从而改善船型，降低船舶所遭受的阻力；研究推进器的目的在于设计出符合给定要求的高效率的推进器。

低速船航速较低，兴波阻力很小，其总阻力中以摩擦阻力与黏压阻力为主；中速船的航速较低速船有所增大，兴波阻力成分随之增大；高速船的兴波阻力是总阻力中的主要成分，有时可达50%以上。

常见的船舶推进器为螺旋桨，螺旋桨工作在船后，受船舶的影响；同时，由于螺旋桨的高速旋转，使周围水的流动情况发生变化，船舶也受到了影响；所以，应当将船—桨作为一个统一体来考察。

八、耐波性

耐波性又称适航性，是指船舶在静水或波浪中航行时具有和缓与微小摇摆的能力。船舶于静水中或波浪中航行时所作的振荡运动称船舶摇摆。

在风浪中航行的船舶，由于受到风和浪的扰动，船体会发生复杂的运动。如将船体看作刚体，则这种复杂的运动可简化分解为如下六个自由度的运动，分别称横摇、纵摇、艏摇、纵荡、横荡、垂荡（升沉）。

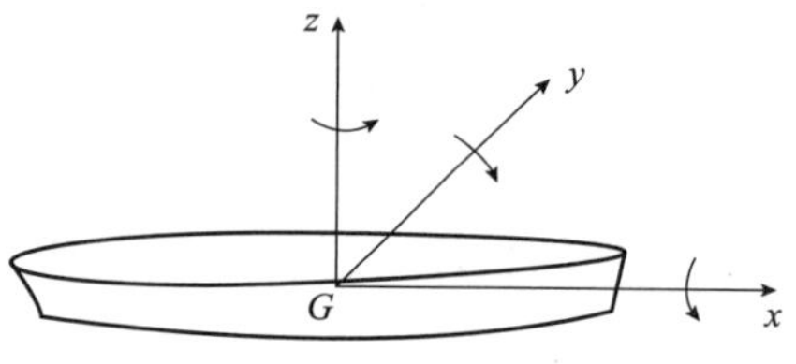

图3-4-4　船舶的摇荡

如图3-4-4所示，船舶重心G沿x轴的直线运动称为纵荡，以$x(t)$表示；沿y轴的直线运动称为横荡，以$y(t)$表示；沿z轴的直线运动称为升沉，以$z(t)$表示；船体绕x轴的转动称为横摇，以$\Phi(t)$表示；船体绕y轴的转动称为纵摇，以$\theta(t)$表示；船体绕z轴的转动称为艏摇，以$\varphi(t)$表示。

船舶在实际的波浪中航行，通常是这几种运动的叠加。一般来说，以摇荡最为剧烈，对船舶性能的影响最大，因而，我们主要讨论船舶的摇荡运动。

1.船舶摇荡带来的不利影响

船舶的摇荡运动会使船舶产生以下一些不良现象：

1）砰击

砰击，指由于严重的纵摇和升沉，船体与风浪之间产生猛烈的局部冲击现象。砰击多发生在船艏部，当艏柱底端或船底露出水面，然后在极短的时间以较大的速度落入水中时就会发生砰击。

2）上浪

上浪，指船舶在风浪中剧烈摇荡时风浪涌上甲板的现象。上浪时船艏常常埋入风浪中，海水淹没艏部甲板边缘，甲板上水。上浪主要是由严重的纵摇和升沉引起的。

3）失速

它包括风浪失速和主动减速。风浪失速是指当推进动力装置达到一定的功率时，由于剧烈的摇荡，船舶在风浪中较静水航行中航速的降低值。主动减速是指船舶在风浪中航行，为了减小风浪对船舶的不利影响，主动降低主机功率，使航速比静水中下降的数值。

4）螺旋桨飞车

螺旋桨飞车，指船舶在风浪中航行，部分螺旋桨露出水面，转速剧增，并伴有强烈振动的现象。

2.耐波性的改善

为了改善船舶的耐波性，首先应注意选择适宜的主尺度和注意船体内质量载荷的分布，以便在不影响其他性能的条件下，尽可能增大横摇固有周期。在船舶设计时，要使船的固有周期避开其航行海区的风浪周期。其次，要注意船型的设计，使其对运动的阻尼以及甲板上浪、船底砰击产生有利的影响。此外，也常常采用一些减摇装置来减小摇荡幅度。常用的装置有舭龙骨、减摇水舱、减摇鳍等。

九、操纵性

船舶操纵性，从广义上讲指驾驶者对船舶操纵的反应能力。从使用的角度而言，驾驶者对船舶的操纵所包括的内容是相当繁多的，例如，对船舶的启动、加速、减速、停止、倒退以及直线航行、转向，以及系带浮筒、拖带船舶等操作。但是，船舶操纵性通常是指船舶受驾驶者的操纵而保持或改变运动状态的能力，即包括稳定性和机动性两个互相制约的方面。稳定性是指船舶保持航向的性能，机动性是指船舶改变航向的性能，所以一艘操纵性良好的船舶，应当既能稳定地保持运动状态，又能按要求迅速而准确地改变运动状态。

保证船舶操纵性的设备有很多，其中舵设备，因其结构简单、工作可靠，是目前使用得最为广泛的操纵设备。

1.稳定性

船舶在实际航行中，不可避免地会受到外界干扰，例如风、浪、水流及其他一些偶然的因素，在外界干扰的作用下，船舶将偏离原来的运动状态，当干扰作用消除以后，船舶是继续扩大这种偏离还是能回到原来的运动状态，这就体现了船舶的运动稳定性。

稳定性是指当外界干扰作用消失以后船舶回到原运动状态的能力。在水平面运动的船舶，原始的定常运动状态为沿ox轴的匀速直线运动，当发生外界干扰后，船舶重心的运动轨迹可能有图3–4–5所示的几种情况。

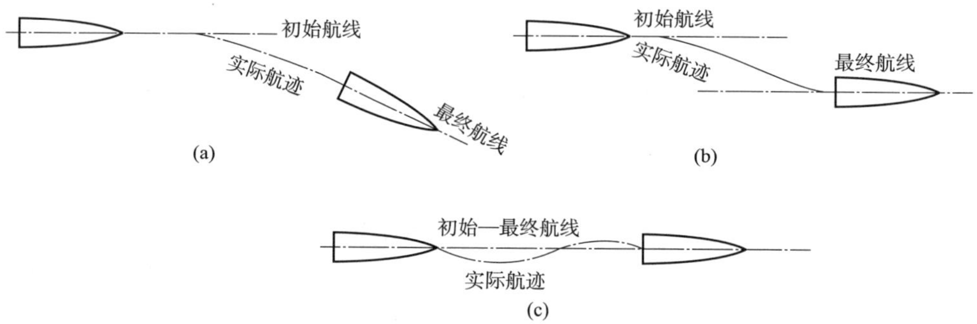

图3–4–5　稳定性

1）直线稳定性

船舶运动受外界干扰以后，其重心的运动轨迹最终仍将恢复为一直线，但航向却发生了变化，如图3–4–5（a）所示，这种情况表明船舶具有直线运动稳定性。

2）方向稳定性

船舶运动受外界干扰以后，其重心的运动轨迹最终将恢复为与原航线平行的直线，位置却发生了变化，如图3–4–5（b）所示，这种情况表明船舶具有方向稳定性。

3）位置稳定性

船舶运动受外界干扰以后，其重心的运动轨迹最终将恢复为原航线的延长线，如图3–4–5（c）所示，这种情况表明船舶具有位置稳定性。显然，具有位置稳定性的船舶必须具有方向稳定性，如果船舶不具有方向稳定性与位置稳定性，需要操舵即依靠舵的作用来保持航向，那么表明船舶具有使用稳定性，倘若操舵还不能保持航向，那么船舶是不可操纵的。当然，不可操纵的船舶实际上不能营运，所以，对任何船舶至少要求其具有使用稳定性。使用稳定性可用以下两项指标衡量：一是保持航向而实现操舵，其频率不大于4~6次/min；二是平均转舵角应不大于3°~5°。

2.机动性

船舶的机动性包括转艏性和回转性两个方面。

转艏性是指船舶的应舵能力，如果转舵之后能较快地进入新的航向，或者偏离航向的船舶能较快地恢复到原来的航向，那么船舶具有较好的转艏性。一般来说，船舶在实际航行中总是要不断地向左、右舷随机操舵，因此对操舵的快速反应能力是很重要的。

回转性是指船舶在一定的舵角下作圆弧运动的能力。这一能力用稳定回转直径来衡量，稳定回转直径越小，则船舶的回转性越好。最大舵角下的稳定回转直径称最小回转直径，这一参数对船舶在狭小港湾内调头以及应急避碰具有重要的意义。

反映回转曲线形状与大小的参数如下（图3–4–6）：

（1）稳定回转直径D：船舶作匀速圆周运动时所具有的直径。

（2）机动回转直径D_T：船舶航向变化180°时与原方向之间的横向距离，为0.9~1.2D。

（3）回转纵距l_a：船舶航向变化90°时重心前进的距离，单桨单舵船为0.6~1.2D。

（4）回转横距l_t：船舶航向变化90°时重心横向移动的距离，为0.5~0.6D。

（5）回转外距l_s：船舶回转过程中反向横移的最大距离，为0~0.1D，一般运输船舶满舵时约为船宽之半。

衡量船舶回转性的主要指标是稳定回转直径D，其值越小，船舶回转性越好，机动回转直径D_T用以衡量船舶在有限宽度的航道范围内能否顺利调头，回转纵距l_a对船舶避碰操作有重要意义。

船舶操纵性中的稳定性和机动性是相互制约的，所以在设计船舶时，会根据船舶的用途以及航行区域对船舶操纵性的要求而定。

3.舵的作用原理

舵是剖面为机翼形的装置，装在船艉中纵剖面的位置上，它垂直地浸没在水中，并能绕舵轴转动。根据机翼理论，当水流以某一角度流向机翼时，就产生一个升力。所以当船以一定航速前进而转动一个舵角α后，在舵上会产生一个升力P，如图3-4-7所示，它垂直作用于舵面上，压力P的纵向分力$P\cdot\sin\alpha$起着船的阻力作用而使船减速；压力P的横向分力$P\cdot\cos\alpha$远离船的重心G，形成一个转船力矩，促使船舶回转，并可使船舶横移。

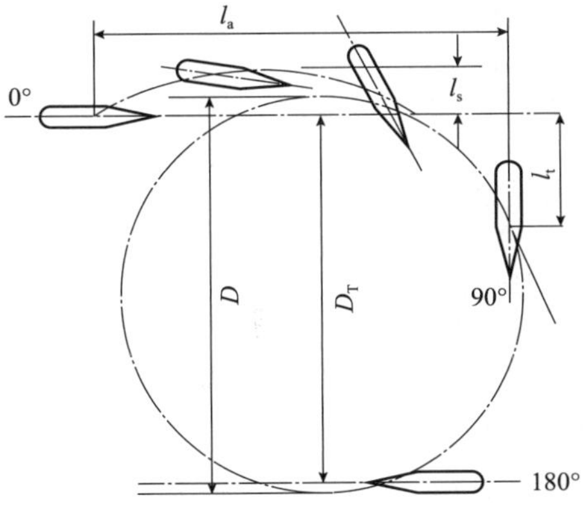

图3-4-6　回转曲线

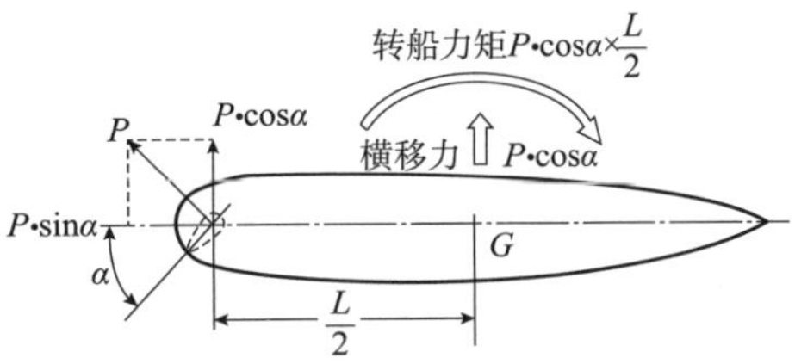

图3-4-7　舵的回转作用

第5节　船舶的种类与用途

船舶是人们从事水上交通运输和水上作业的主要工具，随着人类社会的发展和科学技术的进步，船舶的数目庞大，种类繁多，因此，船舶分类的方法也有很多（见表3-5-1），但通常都是按船舶的用途来分类。

表3-5-1　船舶的分类

按航行区域分	海船（沿海、近海、远洋）	
	港湾船	
	内河船	
按航行状态分	排水型船	
	潜艇	
	滑行艇	
	水翼艇	
	冲翼艇	
	气垫船	
按航行方式分	自航船	
	非自航船	
按推进动力分	蒸汽机船	
	内燃机船	
	燃气轮机船	
	电力推进船	
	核动力船	
按推进器分	螺旋桨船	
	喷水推进船	
	空气螺旋桨推进船	
	平旋推进器船	
	明轮船	
	风帆助航船	
按船体材料分	钢船	
	木船	
	水泥船	
	铝合金船	
	玻璃钢船	
按船舶用途分	运输船	包括客船、客货船、渡船、杂货船、集装箱船、滚装船、载驳船、驳船、冷藏船、运木船、散货船、油船、化学品船、液化气船等
	工程船	包括挖泥船、起重船、布设船、救捞船、破冰船、打桩船、浮船坞和海洋开发船、钻井船、钻井平台等
	渔业船	包括网渔船、钓渔船、渔业指导船和调查船、渔业加工船、捕鲸船等
	港务船	包括拖船、引航船、消防船、供应船、交通船和助航工作船等
	海洋调查船	包括海洋综合调查船、海洋专业（水文、地质、生物）调查船、深潜器等
	战斗舰艇	包括航空母舰、巡洋舰、驱逐舰、护卫舰、布雷舰、扫雷舰艇、登陆舰艇、潜艇、猎潜艇和各种快艇等
	辅助舰艇	包括补给舰、修理船、训练舰、消磁船、医院船、通信船、靶船、各种试验船及测量船等

船舶的类型较多，本节仅简要介绍在模块装卸、运输过程中用到的船舶。

一、杂货船

杂货船是用来载运成包、成袋、成箱、成捆、成桶的普通件杂货物的货船。杂货船应用广泛，是一种比较常见的货物运输船，在世界商船队中吨位总数居首位。大多数杂货船是不定期货船，吨位较小，可用于中小型橇块的运输。远洋货船载货量通常在 1×10^4~2×10^4t，沿海货船载货量一般为几百吨至几千吨。

杂货船的外形特点是多为前倾型艏、方型艉，机舱布置形式有采用中机型的、中后机型的和艉机型的。甲板上货舱口较大，货舱口之间配备了完善的起货设备。大型杂货船一般都是双层甲板船，有4~6个货舱，每个货舱的甲板上有货舱口，货舱口两旁装有能起重5~20t的吊货杆。有些船上还备有起吊重货的重型吊杆，起重能力可为60~150t。近年来，杂货船都设计成标准船型，进行成批生产，并趋向于建造多用途货船。如图3-5-1所示为某杂货船及某杂货船货舱内部。

(a)杂货船

(b)杂货船货舱内部

图3-5-1　杂货船及货舱内部

二、驳船

驳船是本身无动力或只设简单的推进装置，依靠拖船、顶推船带动等方式运输的平底船舶。

图3-5-2　无动力驳船

无动力驳船（如图3-5-2所示）由于没有推进装置，也不设置装卸货物的起货设备，所以结构简单，设备较少，置换出很大的载货空间，可航行于狭窄水道和浅水航道，适合于内河各港口之间及海上短途货物运输。无动力驳船的方形系数较大，船头为扁平状，在航行过程中阻力相对较大，油耗相对较大，航速慢且须通过拖轮拖拽，不利于航向的控制。

由于无自航能力或自航能力较弱的船舶进行远距离拖拽会带来较大的海上拖航风险，或在进行长时间自航调遣航行时，由于自身续航能力和航行抗风浪能力有限，中途需反复靠港进行油、水补给，特别是越洋跨海航行不方便、不安全，因此，为适用于跨洋海运，将船艏改为球鼻艏形以减小船舶航行过程中的兴波阻力，在船上增设船员生活区及推进器，使驳船具备自航的功能，我们将这种改造完的船舶称为自航式驳船，可以完成远洋航行任务。

甲板驳船是指不设货舱，货物全堆装在甲板上的驳船。甲板骨架较强，下设支柱，桁材等构件。在甲板四周一般设有挡货围板。货物系露天堆放，不宜运载具有防水、防湿要求的货物。装卸方便，适宜运送大型设备，可将液压轴线车连同货物一起驶入驳船上方。为满足运输及滚装重心较高的货物，设有多个压载水舱，以及专用的压载水管系及大功率压载水泵，通过压载水控制调载驳船在流体中的漂浮状态及总体重心高度；初稳性高。我们将有自航能力的甲板驳船称为自航式甲板驳船，简称自航甲板驳，它是运输大重型模块的主力船型，如图3-5-3所示。

图3-5-3　自航式甲板驳船

三、重吊船

重吊船是指载运重件货物并能依靠船上配备的重型起重机进行装卸作业的运输船舶，又称重货船。

重吊船是从多用途船中发展而来的一种特殊船型，是专为运输大型设备、平台模块、钢结构等货物而设计的。

重吊船的货舱布置有两种方式，一种是驾驶台和机舱均在艉部，另一种是驾驶台在艏部、机舱在艉部（如图3-5-4所示）。重吊船的载货量一般在3000~20000t，船体宽度较大，长宽比一般在5左右，甲板空间宽敞。通常只设一个舱，舱口较大，宽度为船宽的70%~80%，长度为船长的50%以上。超重大件通常积载于货物底舱，箱形货舱可根据货物高度调整二层舱舱盖板的位置，二层舱上部可以积载较小和较轻货物。该类型船的显著外形特征是在船舷的一侧或船纵向中心线上设有多台克令吊，吊机总荷载能力多数在300~3000t，对于超大件货物，通常采用双机抬吊方式进行吊装，总吊装货物重量可以为2000t以上。为了保证吊装时的船舶稳定性，不致造成过大的横倾，重吊船均有大容量的压载平衡水舱。有的重吊船还在船舷一侧设2个用液压控制的撑脚，装卸重件货物时，撑脚支撑在码头上，以调整船的横倾。该类型船一般都配有1万匹以上马力的自航主机，可以保证12kN以上的满载航速。

图3-5-4　重吊船

重吊船具有运输超重、超大件货物的能力，起吊能力强，可利用船上的重型吊杆装卸大件货物，节省中转吊装费用。

四、半潜船

半潜船又称半潜运载船（如图3-5-5所示），是一种专门从事装载运输超大、超重，但又不宜分割的大型结构物、设施、装备或舰船的特种运输船舶。运载货物的装载和卸载通过调整船舶自身的压载水装载量，使船体载货甲板面下沉至与装卸货码头齐平，再由SPMT将货物滚装卸到载货甲板上（或安装滑移装置后通过滑移的方式装卸货物）；或将载货甲板下沉到水面以下一定的深度（只露出呈现三点形式的部分船艏上层建筑甲板室及艉部两个浮力箱）后，将被运输物漂移到装货甲板正上方，排出半潜船的压载水，使半潜船上浮，从而托起被运输物（该方式装卸的一般为自升式钻井平台、军舰、民用船舶等可在水上漂浮的运输物），而航行状态时船舶处于正常的航行吃水状态，这种装卸方式比吊装安全性更高，而且可以减少船舶对货物体积外形等因素的限制，是海洋油气资源开发中海洋工程结构物和大重型石油化工模块超大件运载的最佳运输船舶，是海洋油气开发工程中不可缺少的重要工程技术装备。

半潜船主要有无推进动力半潜驳船和自航式半潜运载船两类。在石油化工装置大型模块的运输过程中通常使用的是自航式半潜运载船，简称自航半潜船。

图3-5-5　半潜船

五、起重船

起重船是专门用于起重的工程船，又叫浮吊，分固定式和旋转式两种形式。它大多为非自航式，由拖轮拖带移动。浮吊的起重量从几十吨至几百吨不等，我国已建成12000t起重量的全回转式起重船（如图3-5-6所示）。

(a)固定式起重船

(b)旋转式起重船

图3-5-6　固定式/旋转式起重船

六、拖船

拖船是用来拖拽没有自航能力的船舶、木排或协助大型船舶进出港口、靠离码头或作救助海洋遇难船只的船舶。拖船没有装载货物的货舱，船身不大，却装有大功率的推进主机和拖拽设备。所以拖船具有个子小、力气大的特点。拖船分为海洋拖船、港作拖船和内河拖船。如图3-5-7所示为港作拖船。

图3-5-7　港作拖船

七、顶推船

顶推船是以顶推运输其他船舶或浮动建筑工程物的工作船舶。顶推船的功能与拖船类似，功率强大，有较好的操纵性。不同的是艏部装有顶推设备和连接装置，将工作方式由拖拽变成了顶推。它的产生主要是为了克服拖船的缺点。拖船工作时，螺旋桨的尾流增加了后面驳船的阻力。要想减小尾流的影响，就要把拖缆放长。这样，行驶在弯道区域就很不方便，并增加了船员的劳动强度。而采用顶推的方式后，消除了尾流对驳船的影响，减小了阻力，提高了航速和运量。顶推船和顶推船作业实例，如图3-5-8所示。

(a)顶推船　　(b)顶推船顶推作业

图3-5-8　顶推船和顶推船顶推作业实例

八、消防船

图3-5-9　消防船

消防船是用于对港内船舶或岸边建筑物消防灭火工作的船舶。消防船的外型很像拖船，所以也有兼作拖船的。消防船上设有高压水泵、喷射水枪以及船舶自身防火的水幕系统。为适应油船灭火还需要设有专门的泡沫消防枪。船上还设有液压升降平台，用于扑救高处火源。消防船一般漆成红色，从外观上很容易识别。它还要求有很好的操纵性，使其能在狭窄的水道或拥挤的港口内执行消防任务。如图3-5-9所示为消防船。

第6节　船体结构

一、船体结构概况

(一)船体的受力

船舶在建造、下水、停泊、航行及进坞修理等全部过程中，受到各种外力的作用。船体受力主要有引起总纵弯曲的力、横向载荷和其他局部力。这些外力常常会使船体结构产生变形(整体和局部)或损坏。

1)船体的总纵弯曲

船体的总纵弯曲(longitudinal bending)是指因作用在船体上的重力、浮力、波浪水动力和惯性力等而引起的船体绕水平横轴的弯曲。它由静水总纵弯曲和波浪总纵弯曲两部分叠加而成。

(1)船体静水总纵弯曲(图3-6-1)。

船舶在静水中受到的外力有船舶及其装载的重力和水的浮力。重力P的方向向下，浮力D的方向向上。重力和浮力在静水中处于平衡状态，即重力和浮力大小相等、方向相反，作用在同一铅垂线上，如图3-6-1（a）所示。

由于沿船长方向的重力和浮力分布不一致，对于船体的某一段，重力和浮力的大小并不相等，如图3-6-1（b）所示。重力大的一段有下移的趋势，浮力大的一段有上移的趋势。由于船体是一个整体结构，各段不可能发生上下移动，在船体结构内必然有内力产生，使船体发生弯曲。当船体中部向上弯曲时，称为中拱弯曲（hogging）；当船体中部向下弯曲时，称为中垂弯曲（sagging）。船体弯曲时，在船体内产生弯曲力矩，弯矩的最大值在船体的中部，向艏部、艉部逐渐减小，如图3-6-1（c）所示。由于船舶装载情况及船体浸水部分形状总是变化，因而船体各段重力和浮力的不平衡也总是存在。

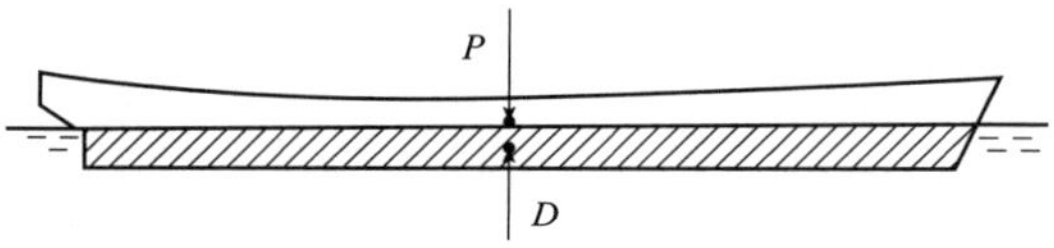

(a)船体在静水中力的平衡

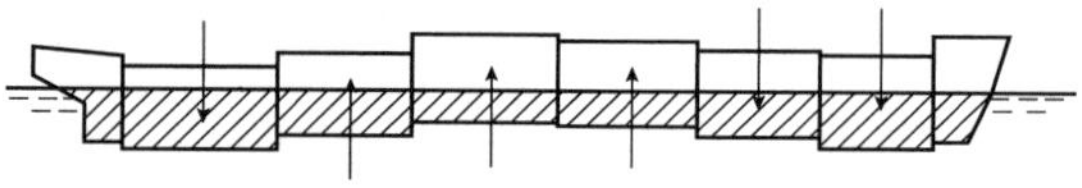

(b)船体变形趋势

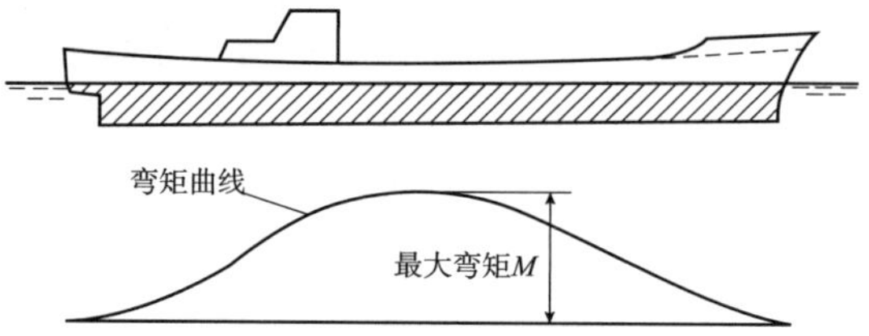

(c)弯矩曲线

图3-6-1　船体静水总纵弯曲

（2）船体波浪总纵弯曲。

在波浪状况下，船体内产生的总纵弯矩会比静水中大。当波长与船长相等或接近时，船体的弯曲最严重。当波峰在船中部时，会使船体发生中拱弯曲，此时船体的甲板受拉伸，底部受压缩；当波谷在船中时，会使船体发生中垂弯曲，此时船体的甲板被压缩，底部被拉伸，如图3-6-2所示。

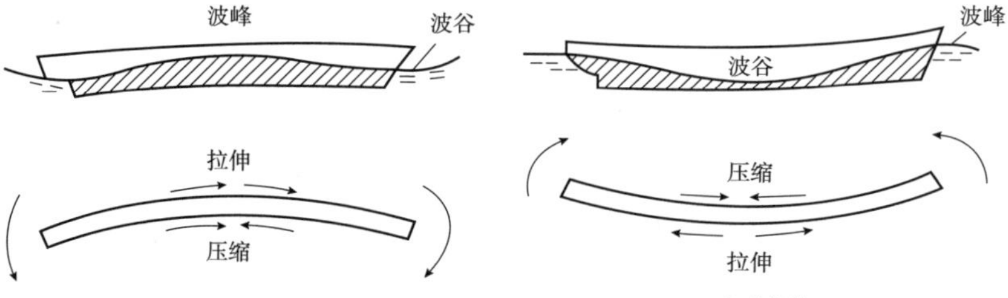

(a)中拱弯曲　(b)中垂弯曲

图3-6-2　波浪总纵弯曲

在甲板与船底之间，沿水平方向有一个层面在船体总纵弯曲时既不被拉伸，也不被压缩，这一个层面称为中性面，如图3-6-3所示。因此，船体总纵弯曲时的受力特点是：在同一横剖面离中性面越远，其受力越大，即上甲板和船底比下甲板受力大，舷侧外板中靠近上甲板和底部的列板要比其他舷侧外板受力大。船长方向，由弯矩曲线图可知，船中部受力大，并向艏部艉部逐渐减小到零。因此船体总纵弯曲时受拉压应力最大处是在船中部的上甲板和底部。

2）作用在船体上的横向载荷

船体在静水或波浪中，它的各部分结构还受到局部的水压力和货物、设备等的横向载荷，会产生局部弯曲。图3-6-4所示为作用在船体上的横向载荷。

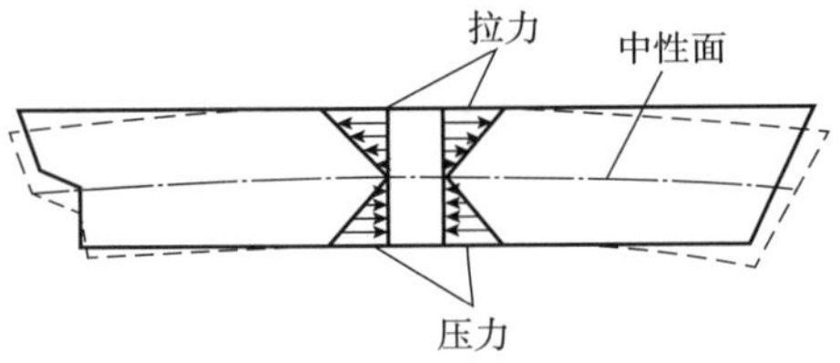

图3-6-3　总纵弯曲时船体的受力

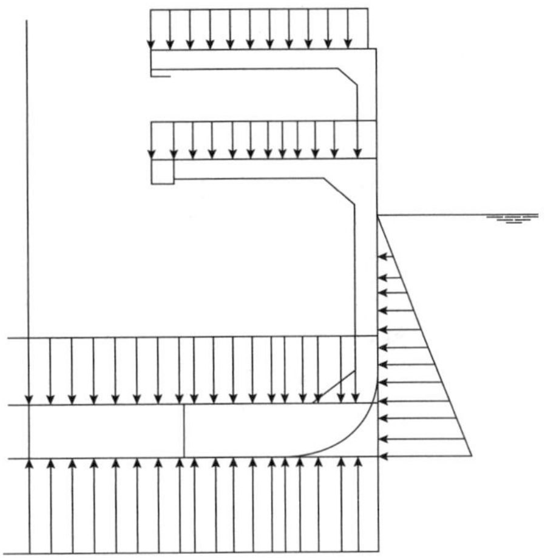
图3-6-4　船体的横向载荷

3）其他局部受力情况

其他力有船体上机器和螺旋桨运转时的振动力，船艏端的波浪砰击和水面漂浮物的撞击等局部外力，油船的油货舱内液体的晃动载荷，以及船舶进坞或搁浅时受到船底下墩木或河床的反作用力等。这些力会使船体发生局部弯曲变形。

此外，船舶在波浪状态下航行，由于升降、俯仰和摇摆等运动而产生惯性力，也会对船体结构产生不利的影响，例如，船舶横摇时会引起肋骨的歪斜和船体的扭曲。

4）船体强度

由于船舶受以上各种外力的作用，如果船体结构的强度和刚性不足，就有可能使船体整体的或局部的结构发生断裂，或发生不允许的变形。船体结构必须具有足够的强度和刚性，以抵抗这些外力。船体结构应具备总纵强度（longitudinal strength）、横向强度（transverse strength）和局部强度（local strength）。

总纵强度是指船体结构抵抗纵向弯曲、不使整体结构遭受破坏或不允许的变形的能力。横向强度是指船体横向构件（如肋骨框架和横舱壁等）抵抗横向载荷的能力。局部强度是指船体结构中个别构件对局部载荷的抵抗能力。

除了必要的强度，船体上的板和骨架还必须有足够的刚性，使其变形不超过允许的限度。对于受平面压缩力的薄板，应保证其稳定性，不使其产生皱褶而降低强度。

（二）组成主船体的板架

主船体是由若干个板架结构组成的长箱形结构，如甲板板架、舷侧板架、船底板架和舱壁板架等。各个板架相互连接，相互支持，使整个主船体构成坚固的空心水密建筑物。

顾名思义，板架结构就是板和纵横交叉的骨材和桁材组成的结构。板的作用是密封，围成一个可以提供浮力并容纳货物或设备的空间，与外界隔离开来。但仅用钢板做成的这个结构空间强度不够，在受到各种力的作用时，可能发生变形或断裂。于是就需要用骨架作支撑，使得船体在受力情况下依然能维持基本的形状，不发生大的变形或破坏。较小骨材间距小、数量多，较大的桁材间距大、数量少，如图3-6-5所示。

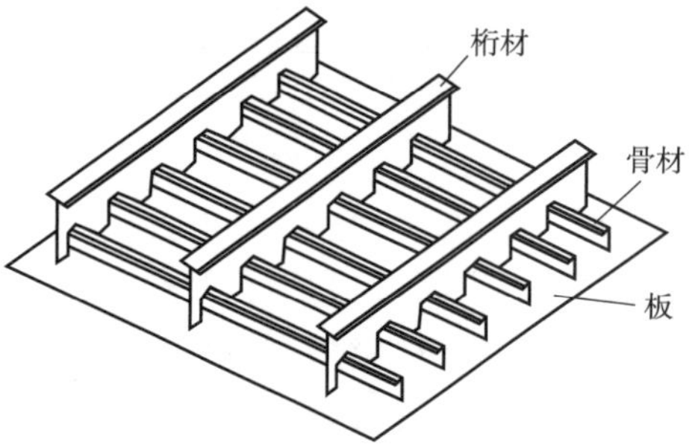

(a)示意图

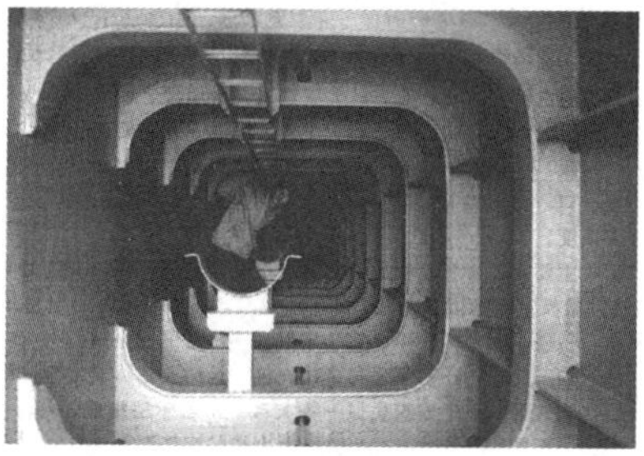

(b)实例

图3-6-5　板架结构

船体结构中的板有平直板、弯曲板和折边板等；骨材常采用扁钢、球扁钢、角钢等；桁材常采用组合T形材（如图3-6-6所示）。

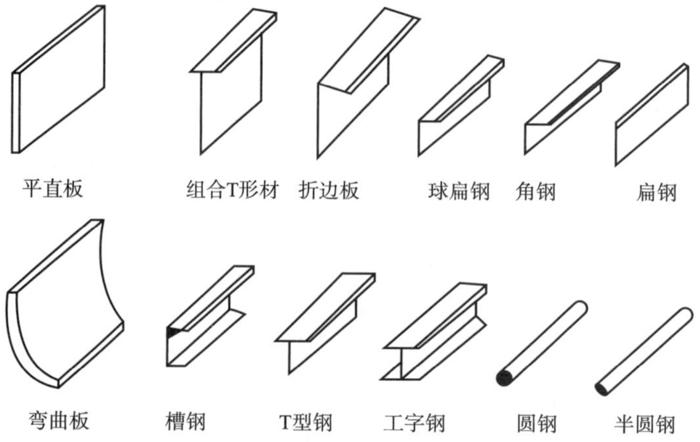

图3-6-6　船体结构中常用的板材和型材

除了板与骨架结构，船体结构中还有一种肘板，它是两个或两个以上相交构件的连接件，或作为两个板架之间的连接件。肘板的作用是增加连接节点的刚性和保证相交结构的连续性，或提高腹板梁的侧向稳定性，改善连接点的工艺性。肘板形状大多类似三角形，有无折边肘板、折边肘板和T形肘板等形式。

（三）船体结构布置形式

1）板架结构的骨架形式

板架结构根据骨材布置的方向，可分为纵骨架式、横骨架式和混合骨架式3种类型。

（1）纵骨架式。

骨材沿船长方向布置，数量多且间距小，横向构件排列间距大、尺寸也大，如图3-6-7所示。

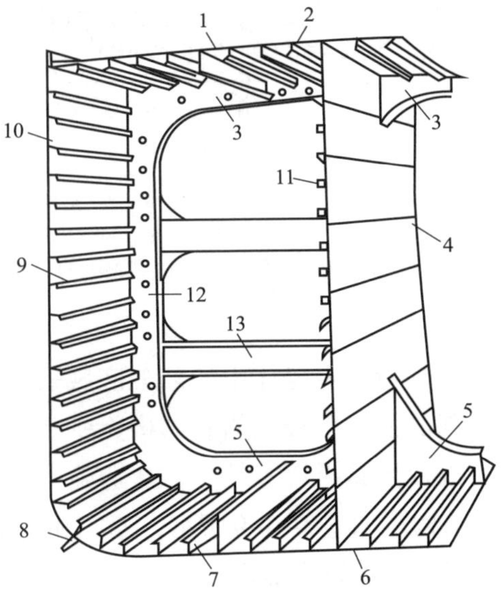

图3-6-7 纵骨架式结构

1—上甲板；2—甲板纵骨；3—强横梁；4—纵舱壁；5—肋板；6—船底外板；7—船底纵骨；8—舭龙骨；9—舷侧纵骨；10—舷侧外板；11—水平扶强材；12—强肋骨；13—撑材

纵骨架式船体结构的特点是：提高了船梁的纵向抗弯能力，增加了船体的总纵强度；密集布置的骨材提高了结构对总纵弯曲力作用时的稳性，因而可以相应地减小板的厚度，从而减轻了船舶自重；施工建造比较复杂；由于横向构件尺寸的加大使货舱舱容难以充分利用而影响载货量，且装卸也不方便。纵骨架式常用于大型油船和矿砂船。

（2）横骨架式。

横骨架式与纵骨架式不同的是，在主船体中的横向构件数量多且间距小，纵向构件排列的间距大、尺寸也大，图3-6-8为横骨架式结构。

横骨架式船体结构的特点是：结构简单、建造方便、横向强度和局部强度好；因其肋骨和横梁尺寸较小，故舱容利用率较高且便于装卸；船体的总纵强度主要由外板、内底板、甲板板以及分布在其上的纵向构件来保证，总纵强度相对较差，故在较长的船上则需增加外板和甲板的钢板厚度来保证总纵强度，从而增加了船舶的自重；船舶的横向刚性比纵向刚性大。横骨架式结构主要用于对总纵强度要求不高的中小型船舶和内河船舶。

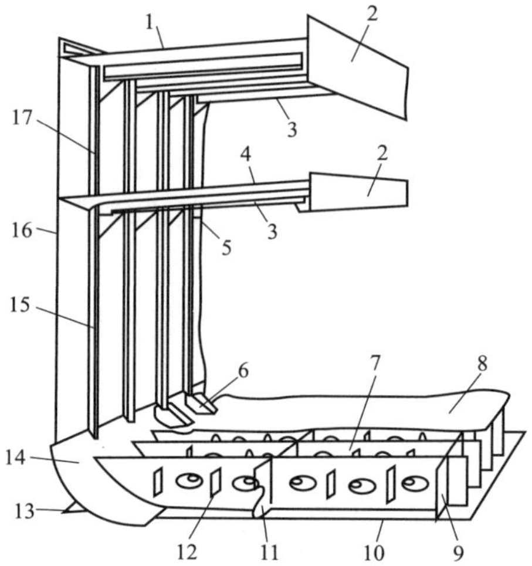

图3-6-8　横骨架式结构

1—上甲板；2—舱口围板；3—横梁；4—下甲板；5—肘板；6—舭肘板；
7—实肋板；8—内底板；9—中底桁；10—船底外板；11—旁底桁；12—扶强材；
13—舭龙骨；14—舭部外板；15—舷侧肋骨；16—舷侧外板；17—甲板间肋骨

（3）混合骨架式。

纵横混合骨架式船体结构是指在主船体中的部分区域采用横骨架式，而有些区域则采用纵骨架式。通常，船中部的强力甲板和船底结构因所受的总纵弯矩大，故采用纵骨架式；而在下甲板、舷侧，以及受总纵弯矩较小、建造施工不便和受波浪冲击力较大的艏、艉部位则采用横骨架式结构。如图3-6-9所示，船底和上甲板采用了纵骨架式结构，第二、第三甲板和舷侧则采用了横骨架式结构。

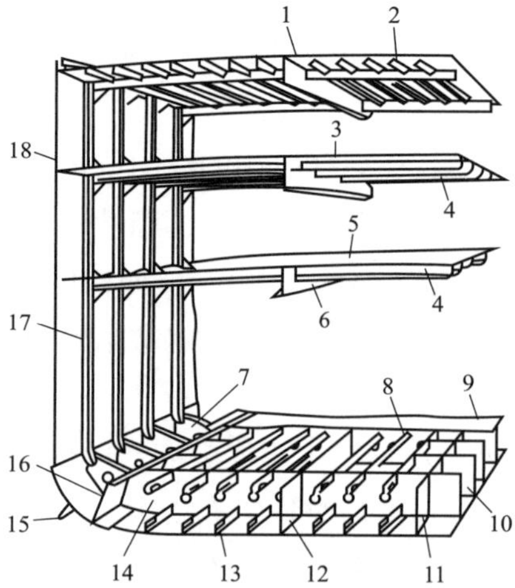

图3-6-9　混合骨架式结构

1—上甲板；2—甲板纵骨；3—第二甲板；4—甲板横梁；5—第三甲板；6—甲板纵桁；
7—舭肘板；8—内底纵骨；9—内底板；10—肋板；11—中底桁；12—旁底桁；13—外底纵桁；
14—实肋板；15—舭龙骨；16—内底边板；17—舱内肋骨；18—舷侧外板

混合骨架式综合了前两种骨架形式的优点，既保证了总纵强度，又有较好的横向强度。同时，这种骨架形式也减小了结构的质量，简化了施工工艺，充分利用了舱容且方便装卸。但在纵横构件交界处结构的连续性较差，连接处容易产生较大的应力集中。纵横混合骨架式结构主要应用于大中型散装货船。

板架结构还可以根据所支撑的外板层数分为单壳体和双壳体两种形式。单壳体是指一层外板和骨架组成的板架结构。双壳体则是指两层板与骨架组成的板架结构。两层板将骨架包围，形成一个封闭的空间。不仅强度上比平面板架提高许多，封闭的空舱还为船舶提供了储备浮力，提高了抗沉性。在发生海损的情况下，如果仅破坏了外板，内板还可以保证船体不进水，安全性也大大提高了。

2）船体结构的形式

根据船体各部位板架所采用的形式，船体结构形式也分为三种。

（1）单一横骨架式船体结构。

单一横骨架式船体结构是指上甲板、船底和舷侧均为横骨架式板架结构的船体结构形式。对总纵强度要求不高的一些小型船舶和内河船多为此种结构形式。

（2）单一纵骨架式船体结构。

单一纵骨架式船体结构是指上甲板、船底和舷侧均为纵骨架式板架结构的船体结构形式。对总纵强度要求较高的军舰、大型油船及其他大型远洋货船等采用此种结构形式。

（3）纵横混合骨架式船体结构。

纵横混合骨架式船体结构是指上甲板和船底采用纵骨架式板架结构，而舷侧和下层甲板采用横骨架式板架结构的船体结构形式。杂货船、散货船等多采用此种形式。

二、船体各部分结构

（一）外板和甲板板

外板和甲板板是船体箱形结构的最主要组成部分，外板围成船体的外壳，而甲板板则封闭船体的上部。

1.外板

外板（shell plate）是构成船体底部、舭部及舷侧的外壳板，整个船体外壳通常为流线型曲面形状，特别是艏艉外板通常具有双重曲度。

1）外板的接缝及列板

外板由一块块钢板对合焊接而成，钢板长边通常沿船长方向布置。长边与长边相接的纵向接缝叫边接缝（seam），短边与短边相接的横向接缝叫端接缝（butt）。钢板逐块端接而成的沿船长方向的连续长条板称为列板（strake），若干个列板组成船体外板，各列板名称如图3-6-10所示。位于船底的各列板统称为船底板（bottom plate），其中位于船体中线的一列板称为平板龙骨（plate keel）（K列板）。由船底过渡到舷侧的列板称为舭列板

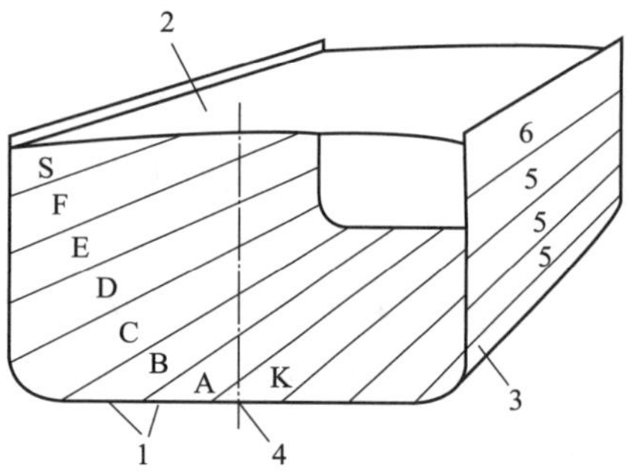

图3-6-10 各种列板的名称

1—船底列板；2—上甲板；3—舭列板；4—平板龙骨；5—舷侧列板；6—舷顶列板

(bilge strake)。舭列板以上的外板称为舷侧外板(side plate)，其中与上甲板连接的舷侧外板称为舷顶列板(sheer strake)(S列板)。

2)外板的厚度

外板上的各块钢板因其所在位置的不同，受力也就不同。外板厚度在受力大的部位要取厚些，在受力小的部位可取薄些。外板厚度沿船长方向的变化是船中(0.4L)区域较厚，艏艉端较薄。但平板龙骨的宽度和厚度从艏至艉保持不变。外板厚度沿肋骨围长方向的变化是平板龙骨和舷顶列板比其他外板厚些。对于有些局部受力较大区域的外板，如艏部锚孔区域、艉端螺旋桨区域、外板开口区域等，应采用加厚板或加装骨架等局部加强措施。

2. **甲板板**

1)甲板板的名称及形状

船舶的主体部分设有一层或几层全通甲板，小型舰船仅有一层甲板，而大型船舶根据使用要求往往设置二层或多层贯通全船的连续甲板。按自上而下的顺序分别称为上甲板、第二甲板、第三甲板等。根据需要，有时在部分舱室中设置局部间断的平台甲板(platform deck)。

为了减少上浪及迅速排除积水，船舶上甲板通常为曲面形状，且艏艉窄中部宽，船长方向中部低于艏艉端，船宽方向中间高于两舷，如图3-6-11所示。上甲板边线沿纵向从船中部向艏艉端升高的曲线称为舷弧，上甲板沿横向的拱形称为梁拱。非露天的甲板和平台，则可做成平直的。

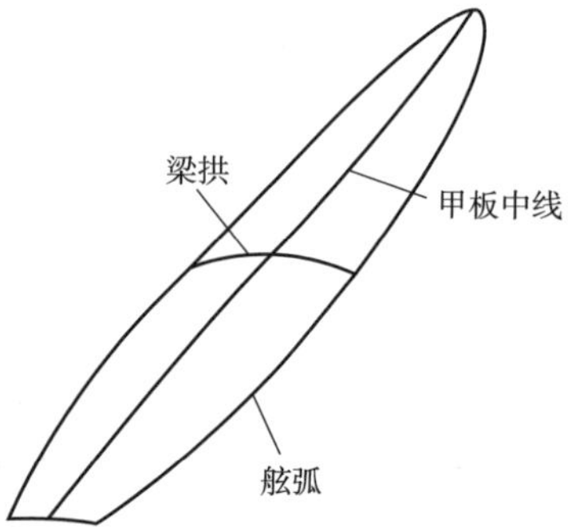

图3-6-11 上甲板的形状

2)甲板板的布置及厚度分布

甲板板(deck plate)由许多钢板并合焊接而成，钢板的长边通常沿船长方向布置，且平行于甲板中线。沿甲板边缘与舷侧邻接的一列甲板板称为甲板边板，在艏艉及大开口之间也可将钢板沿横向布置。

在各层甲板中，上甲板比下层甲板厚，一般称为强力甲板。沿船长方向，上甲板在船中0.4L区域应厚些，向艏艉两端则逐渐减薄。沿船宽方向，甲板边板艏艉连续，参与总纵弯曲，且经常积水易受腐蚀，是上甲板中最厚的一列板，舱口之间的甲板板较薄些。

(二)船底结构

船底结构是保证船体总纵强度、横向强度和船底局部强度的重要结构。作用于船体上的外力有水压力、机械设备和货物的负载、总纵弯曲引起的拉伸力和压缩力、进坞坐墩时墩木的反作用力以及机械设备运转时的振动力等。

船底可分为单层底和双层底，按骨架形式又可分为横骨架式和纵骨架式。

单层底结构只有一层船底板，结构简单，施工方便，但抗沉性差，大多用于小型船舶及民用船的艏艉端。

双层底除了船底板外，还有一层内底板，可以增加船体的总纵强度、横向强度和船底的局部强度，当船底在触礁和搁浅等意外情况下遭到破损时，双层底能保证船舶的安全。双层底舱的空间可装载燃油、润滑油和淡水，或用作压载水舱。海船从艏尖舱舱壁到艉尖舱舱壁都采用双层底，小型舰艇和内河船仅在机舱等局部区域采用双层底。

1.单层底结构

单层底结构是由船底板及船底骨架组成的单层船底结构，分为横骨架式与纵骨架式。

1）横骨架式单层底结构

横骨架式单层底结构由内龙骨、肋板等组成，如图3–6–12所示。

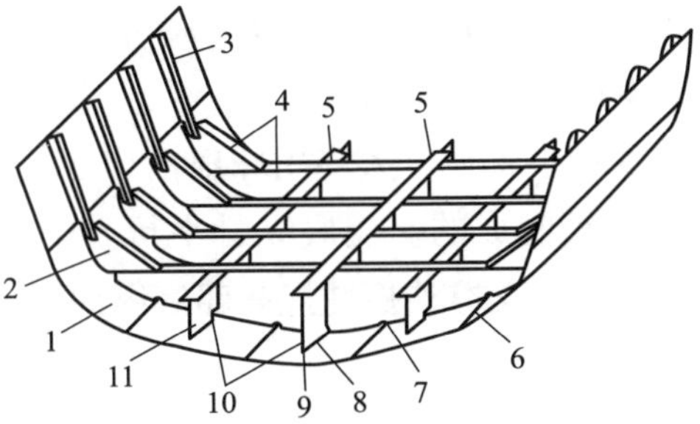

图3–6–12 横骨架式单层底结构

1—舭列板；2—舭肘板；3—肋骨；4—折边；5—面板；6—焊缝；7—流水孔；
8—中内龙骨；9—平板龙骨；10—焊缝切口；11—旁内龙骨

（1）中内龙骨。

中内龙骨是位于船体中线面上的纵向连续构件，通常采用钢板条焊接成T形材（T–bar）。承担总纵强度、船底局部强度及墩木的反作用力等，并将一部分载荷传递给横舱壁。它从艏柱直通到艉柱。

（2）旁内龙骨。

旁内龙骨是对称地布置在中内龙骨两侧的纵向构件，通常采用焊接T形材。根据船宽的不同，每侧可设1~2道。型材腹板垂直于基平面安装。

（3）肋板。

肋板是设置在每个肋位处的横向构件，通常采用焊接T形材。它在中线面处间断，并与中内龙骨焊接。其主要作用是承担横向强度，并将底部载荷传递给舷侧。

（4）舭肘板。

舭肘板是连接肋骨下端与肋板的构件，用来加强节点连接的强度。

2）纵骨架式单层底结构

纵骨架式单层底结构由船底板、内龙骨、肋板和数量较多的船底纵骨等组成，如图3–6–13所示。

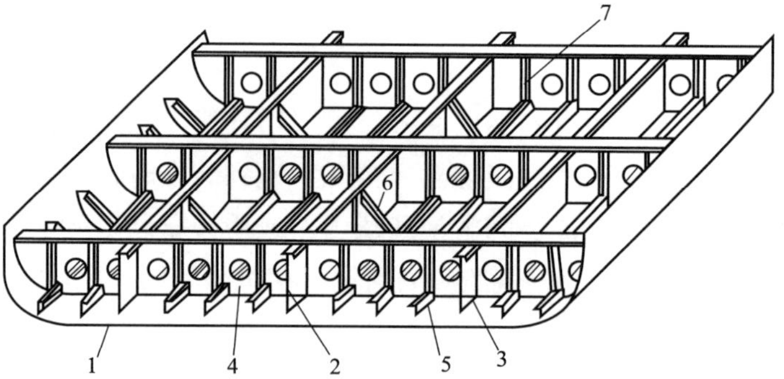

图3-6-13　纵骨架式单层底结构

1—船底板；2—中内龙骨；3—旁内龙骨；4—肋板；5—船底纵骨；6—肘板；7—加强筋

内龙骨包括中内龙骨和旁内龙骨，其结构、布置和作用与横骨架式单层底结构中相应的构件相同。肋板间距较大，每隔几个肋位设置一个肋板，间距通常大于1m，肋板的作用是保证船底横向强度并支撑船底纵骨。

船底纵骨是沿纵向设置的较小骨材，大多用球扁钢（bulb plate）或不等边角钢（angle bar）制成，大型船也有用T形钢制成的。船底纵骨平行于中内龙骨，沿纵向密集设置，球头朝向船中。船底纵骨的作用是支撑外板并提高船底纵向强度。

2.双层底结构

双层底结构也有横骨架式和纵骨架式两种形式。除了有一层船底板外，还有一层以内底板和内底边板组成的水密内底，双层底骨架装设在这两层内外底板之间的空间里。

1）横骨架式双层底结构

横骨架式双层底结构由外底板、内底板、底纵桁和各种形式的肋板等组成，如图3-6-14所示。

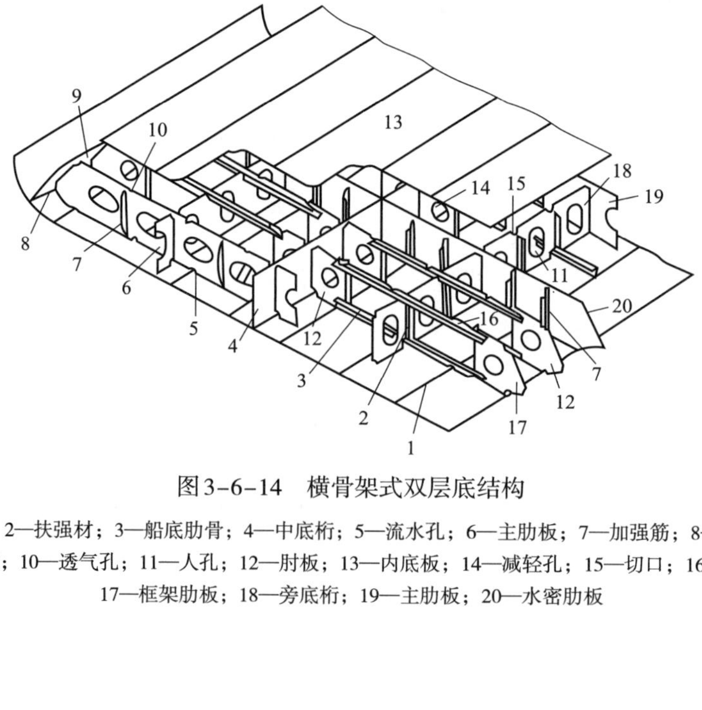

图3-6-14　横骨架式双层底结构

1—边接缝；2—扶强材；3—船底肋骨；4—中底桁；5—流水孔；6—主肋板；7—加强筋；8—焊缝切口；9—内底边板；10—透气孔；11—人孔；12—肘板；13—内底板；14—减轻孔；15—切口；16—内底横骨；17—框架肋板；18—旁底桁；19—主肋板；20—水密肋板

（1）底纵桁。

底纵桁是在双层底内布置的与双层底同高度的纵向构件，与船底板和内底板相连，分中底桁和旁底桁。

中底桁是位于中线面，连接平板龙骨和内底板的纵向连续构件，它由一系列垂直布置的钢板组成，如图3-6-14中构件4。中底桁高度也就是双层底的高度，除在艏艉端区域内可以间断外，其他区域都应连续，不允许开孔。中底桁承受总纵弯曲、坞墩反作用力及其他外力，是双层底结构中的重要构件。

旁底桁是位于中底桁两侧对称布置的纵向构件，由一系列带有开孔的钢板组成。它与船底板和内底板相连，在船宽方向尽可能均匀设置。在人孔减轻孔之间设置有加强筋，如图3-6-14中构件18及图3-6-15所示。

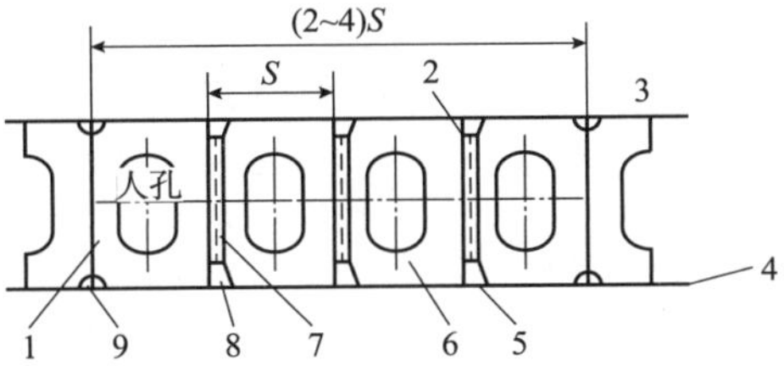

图3-6-15　横骨架式双层底旁底桁结构

1—主肋板；2—内底横骨；3—内底板；4—船底板；5—船底肋骨；6—旁底桁；7—扶强材；8—切口；9—焊缝切口

（2）肋板。

肋板是位于船底肋位上的横向构件。支撑船底外板和内底板，同时与舷侧及甲板上横向构件组成坚固的横向框架，保证船体横向强度。横骨架式双层底肋板通常有三种形式：主肋板、水密肋板和框架肋板。

主肋板又称实肋板，是开有人孔（或减轻孔）、流水孔、透气孔和通焊孔的非水密肋板，如图3-6-14中构件19及图3-6-16所示。它间断于中底桁，在主肋板两个人孔或减轻孔之间设置垂直加强筋，以保证主肋板的刚性。

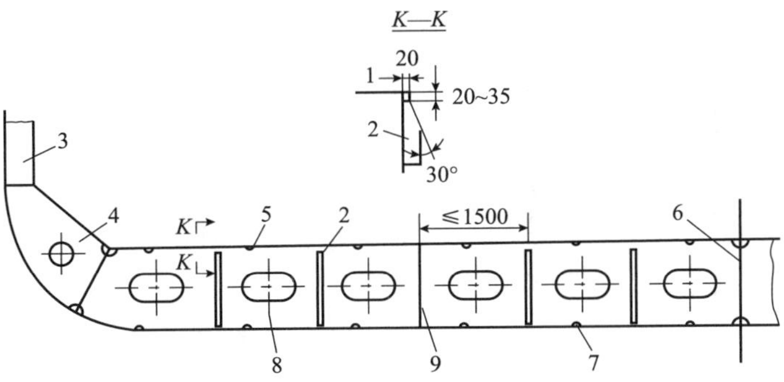

图3-6-16　横骨架式双层底主肋板结构（单位：mm）

1—内底板；2—加强筋；3—肋骨；4—舭肘板；5—透气孔；6—中底桁；7—流水孔；8—主肋板；9—旁底桁

水密肋板是没有任何开孔而且在规定压力下不透水的肋板，如图3-6-14中构件20

及图3-6-17所示。它与水密的底纵桁一起将双层底分隔成若干互不相通的各种舱室，通常在水密横舱壁下都设有水密肋板。它可能在单面受到局部液体压力，因此其厚度较主肋板厚，且在板的一面设置密集的垂直加强筋。

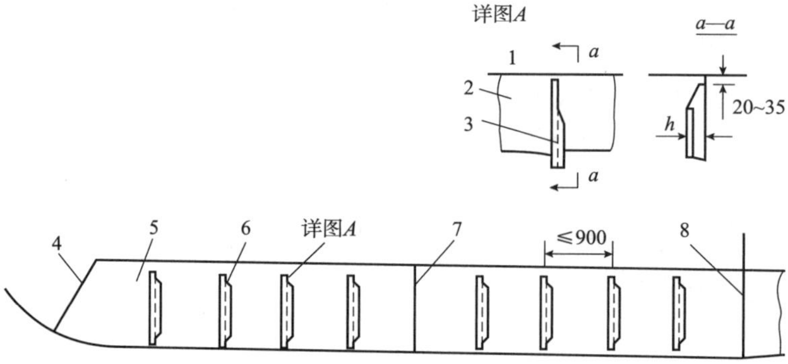

图3-6-17　水密肋板结构（单位：mm）

1—内底板；2，5—水密肋板；3—加强筋；4—内底边板；6—加强筋；7—旁底桁；8—中底桁

框架肋板也叫组合肋板，是由内底横骨、船底肋骨和肘板等组成的框架结构，如图3-6-14中构件17及图3-6-18所示。内底横骨和船底肋骨用不等边角钢制成，并用折边肘板将中底桁和内底边板连接。内底横骨剖面尺寸略小于船底肋骨剖面尺寸。

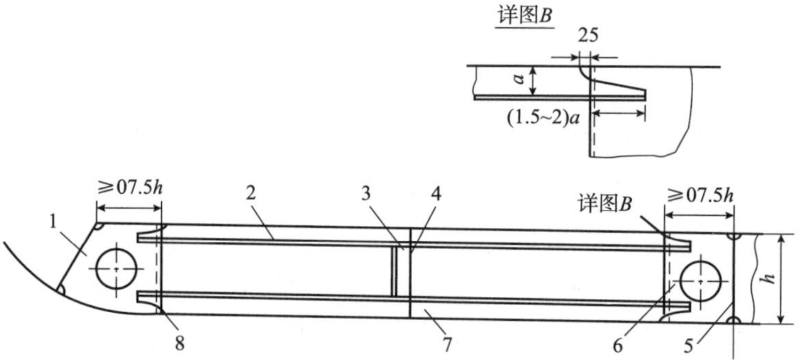

图3-6-18　横骨架式双层底框架肋板结构

1—肘板；2—内底横骨；3—扶强材；4—旁底桁；5—中底桁；6—肘板；7—船底肋骨；8—焊缝切口

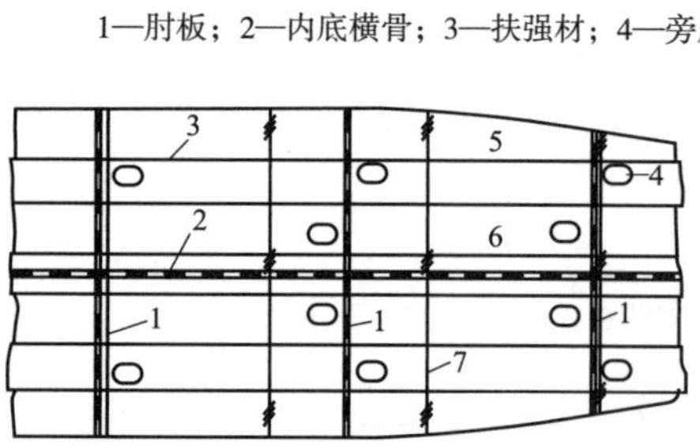

图3-6-19　内底板的布置

1—水密肋板；2—中底桁；3—边接缝；4—人孔；
5—内底边板；6—内底板；7—分段缝

（3）内底板和内底边板。

内底板是由许多块钢板焊接而成的，内底板的长边沿船长方向布置。内底的长度就是双层底的长度，在每个双层底舱的内底板上，开有呈对角线布置的人孔，人孔上需装置水密的人孔盖，如图3-6-19所示。

内底边板是指与外板相连的一列内底板。内底边板的结构有四种类型：下倾式、上倾式、水平式和折曲式，如图3-6-20所示。

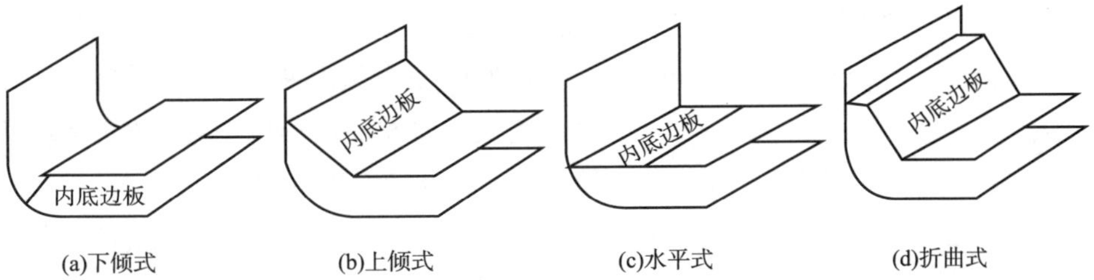

图3-6-20　内底边板的类型

内底板的厚度应考虑到锈蚀和磨损程度。机炉舱、装载燃油的底舱、货舱口下的内底板应该厚些，船端部内底板的厚度较中部薄，内底边板应比内底板厚些并有足够的宽度。

2）纵骨架式双层底结构

纵骨架式双层底结构由外底板、内底板、肋板、底纵桁、船底纵骨和内底纵骨等组成。内外底板由密集的纵骨支撑，增加了板的刚性和稳定性，提高了底部的纵向强度。因此纵骨架式的内外底板可以比横骨架式薄些，这样可以减轻结构重量。现代大中型船舶普遍采用此骨架式。图3-6-21为杂货船纵骨架式双层底结构。

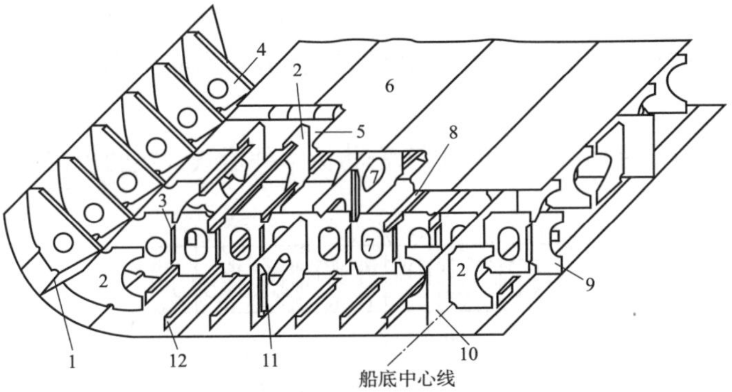

图3-6-21　杂货船纵骨架式双层底结构

1—内底边板；2—肘板；3—加强筋；4—舭肘板；5—水密肋板；6—内底板；
7—人孔；8—内底纵骨；9—主肋板；10—中底桁；11—旁底桁；12—船底纵骨

（1）底纵桁。

与横骨架式双层底相同，纵骨架式双层底的底纵桁也分为中底桁和旁底桁。底纵桁均由一系列钢板组成。

中底桁是位于中线面处的水密纵向连续构件。旁底桁是非水密的纵向构件，旁底桁的数目随船宽增大而增加。船中部区域的旁底桁平行于中线面布置，靠近艏艉区域则随着船宽减小而改为折线布置，并逐渐减小旁底桁的数目，如图3-6-22所示。

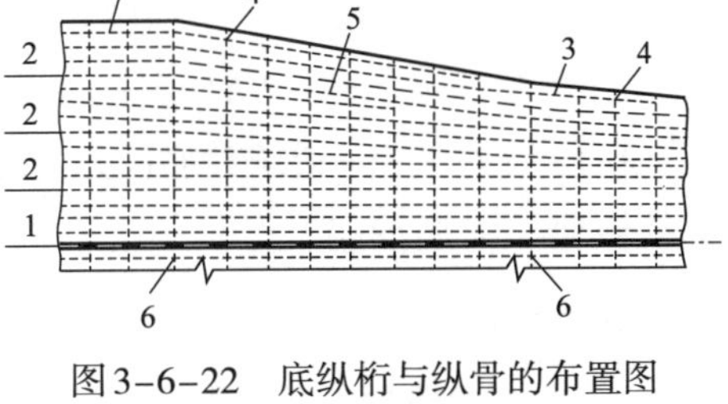

图3-6-22　底纵桁与纵骨的布置图

1—中底桁；2，5—旁底桁；3—纵骨；
4—肋板；6—水密横舱壁

箱形中底桁是在双层底中线面处设置的、沿船长方向的一条水密的箱形通道，又称管隧。

从防撞舱壁通向机舱前端壁，用于集中布置各种管路，并兼有应急通道的作用。

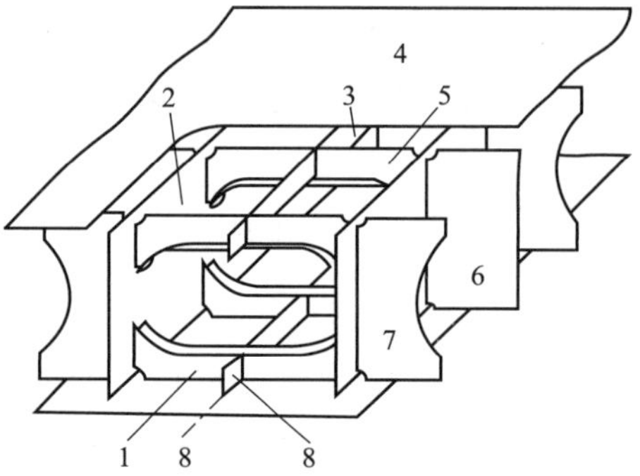

图3-6-23　箱形中底桁

1—船底横骨；2—水密底纵桁；3—纵骨；4—内底板；5—内底横骨；6—主肋板；7—肘板；8—船底中心线

箱形中底桁是由两道水密的侧板（底纵桁）、内外底板、骨材（环形框架或内外底横骨以及纵骨）等组成，如图3-6-23所示。

（2）纵骨（船底纵骨和内底纵骨）。

纵骨是在纵骨架式或混合骨架式结构中设置的纵向构件。其中，位于船底板上的纵骨叫船底纵骨，位于内底板处的纵骨叫内底纵骨。纵骨通常由球扁钢、角钢或T形材制成。通常内底纵骨的剖面尺寸略小于船底纵骨。

纵骨沿船长方向布置，与中底桁平行，并在船宽方向均匀设置，习惯上将纵骨型材的凸缘朝向中线面。民用船的纵骨腹板通常是垂直于基平面安装。内外底纵骨应上下对应设置。靠近艏艉端，随着船宽减小，纵骨的数目也相应减少。

纵骨与肋板的连接：为了保证纵向连续，通常在肋板上开切口让纵骨穿过，或纵骨间断用肘板连接。纵骨穿过水密肋板、舱壁时用补板封焊起来以保证肋板、舱壁水密。

（3）肋板。

纵骨架式双层底中的肋板有实肋板和水密肋板两种形式。实肋板结构如图3-6-24所示。

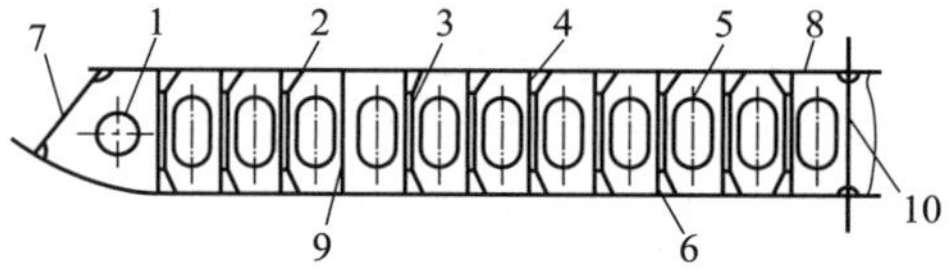

图3-6-24　纵骨架式双层底的实肋板结构

1—减轻孔；2—主肋板；3—加强筋；4—内底纵骨；5—人孔；6—船底纵骨；7—内底边板；8—内底板；9—旁底桁；10—中底桁

（三）舷侧结构

舷侧结构是指连接船底和甲板的侧壁部分，其承受水压力、波浪冲击力、碰撞力、冰块的冲击和挤压力、甲板负荷、舱内负荷、总纵弯曲应力和剪切应力等外力的作用，是保证船体的纵向强度、横向强度，保持船体几何形状和侧壁水密的重要结构。

舷侧分为单层、双层壳和多层壳舷侧，按骨架形式舷侧结构可分为纵骨架式和横骨架式。单层舷侧只有一层舷侧外板，双层壳舷侧除了舷侧外板，还有一层内壳板，目前在集装箱船、大型油船及散货船上都采用双层舷侧结构。

1.单层舷侧结构

1）横骨架式单层舷侧结构

横骨架式舷侧结构由舷侧外板、普通肋骨（包括主肋骨和甲板间肋骨）、强肋骨和舷侧纵桁等组成，如图3-6-25所示。

（1）普通肋骨。

普通肋骨（也叫肋骨）是横骨架式舷侧结构中的主要横向构件，设置在舷侧各个肋位上。在货舱区域（通常是杂货船和散货船）的舷侧全部采用尺寸相同的肋骨，如图3-6-25、图3-6-26所示。肋骨的作用是支撑舷侧外板，保证船体的横向强度和局部刚度。多层甲板船上的肋骨有主肋骨和甲板间肋骨两种形式。

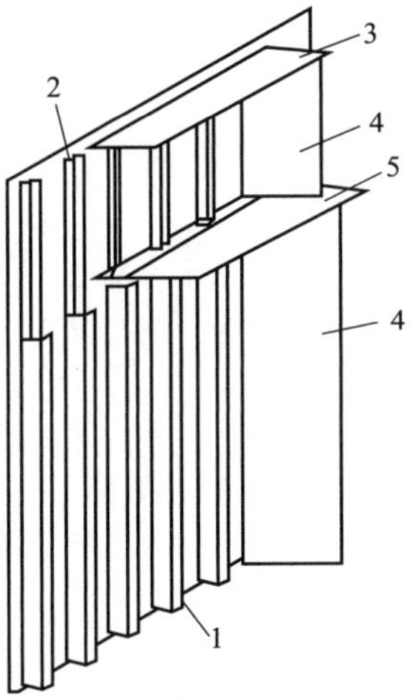

图3-6-25　单一肋骨的舷侧结构

1—主肋骨；2—甲板间肋骨；3—上甲板；4—横舱壁；5—下甲板

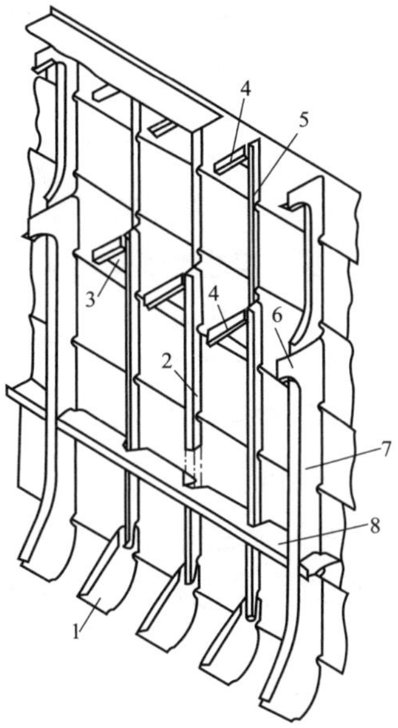

图3-6-26　由强肋骨、舷侧纵桁和主肋骨组成的舷侧结构

1—舭肘板；2—主肋骨；3—梁肘板；4—横梁；5—甲板间肋骨；6—强横梁；7—强肋骨；8—舷侧纵桁

主肋骨是指最下层甲板以下的船舱肋骨，它是横骨架式舷侧结构的主要构件。甲板间肋骨是指两层甲板之间的肋骨，甲板间肋骨的剖面尺寸比主肋骨小。肋骨通常采用不等边角钢制成，大型船舶的主肋骨也可采用球扁钢或焊接T形材。

（2）强肋骨。

强肋骨是由尺寸较大的组合T形材制成的舷侧横向构件。在横骨架式舷侧结构中每隔几个肋位设置一个强肋骨，通常与甲板的强横梁及底部的主肋板组成高腹板的横向框架。强肋骨的作用是：局部加强，支撑舷侧纵桁，保证舷侧的横向强度。

（3）舷侧纵桁。

舷侧纵桁是舷侧结构中沿船长方向设置的纵向构件，通常由组合T形材制成，腹板高度与强肋骨腹板高度相同。其作用是支撑主肋骨并将一部分载荷传递给强肋骨和横舱壁。

由强肋骨、舷侧纵桁和主肋骨组成的结构主要用于海船的机舱区域，以及长江船和内河船的舷侧，如图3-6-26所示。

2）纵骨架式单层舷侧结构

纵骨架式单层舷侧结构由舷侧外板、舷侧纵骨、舷侧纵桁和强肋骨等组成，如图

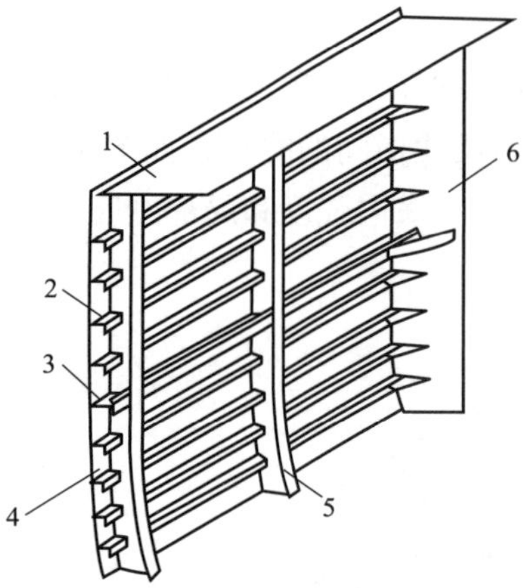

图3-6-27　纵骨架式单层舷侧结构

1—甲板；2—舷侧纵骨；3—舷侧纵桁；4—舷侧外板；5—强肋骨；6—横舱壁

3-6-27所示。

舷侧纵骨是纵骨架式舷侧结构的纵向连续构件，通常采用球扁钢或不等边角钢制成。其作用是支撑外板并承受舷侧水压力，参与总纵弯曲，保证外板的稳定性。

民船舷侧纵骨沿外板的水平方向布置，而军舰的舷侧纵骨型钢腹板则垂直于外板，型钢凸缘一般都向下。船底附近的舷侧纵骨尺寸较水线以上的舷侧纵骨大。

纵骨架式舷侧结构的强肋骨和舷侧纵桁基本上与横骨架式舷侧相同，采用组合T形材制成。舷侧纵桁安装在肋骨跨距偏下的舷侧部位。

2.双层舷侧结构

1）横骨架式双层舷侧结构

横骨架式双层舷侧结构由舷侧外板、内壳纵壁、肋骨（或横向开孔板）、舷侧纵桁（或平台）等构件组成。

图3-6-28为分节驳横骨架式双层舷侧结构。

目前，一些散货船也采用双层舷侧的结构形式，如图3-6-29所示。

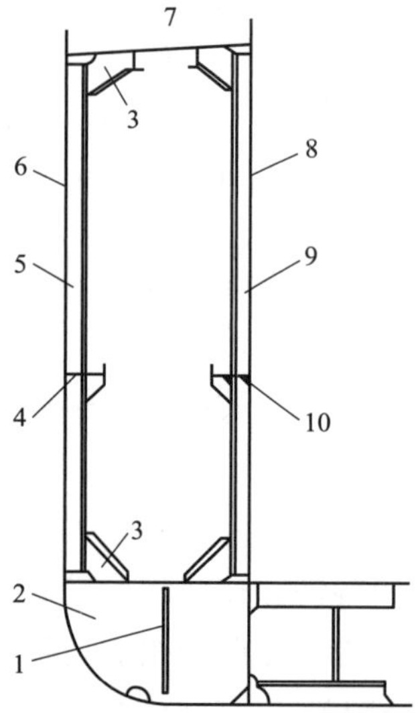

图3-6-28　分节驳横骨架式双层舷侧结构

1—加强筋；2—肋骨；3—肘板；4—舷侧纵桁；5—主肋骨；6—舷侧外板；7—甲板；8—纵舱壁；9—扶强材；10—水平桁

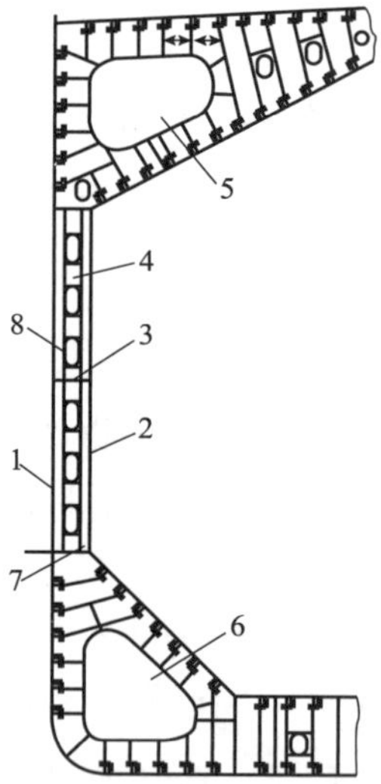

图3-6-29　散货船双层舷侧结构

1—舷侧外板；2—内壳纵壁；3—舷侧纵桁；4—强肋骨（开孔横隔板）；5—顶边舱；6—底边舱；7—平台；8—加强筋

2）纵骨架式双层舷侧结构

纵骨架式双层舷侧结构主要用于大型船舶的舷侧，如大型集装箱船、现代大型油船等。

双层壳舷侧结构由内外壳板、舷侧纵骨、内壳板纵骨、平台（舷侧纵桁）及其纵骨、横隔板（即强肋骨）等组成，图3-6-30为双层壳油船舷侧结构。

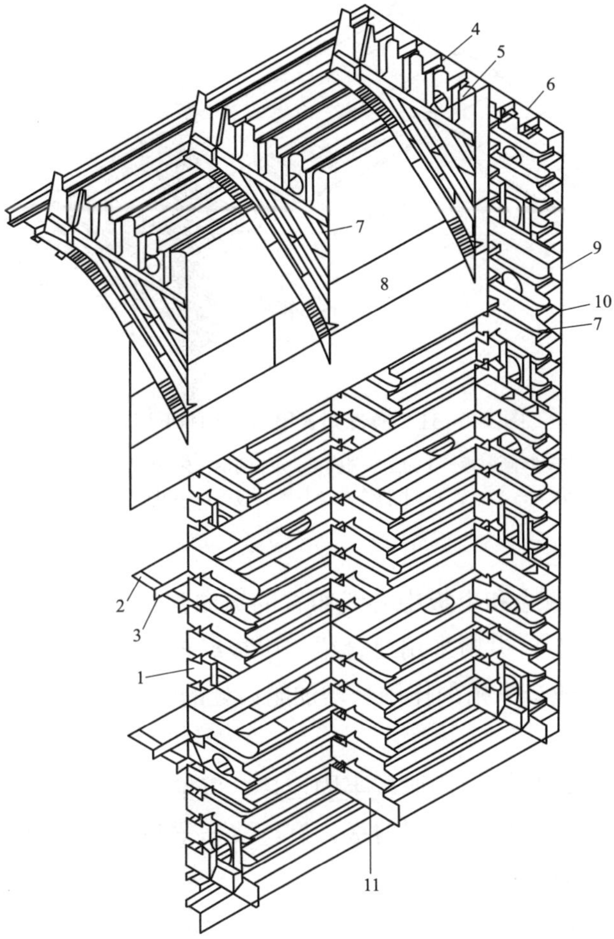

图3-6-30　双层壳油船舷侧结构

1—非水密横隔板；2—平台；3—纵骨；4—甲板纵骨；5—强横梁；6—上甲板；
7—加强筋；8—内壳板；9—舷侧外板；10—舷侧纵骨；11—水密横隔板

（四）甲板结构

甲板结构需承受总纵弯曲应力、货物的负载和波浪的冲击力等外力的作用，是保证船体总纵强度、保持船体几何形状及保证船体上部水密的重要结构。

甲板一般是单层板架结构，按骨架设置形式可分为纵骨架式和横骨架式甲板结构。大型船舶的上甲板普遍采用纵骨架式结构；下甲板大多采用横骨架式结构。

1.横骨架式甲板结构

横骨架式甲板结构由甲板板、横梁和甲板纵桁等构件组成，如图3-6-31所示。

1）横梁

甲板结构中的横向构件统称为横梁，设置在每挡肋位上。其主要作用是支撑甲板板，并将甲板的横向载荷传给舷侧和甲板纵桁。横梁按其设置位置和尺寸大小分为普通横梁、半横梁和舱口端横梁。横梁由不等边角钢或T形梁制成，舱口段的横梁一般采用组合梁。

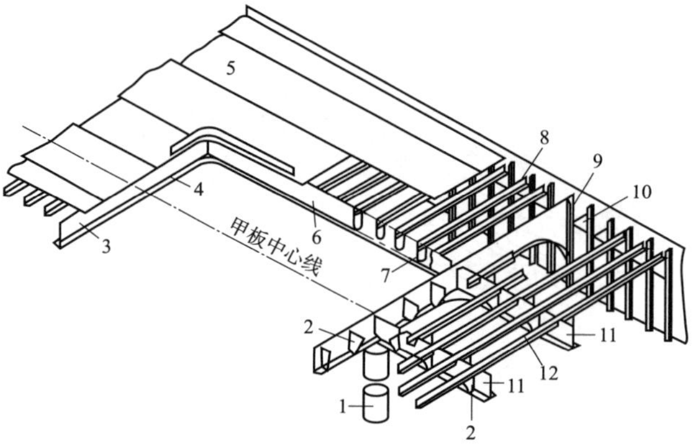

图3-6-31　横骨架式甲板结构（下甲板）

1—支柱；2—防倾肘板；3—舱口端横梁；4—圆钢；5—甲板板；6—舱口纵桁；7—肘板；8—半梁；9—主肋骨；10—梁肘板；11—甲板纵桁；12—横梁

2）甲板纵桁

甲板纵桁是沿舱口两边和甲板中心线布置的纵向强构件，由尺寸较大的组合T形材制成，位于舱口两边的舱口纵桁采用组合梁。甲板纵桁作用是支撑横梁，同时起着纵向强度和力的传递作用。舱口纵桁的作用是增加舱口处的强度。

3）肘板

横梁与肋骨、甲板纵桁必须用肘板牢固连接，以增强节点处的刚性，并能相互传递作用力。横骨架式甲板结构中有许多肘板，有连接横梁与肋骨之间的梁肘板，还有连接横梁与甲板纵桁的防倾肘板等。

2.纵骨架式甲板结构

纵骨架式甲板结构主要用于总纵强度要求较高的大中型船舶的上甲板。图3-6-32所示为纵骨架式上甲板结构。其中，舱口之间的甲板仍采用横骨架式结构。

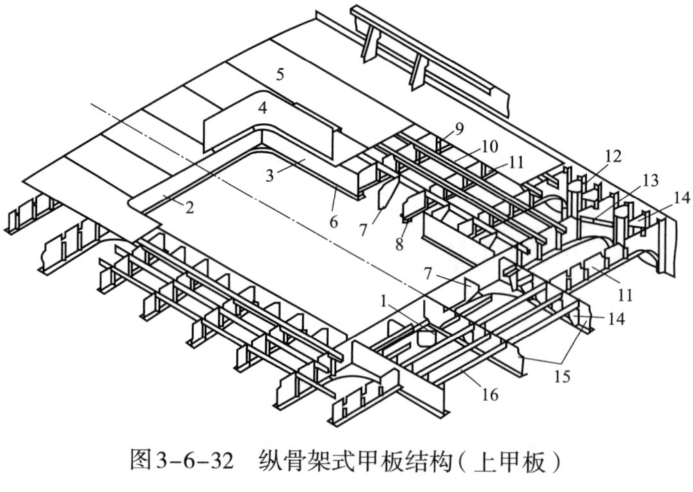

图3-6-32　纵骨架式甲板结构（上甲板）

1—管形支柱；2—舱口端横梁；3—舱口纵桁；4—舱口围板；5—上甲板；6—圆钢；7—防倾肘板；8—小肘板；9—加强筋；10—甲板纵骨；11—强横梁；12—主肋骨；13—斜置加强筋；14—肘板；15—甲板纵桁；16—横梁

纵骨架式甲板结构由甲板板、甲板纵骨、甲板纵桁和强横梁等构件组成。

1）甲板纵骨

甲板纵骨（deck longitudinal）是纵骨架式甲板结构中采用的主要纵向构件，由尺寸较小的球扁钢和不等边角钢制成，大型船有采用T形材的。其主要作用是保证船舶总纵强度和甲板板的稳定性，同时承受甲板板的横向载荷。

甲板纵骨平行于中线面沿船长方向布置，型钢腹板垂直于基平面安装，除了靠近舱口的一根纵骨背向船中以外，其余折边通常朝向船中。甲板纵骨遇到强横梁，应在强横梁的腹板上开切口让纵骨穿过，遇到横舱壁可以连续穿过或切断，用肘板与横舱壁连接。

2）甲板纵桁

甲板纵桁的结构和布置与横骨架式甲板结构中的甲板纵桁基本相同，采用组合T形材。其作用主要是支撑横梁，同时也承受总纵弯曲应力。

一般甲板纵桁在横舱壁处间断，前后加装肘板与舱壁扶强材连接，或逐渐增大纵桁腹板高度。甲板纵桁也可以连续并穿过横舱壁，然后用补板封焊切口。甲板纵桁与横舱壁的连接形式，如图3-6-33所示。

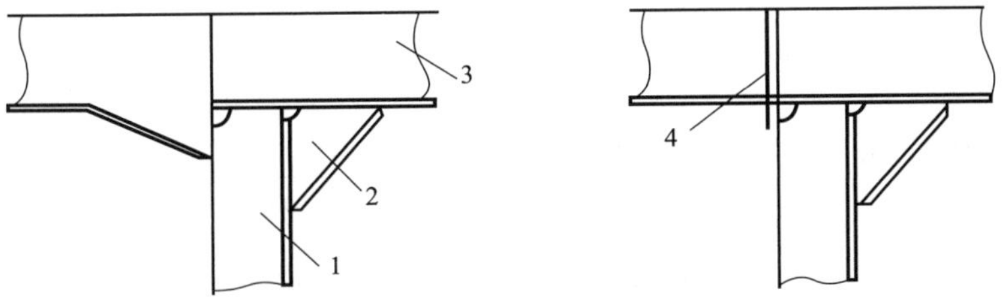

图3-6-33　甲板纵桁与横舱壁的连接形式

1—舱壁扶强材；2—肘板；3—甲板纵桁；4—补板

3）强横梁

强横梁是在纵骨架式甲板结构中采用的主要横向构件，由尺寸较大的组合T形材或折边钢板制成。其作用是支撑甲板纵骨，保证横向强度。在纵骨架式甲板上，一般每隔3~5挡肋距设置一个强横梁。在机舱和艉尖舱区域内，强横梁应设置在舷侧强肋骨的肋位上，以便组成强框架结构。

甲板结构中除了以上构件外，还有舱口围板结构及甲板下支柱等结构。

（五）舱壁结构

船体内有许多横向和纵向布置的垂直隔板，这些隔板叫作舱壁。其中沿船长方向设置的舱壁是纵舱壁，沿船宽方向设置的舱壁是横舱壁。它们将船体内部空间分成许多不同用途的舱室，同时满足船舶抗沉性能的要求。横舱壁对船体横向强度和刚性起很大作用，纵舱壁还可以起到纵向强度作用。

舱壁一般按用途和结构形式的不同进行分类。

1.按用途分类

舱壁按用途分为水密舱壁、防火舱壁、液体舱壁和制荡舱壁。

1）水密舱壁

一般是指自船底（船底板或内底板）至甲板的主舱壁，它将船体分隔成若干个水密舱室。水密舱壁能保证船体在因海损事故造成某舱破损进水时不会蔓延至其他相邻的舱室，使船舶仍有一定的浮力和稳性，从而提高船舶的抗沉性能。

2）防火舱壁

防火舱壁是根据规范对船舶防火结构要求而设置的、具有一定隔热能力并能在一定时间内防止火势蔓延的舱壁。按规定，机舱和客船起居住所的舱壁采用防火舱壁。

3）液体舱壁

液体舱壁是液舱（油舱、水舱等）的界壁，它经常承受液体压力与振荡冲击力，故舱壁板较厚且其上的骨架尺寸也较大，并需保证水密或油密。

4）制荡舱壁

制荡舱壁是设于液舱内的纵向舱壁，主要用来减少自由液面的影响，其上开有气孔、油水孔和减轻孔。

2.按结构分类

舱壁按结构形式分平面舱壁和槽形舱壁。

1）平面舱壁

平面舱壁由舱壁板和舱壁骨架组成，如图3-6-34所示。

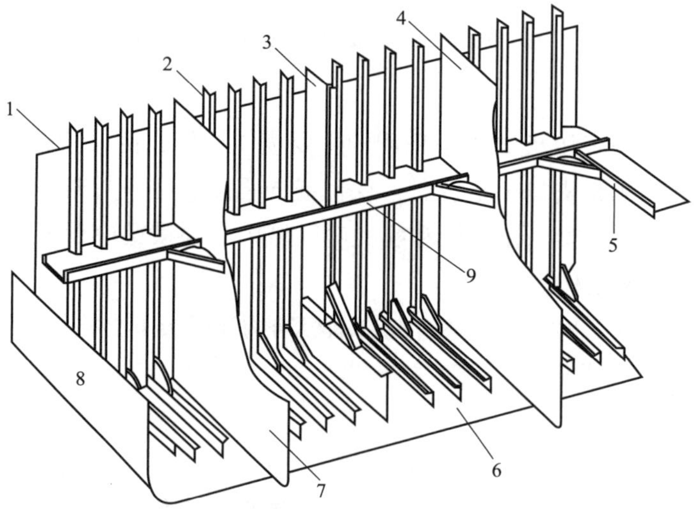

图3-6-34　平面舱壁结构

1—横舱壁板；2—垂直扶强材；3—垂直桁；4—纵舱壁；5—舷侧纵桁；6—船底板；7—纵舱壁；8—舷侧列板；9—水平桁

（1）舱壁板。

由许多块钢板并合焊接而成，板列有水平和垂直两种布置形式。

（2）舱壁骨架。

由扶强材和桁材两种构件组成，起到增加舱壁板强度和刚性的作用。

扶强材一般采用不等边角钢、球扁钢或T形材，是平面舱壁的主要构件。按其设置方向，分为垂直扶强材和水平扶强材两种。桁材是较大的骨架，通常采用组合T形材，一般仅设在深舱或油船的纵横舱壁上。桁材按其设置方向分为水平桁和竖桁。

2）槽形舱壁

槽形舱壁是将钢板压制成梯形、弧形等形状的舱壁，如图3-6-35所示。

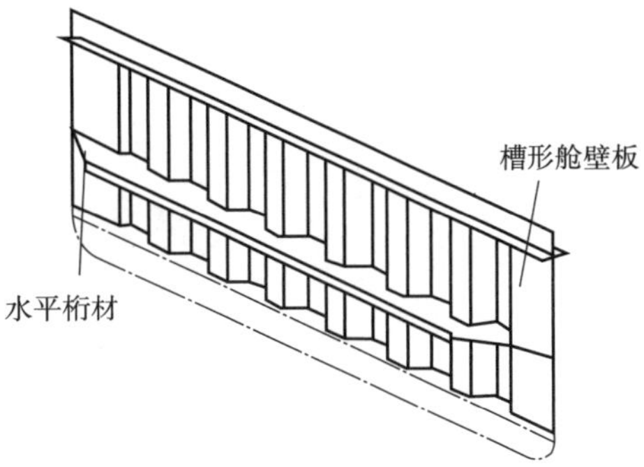

图3-6-35　槽形舱壁结构

槽形舱壁能增加刚度，起到扶强材的作用。在保证同样强度条件下，结构质量轻，节省钢材，并减少了装配和焊接的工作量，便于清舱，有利于防止锈蚀。但槽形舱壁占据较大舱容，不利于装载件杂货物。因而槽形舱壁多用于油船、散货船等。

槽形体有竖直和水平布置两种。槽形舱壁的剖面形状有三角形、矩形、梯形和弧形，图3-6-35为较常用的梯形形状、垂直布置的横舱壁。

（六）艏艉端结构

艏艉位于船舶的最前端和最后端，线型变化复杂，且主要受局部外力作用，因此结构与船体中部有很大不同。根据船舶的种类、用途、航区及性能等要求不同，艏艉端的结构形式也不相同。就其结构形式可分为横骨架式和纵骨架式两种，纵骨架式多用于军船。根据其受力特点和施工方便可能性，艏艉部分的结构必须采取加强措施。

1.艏端结构

艏端结构由外板、甲板、肋骨、艏尖舱壁、制荡舱壁、舷侧纵桁、强胸横梁（或用开孔平台代替舷侧纵桁和强胸横梁）、升高肋板、艏柱等构件组成。艏端的舱室为艏尖舱，用作压载水舱，在艏尖舱壁前通常设置锚链舱。图3-6-36为横骨架式艏端结构。

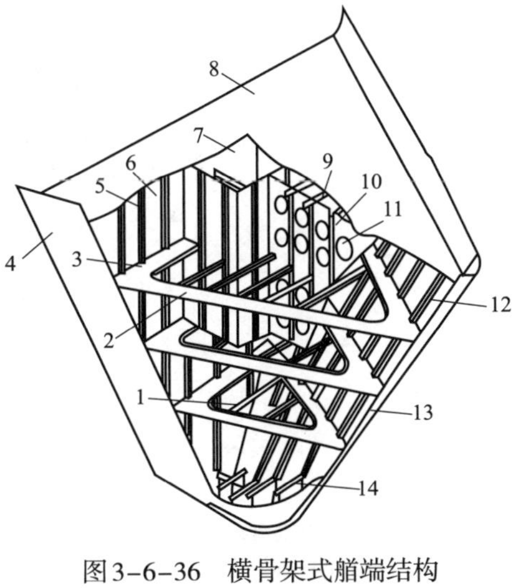

图3-6-36　横骨架式艏端结构

1—强胸横梁；2—舷侧纵桁；3—水平桁；4—外板；5—扶强材；6—艏尖舱壁；7—锚链舱；8—甲板；9—横梁；10—制荡舱壁；11—减轻孔；12—肋骨；13—艏柱；14—升高肋板

艏柱是船艏部最前端的构件，由于外板、甲板、平台和舷侧纵桁都结束于艏柱，且艏柱遭受各种碰撞机会较多，因此艏柱应具有足够的刚性和强度。艏柱形式有钢板焊接艏柱、铸钢（形状复杂艏柱）和锻钢（简单艏柱）艏柱，以及铸钢和钢板混合艏柱。图3-6-37为钢板焊接艏柱和铸钢、钢板混合艏柱的结构。

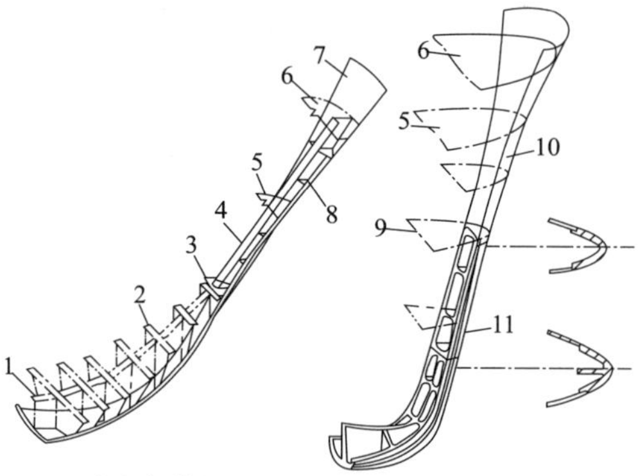

(a)钢板焊接艏柱　　(b)铸钢、钢板混合艏柱

图3-6-37　钢板焊接艏柱和铸钢、钢板混合艏柱的结构

1—中内龙骨；2—实肋板；3—舷侧纵桁；4—加强筋；5—上甲板；6—艏楼甲板；7—艏柱板；8—肘板；9—下甲板；10—钢板艏柱；11—铸钢艏柱

2.艉端结构

艉部结构包括艉尖舱和艉部悬伸体。以巡洋舰艉端为例，主要由外板、甲板、艉尖舱壁、肋骨、斜肋骨、斜横梁、舷侧纵桁、强胸横梁、艉柱等构件组成。在艉尖舱壁后的上甲板下面有舵机舱，舵机舱下面的舱室是艉尖舱，一般作为艉压载水舱。舵机舱与艉尖舱之间的平台叫舵机平台。图3-6-38所示为巡洋舰型艉端结构。

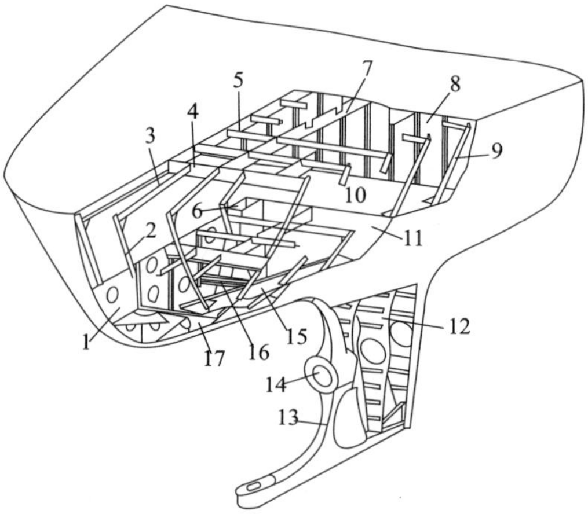

图3-6-38　巡洋舰型艉端结构

1—制荡舱壁；2—斜肋骨；3—斜横梁；4—强横梁；5—横梁；6—舵杆管；7—甲板纵桁；8—横舱壁；9—肋骨；10—舵机舱平台；11—艉尖舱壁；12—艉升高肋板；13—艉柱；14—轴毂；15—舷侧纵桁；16—强胸横梁；17—肋板

艉柱是设置在艉端下部中纵剖面上的大型构件。其作用是连接两侧外板和平板龙骨，加强艉部结构，并支撑和保护螺旋桨与舵。艉柱主要承受舵和螺旋桨的质量，以及螺旋

桨工作时产生的振动和转舵时的力矩。因此必须有足够的强度和刚性。艉柱有铸钢（形状复杂艉柱）、锻钢（简单艉柱）和钢板焊接艉柱，以及锻造与钢板混合艉柱。图3-6-39为钢板焊接艉柱和铸钢艉柱的结构。

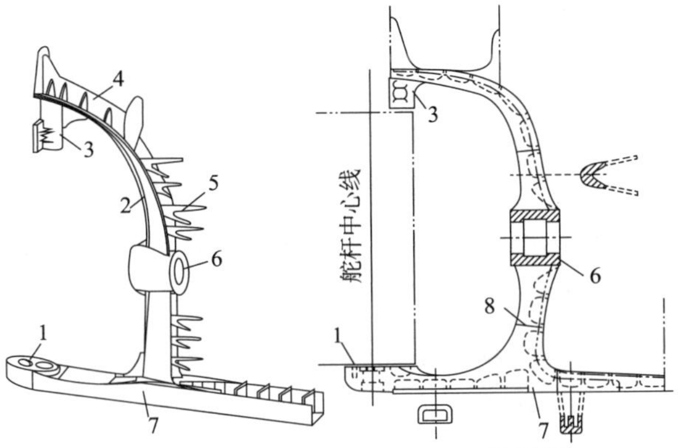

(a)钢板焊接艉柱　(b)铸钢艉柱

图3-6-39　钢板焊接艉柱和铸钢艉柱的结构

1—下支撑；2—圆钢；3—舵轴架；4—加强筋；5—肘板；6—轴毂；7—底骨；8—接缝

（七）上层建筑结构

上层建筑是指上甲板以上的各种围蔽建筑物，它有船楼和甲板室两种形式。

1.船楼及甲板室

船楼是指两侧伸至船的两舷或距舷边的距离小于船宽的4%的上层建筑。根据所在的位置分为艏楼、桥楼和艉楼，如图3-6-40（a）所示。

甲板室是指宽度较该处的船宽为小，其侧壁位于舷内甲板上的围壁建筑物。甲板室根据所在的位置分为中甲板室和艉甲板室，见图3-6-40（b），极少采用艏甲板室。

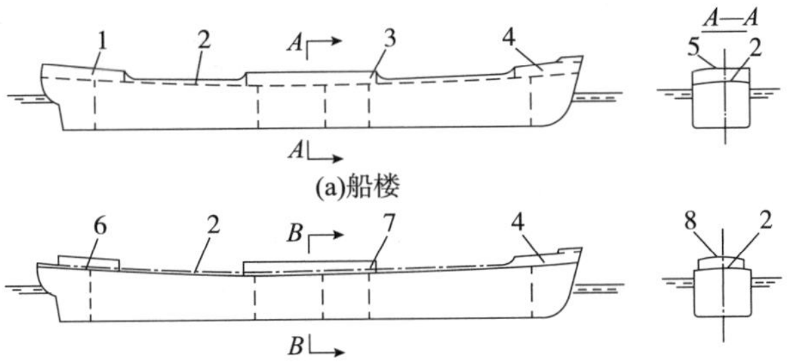

(a)船楼

(b)甲板室

图3-6-40　船楼和甲板室

1—艉楼；2—上甲板；3—桥楼；4—艏楼；5—桥楼甲板；6—艉甲板室；7—中甲板室；8—甲板室甲板

目前较常见的是具有艏楼、艉楼的上层建筑形式，艉楼上有多层甲板室结构，如表3-2-1所示。艏楼只有一层空间，其上的甲板叫艏楼甲板。艉楼部分是船员生活及日常活动的场所，它由若干层甲板分隔而成。按自下向上的顺序通常有如下几层：艉楼甲板，其中居住舱所在的甲板也叫起居甲板（accommodation deck）；艇甲板（boat deck），即救生艇所在的甲板；驾驶甲板（navigation deck），即驾驶台所在的甲板；罗经甲板（compass deck），即标准罗径所在的甲板，如果是平台，则称为罗径平台（compass platform），它是船楼中最高的一层。货舱之间设置的甲板室有桅室（或称桅屋），它的上面通常布置起货机，称为起货机平台。

2.船楼及甲板室端部结构特点

船楼端部与主船体连接处应设置弧形延伸板，其长度不小于船楼高度的1.5倍，厚度应增加25%；同时，在伸出弧形延伸板两端各两个肋距的范围内，舷顶列板和甲板边板的厚度也需相应地增加20%。

甲板室侧壁与端壁的连接应制成圆角，其圆弧半径应尽量取大些，以缓和端部应力集中的程度。长甲板室围壁的角隅处可采用铆钉连接形式。

为了减小长甲板室的总纵弯曲应力，可将长甲板室分成若干段，各段之间采用伸缩接头连接。常用的伸缩接头有滑动伸缩接头和弹性伸缩接头两种形式。

三、船体典型横剖面结构

（一）杂货船结构

大型杂货船通常采用混合骨架式船体结构。在货舱区设有两层以上的甲板，底部为双层底结构。通常上甲板和双层底是纵骨架式结构，下甲板和舷侧是横骨架式结构。上甲板和下甲板上开有较大的货舱口，舱口角隅或舱口两端中心线处设有支柱，有的设置半纵舱壁或舱口悬臂梁。图3-6-41所示为杂货船货舱区横剖面结构。

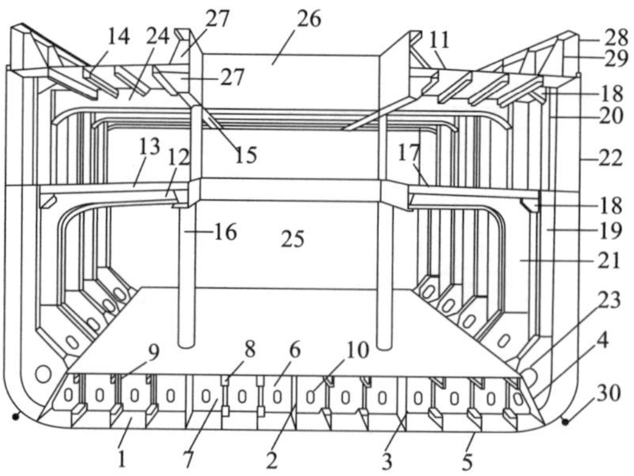

图3-6-41　杂货船货舱区横剖面结构

1—船底板；2—中底桁；3—旁底桁；4—内底边板；5—船底纵骨；6—内底板；7—肋板；8—内底纵骨；9—加强筋；10—减轻孔；11—上甲板；12—强横梁；13—横梁；14—甲板纵骨；15—甲板纵桁；16—支柱；17—下甲板；18—梁肘板；19—舱内肋骨；20—甲板间肋骨；21—强肋骨；22—舷侧外板；23—舭肘板；24—舱口端横梁；25—横舱壁；26—舱口围板；27—肘板；28—舷墙；29—扶强肘板；30—舭龙骨

（二）散货船结构

散货船也是混合骨架式船体结构。只有一层全通甲板，底部为双层底，甲板下面靠两舷处有两个顶边舱，双层底舭部处有向上倾斜的底边舱。甲板和舷顶部、双层底和舷侧下部是纵骨架式结构，舷侧中部为横骨架式结构。

图3-6-42为一艘单壳体散货船的整体结构。从整体上看，该船采用球鼻型艏，以减小航行时的兴波阻力；有较长的平行中体，内部为货舱区，可以有较大的装载空间；艉部呈椭圆形。在甲板上，沿纵向中线设有五个大型的方形货舱口，用于装卸货物，由此也可推断出该船有五个主要的货舱。上层建筑较小，处于船体的尾部上空，称为艉楼。艉楼部分是船员生活及日常工作的场所，由若干层甲板分割而成。按自下而上的顺序有如下几层：艉楼甲板、艇甲板、驾驶甲板、罗经甲板（若是平台，则称为罗经平台）。罗经甲板是船楼中最高的一层。

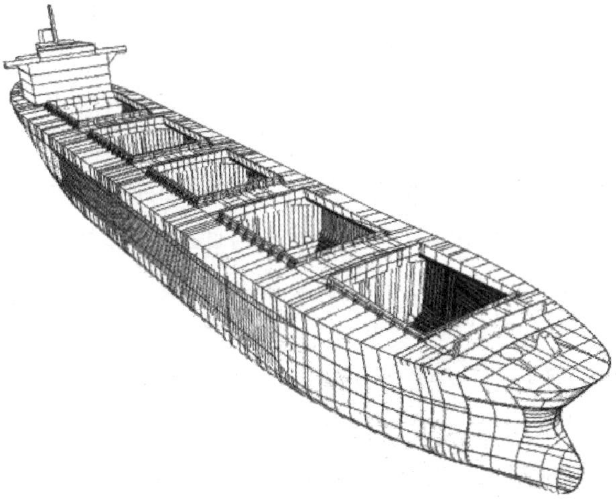

图3-6-42　单壳体散货船整体结构简图

散货船的舷顶部做成三角形的顶边舱（topside tank），目的是防止散货在颠簸过程中偏向一舷影响船舶稳性。由于散货一般为粉末状或颗粒状固体，航行中在船体晃动的作用下，会来回流动。尤其在横摇的情况下，当货物偏向一侧时，该处所受到的重力大于另外一侧，该侧发生下沉，造成船体左右不平衡，严重时还会进一步加剧货物向该侧流动，形成恶性循环，直至发生危险。而顶边舱的倾斜面，可使货物很容易就装满船舱，防止货物的流动。顶边舱内装压载水可以提高船舶的重心、减小摇摆、改善航行性能，同时还能增加结构的强度。顶边舱由甲板、舱口纵桁、斜底板、一部分舷侧外板及纵横骨架组成。

底边舱的内底板向上倾斜，散货能自然地向中央倾注，便于卸货和清理，且有利于改善航行性能。底边舱由斜顶板、旁底桁及舭部外板围成。底边舱的旁底桁通常做成水密的，底边舱在货舱水密横舱壁肋位处设置水密隔壁或制荡舱壁。底边舱内在肋板位置处设置环形框架或开有减轻孔的板，纵骨连续穿过框架并与腹板焊接。每隔一根纵骨用小肘板与框架腹板焊接，小肘板伸至框架面板。

图3-6-43所示为装运谷物和煤的散货船货舱横剖面结构。

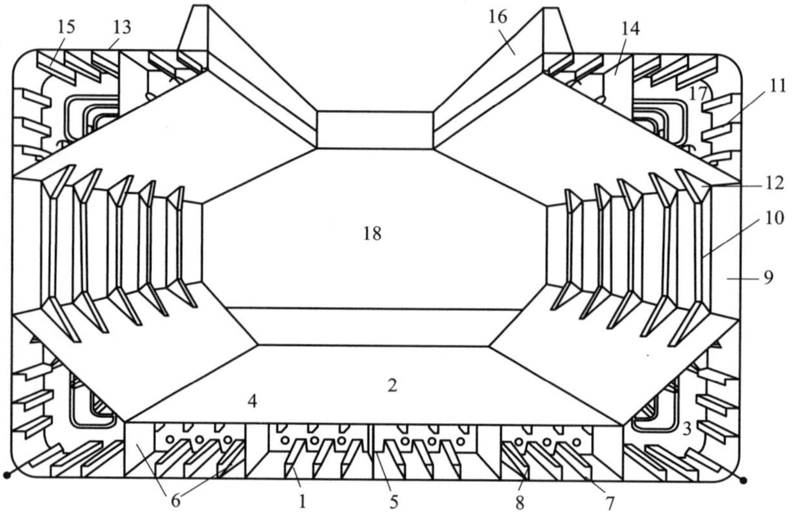

图3-6-43　散货船货舱横剖面结构

1—船底板；2—内底板；3—底边舱；4—内底纵骨；5—中底桁；6—旁底桁；7—肋板；8—船底纵骨；9—舷侧外板；10—肋骨；11—舷侧纵骨；12—肘板；13—甲板；14—甲板纵桁；15—甲板纵骨；16—舱口围板；17—顶边舱；18—横舱壁

目前有些散货船也采用双层舷侧结构形式，如图3-6-29所示。双层舷侧的散货船在上、下端分别与顶边舱和底边舱的斜顶板、斜底板端部相连，其连接处均设置舷侧纵桁（平台），在双层舷侧中间也有一道舷侧纵桁，横向每挡肋位设置强肋骨（开孔横隔板）。

矿砂船也属散货船类型，其结构特点是：装矿砂的货舱容积不大，双层底较高，货舱区有两道纵舱壁，开口边线外强力甲板和双层底为纵骨架式。专线航行的矿砂船可利用舷边的空舱装载石油，设计成矿砂-石油两用船，图3-6-44为矿砂船的货舱横剖面结构。

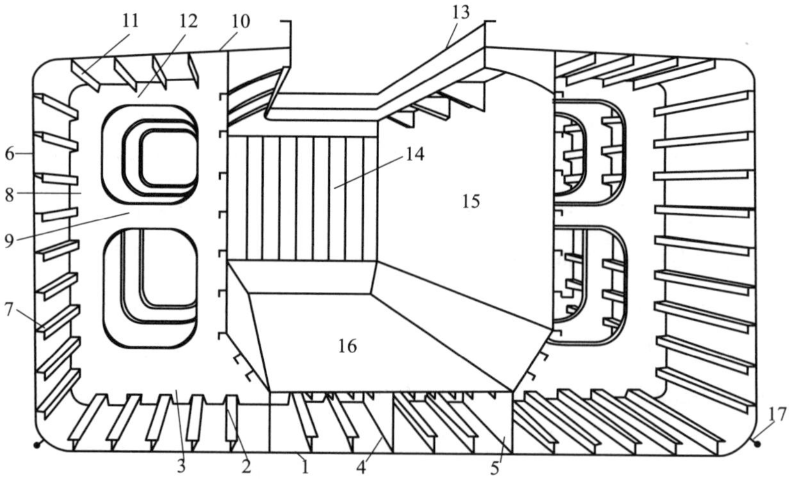

图3-6-44　矿砂船货舱横剖面结构

1—船底板；2—船底纵骨；3—肋板；4—中底桁；5—旁底桁；6—舷侧外板；7—舷侧纵骨；8—强肋骨；9—撑杆；10—甲板；11—甲板纵骨；12—强横梁；13—舱口围板；14—横舱壁；15—纵舱壁；16—内底板；17—舭龙骨

（三）单壳体油船结构

单壳体油船曾经是一种应用十分广泛的船型，在油品运输中发挥过十分重要的作用。

因为油品的密度比水小且密度又很均匀，所以船体可以做得很大。船体大部分沉浸于水中，线型饱满，干舷很低。船舶运输油品时受力比较均匀，各处结构比较相似。图3-6-45所示为单壳体油船骨架结构。

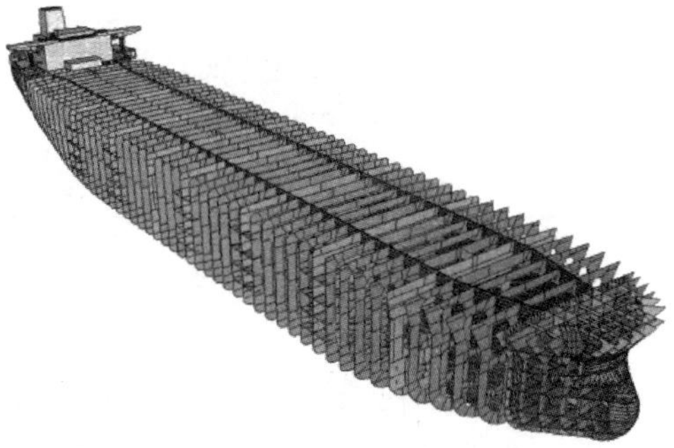

图3-6-45　单壳体油船骨架结构

油船中部为较长的平行中体，提供很大的舱容。图3-6-46所示为船舯部横剖面结构，沿横向分为三个较大的舱室，以减小液体横摇对船舶稳性的影响。甲板、舷侧、船底、纵舱壁均采用纵骨架式结构，可以提供较好的纵向强度，并减小板厚。垂直于这些构件，设置横向框架肋板，提供横向强度和保证横向稳性。框架肋板为大开孔结构，内角隅圆滑过渡，以减小应力集中。垂直于舱壁设置水平桁，与舱壁和舷侧连接处采用圆滑肘板进行过渡连接。

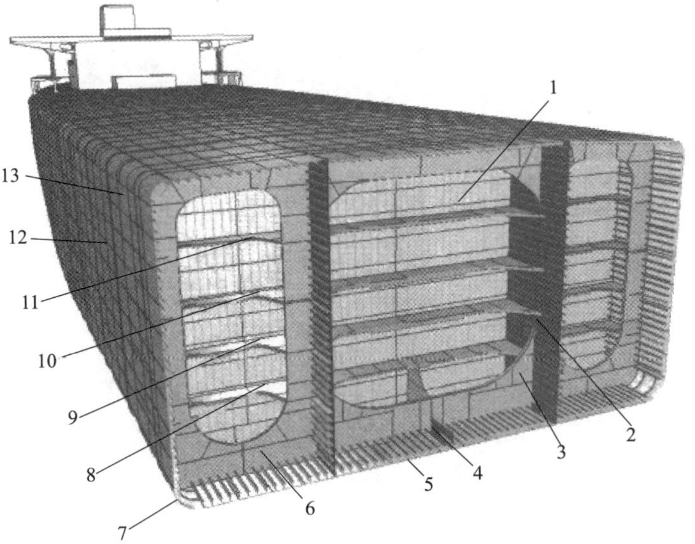

图3-6-46　单壳体油船舯部横剖面结构

1—横舱壁；2—纵舱壁；3—扶墙；4—纵底桁；5—外底板；6—横向框架肋板；7—舭部；
8—第四水平桁；9—第三水平桁；10—第二水平桁；11—第一水平桁；12—舷侧外板；13—舷顶列板

如图3-6-47所示，甲板边板与舷顶列板连接外采用圆弧过渡方式，以增加该处弹性，减小受力时的应力。在艏艉处或一些小型船上，舷边还可以采用直角连接方式。甲板横梁与舷侧外板垂直扶强材、纵舱壁垂直扶强材连接为框形结构，竖直方向上每隔一定距离还要设置撑材以传递外部水压力和内部油品的压力。

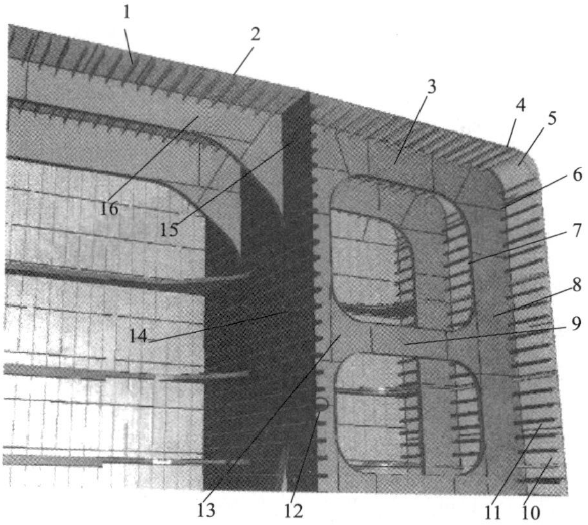

图3-6-47　单壳体油船舷边结构

1—甲板纵骨；2—强力甲板板；3—甲板横梁，舷边舱；4—甲板边板；5—舷顶列板；6—舷顶列板纵骨；7—横向强力面板；8—舷侧外板垂直扶强材；9—撑材；10—舷侧外板；11—舷侧纵骨；12—纵舱壁纵骨；13—纵舱壁垂直扶强材；14—纵隔舱壁板；15—纵舱壁顶列板；16—甲板横梁，中间舱

如图3-6-48所示，舭部结构与舷边结构很相似，但由于处在船体的下端，承受船体的总重，构件受力较大。

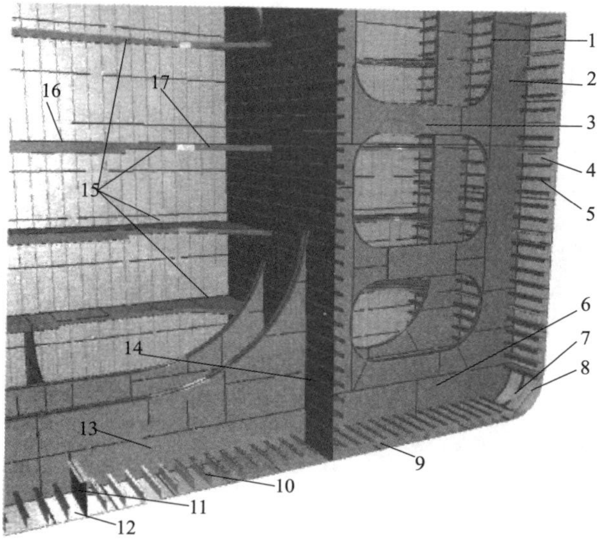

图3-6-48　单壳体油船舭部结构

1—横向强力面板；2—舷侧外板垂直扶强材；3—撑杆；4—舷侧列板；5—舷侧纵骨；6—船底横隔板，边舱；7—舭部加强筋；8—舭列板；9—船底列板；10—船底纵骨；11—底桁；12—平板龙骨（龙骨板）；13—船底横隔板，中舱；14—纵舱壁底列板；15—水平梁1~4；16—面板；17—端部肘板

外板是由钢板拼接而成的，如图3-6-49所示。为了充分利用钢板尺寸，钢板的长边尽量沿纵向布置，在船艏端部根据实际情况可以横向布置。外展区的曲面部分以及球鼻艏区域，由于曲面形状复杂，制作时一般需要先制作样板和胎架。对于一次弯曲的钢板，

可以借助样板，在压力机上进行弯制；而对于多次弯曲的钢板，往往利用水火弯曲，并与胎架作比对。

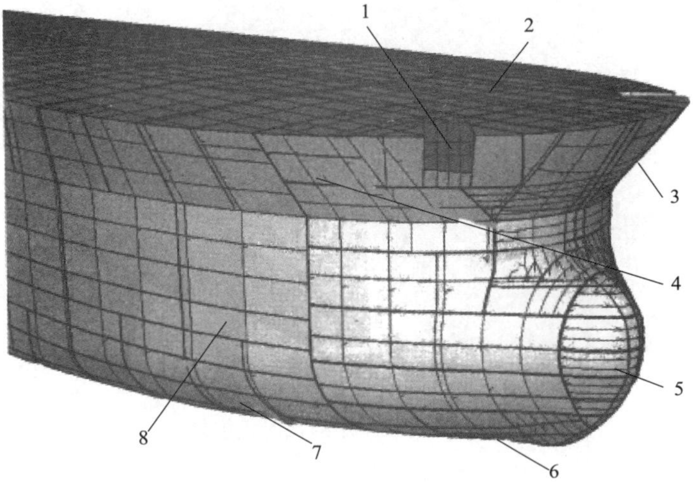

图3-6-49　单壳体油船艏部外板

1—锚穴；2—上甲板；3—外展区；4—弧形板；5—球鼻艏；6—底；7—舭部；8—舷侧外板

图3-6-50所示为艏部内部骨架结构，属于横骨架式。由于线型饱满，横向肋板多为框架肋板。纵向构件主要为桁平台以及船底纵桁。球鼻艏端部和下部分别为三角形的肘板和肋板，可以在受力情况下保持较好的强度。

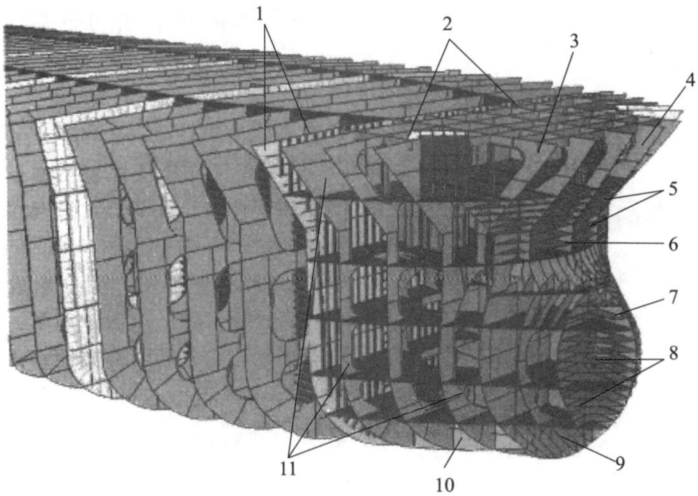

图3-6-50　单壳体油船艏部内部骨架结构

1—防撞舱壁；2—锚链舱；3—甲板桁；4—纵骨架；5，8—船艏补强肘板；6—第一桁平台；7—第二桁平台；9—角形肋板；10—纵桁；11—强肋板

如图3-6-51所示，艉部结构为横骨架式。这是因为艉部安装有舵机、舵、螺旋桨等设备，内部结构复杂，采用横骨架式可以减少构件数量，从而为这些设备提供足够的空间。

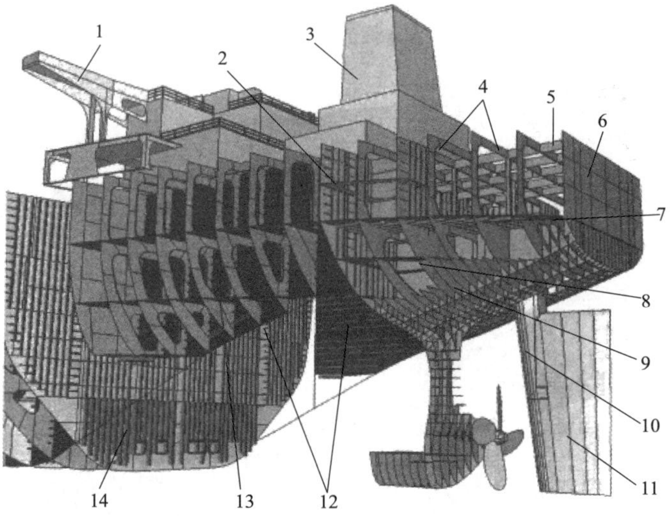

图3-6-51　船艏补强肘板艉部

1—桥翼；2—纵梁；3—烟囱；4—三角形框架肋板；5—甲板纵桁；6—艉封板；7—舵机甲板；8—纵梁甲板；9—三角形肋板；10—舵杆；11—舵；12—纵舱壁；13—机舱平台；14—机舱壁

（四）双壳体油船结构

从2015年开始，新建造的油船均为双壳体结构。双壳体油船与单壳体油船的根本区别在于：双壳体油船在舷侧、船底的内侧又增加了一层壳体（图3-6-52）。增加的这层壳体，大大降低了因船壳破损而进水的概率，以及发生海损时漏油的概率。双层壳体不仅提高了船体的抗沉性和安全性，还提高了船体的整体强度。但这也使得船体结构更加复杂，重量增加，施工难度加大。

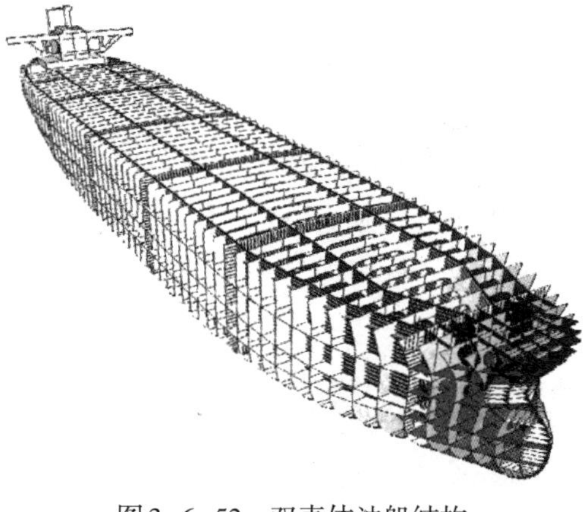
图3-6-52　双壳体油船结构

油船结构布置的最大特点是在货油舱内设有纵舱壁，沿海小型油船，中线处设一道纵舱壁，分左右两个货油舱。大型的油船设2~3道纵舱壁。由于增加了一层壳体，使得舷侧形成了舷边舱，船底形成底舱。这些舱室既可以提供较好的储备浮力，还可以作为压载舱或淡水舱、燃料油舱等。为了便于卸油和清理，内底边板为上倾式。舱壁为油密舱壁，也就是油类不可通过。双壳油船的几种典型横断面如图3-6-53所示。

双壳油船货油舱的甲板骨架、双层底骨架通常为纵骨架式，船长大于190m时，舷侧、内壳和纵舱壁一般也应为纵骨架式。货油舱区域以外的船体结构可为横骨架式或纵骨架式。图3-6-54所示为双壳油船横剖面结构。槽形中纵舱壁将货油舱分为左右两个舱室，底部为纵骨架式双层底，并设有底边舱，舷侧为纵骨架式双壳结构，甲板则为纵骨架式单层结构。

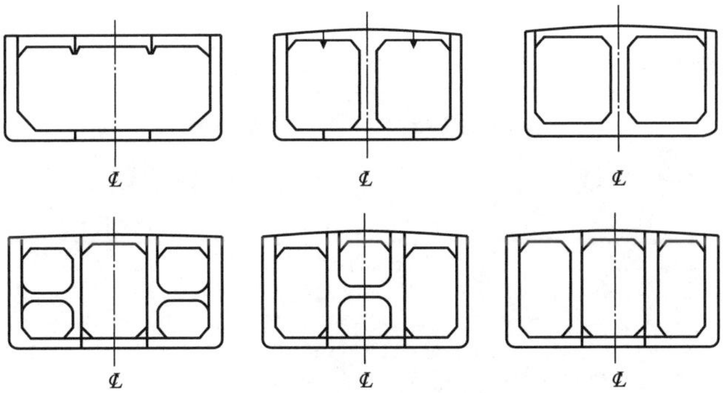

图3-6-53　双壳油船几种典型横断面

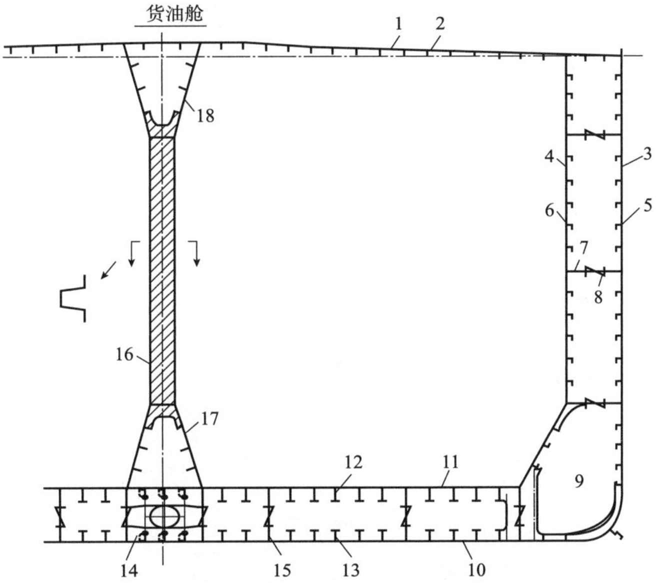

图3-6-54　双壳油船横剖面结构

1—甲板板；2—甲板纵骨；3—舷侧外板；4—内壳板；5—舷侧纵骨；6—内壳板纵骨；7—开孔平台；8—平台纵骨；9—底边舱；10—外底板；11—内底板；12—内底纵骨；13—船底纵骨；14—箱形中底桁；15—旁底桁；16—槽形纵舱壁；17—底凳；18—顶凳

制荡舱壁是装在液舱内的一种带孔或开口的舱壁。在船舶摇荡时，制荡舱壁能减轻液体的晃动，从而减小液体对周围结构的动力冲击。制荡舱壁具有减小自由液面、提高稳性的作用。如图3-6-55所示，从该横剖图上可以看到，并非所有的横舱壁都是油密舱壁，还有制荡舱壁，下端开有供人员检修时通过的人孔，上部为大开孔允许油品流动。制荡舱壁上设有竖直扶强材，由于不受静压力，扶强材的尺寸较小。

油密舱壁不仅要保证油密，当两侧液面高度不同时，还受到不均衡的静压力，所以油密舱壁上要设置竖直强度较大的扶强材，一般采用角钢或球扁钢。图3-6-56所示为船中油密横舱壁结构。舷侧内的肋板和船底内的肋板要和舱壁板对应连接。骨架构件也要对应连接，舷侧肋板上设置的水平加强筋与舷侧内外板上的纵骨对应，船底肋板上的加强筋与舱壁加强筋对应。

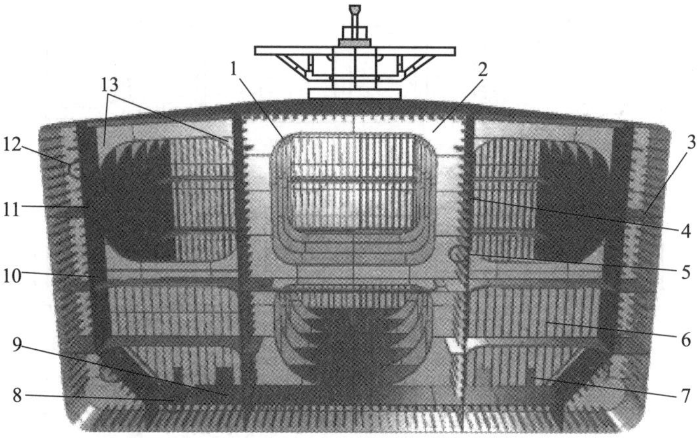

图3-6-55　船舯制荡舱壁结构

1—弧形面板；2—中货舱甲板横梁；3—侧压载舱水平桁；4—纵舱壁；5—纵舱壁纵骨；6—制荡舱壁；7—人孔；8—内底纵骨；9—内底（舱顶）；10—水平桁甲板；11—内壳纵壁；12—内壳纵骨；13—端肘板

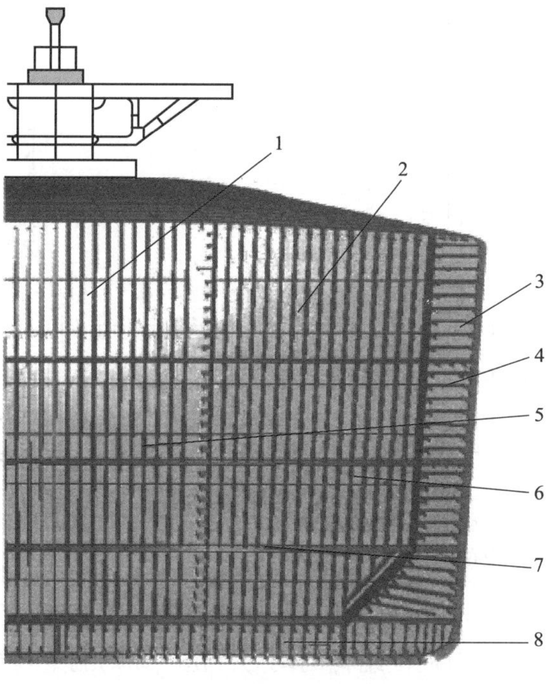

图3-6-56　船舯油密横舱壁结构

1—中货舱横壁列板；2—边货舱横壁列板；3—侧压载舱横壁列板；4—侧压载舱横壁水平加强筋；5—中货舱横壁竖直加强筋；6—边货舱横壁竖直加强筋；7—水平桁；8—横舱壁端水密肋板

防撞舱壁是最前面的一道水密舱壁，又称艏尖舱舱壁，是为了保证在艏尖舱破损的情况下能够继续安全航行而设置的，如图3-6-57所示。防撞舱壁的高度自船底延伸至甲板，它不仅要承受静水压力的作用，而且要能承受动水压力的作用，所以在强度方面比其他水密舱壁的要求更高。锚链舱是存放锚链的舱室，一般为圆筒形或方筒形。

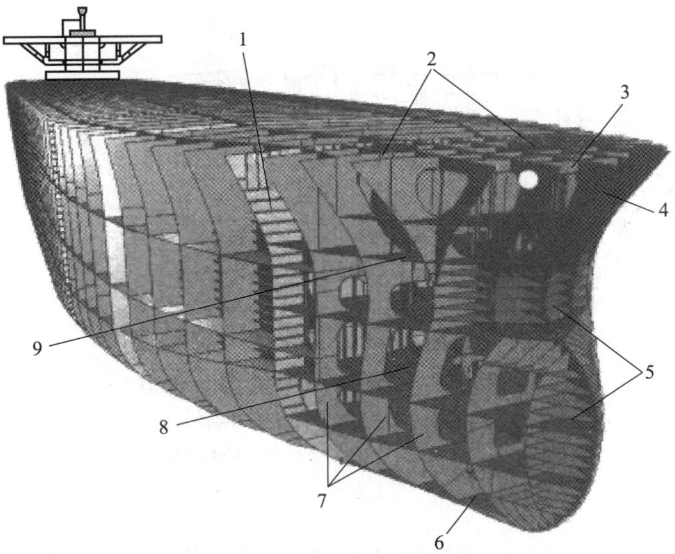

图3-6-57　双壳体油船艏部结构

1—防撞舱壁；2—锚链舱；3—甲板横梁；4—纵向肋板；5—船艏补强肘板；6—底板；7—强肋板；8，9—桁平台

由于采用纵骨架式双壳体结构，机舱附近的舷侧结构也更加复杂，图3-6-58所示为艉部结构。艉尖舱内纵向构件有舵机甲板和纵舱壁，横向构件有密集的、大量的三角形肋板和肋骨。

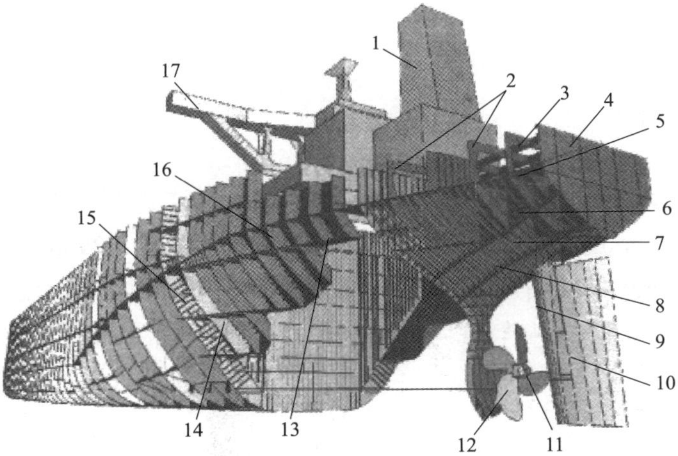

图3-6-58　艉部结构（该结构中未包括机舱结构）

1—烟囱；2—三角形框架肋板；3—甲板纵桁；4—艉封板；5—舵机甲板；6，13—纵舱壁；7—纵桁甲板；8—三角形肋板；9—舵轴；10—舵；11—螺旋桨毂；12—桨叶；14—机舱平台；15—机舱壁；16—纵桁；17—桥翼

（五） 内河船结构

内河船受航道和吃水的限制，船长较短，船型宽而扁平，吃水浅，因此，大多数中小型的内河船舶采用单一横骨架式结构。图3-6-59所示为内河小型货船的横剖面结构。其甲板、底部和舷侧均采用横骨架式单层结构。底部略向两舷升高。

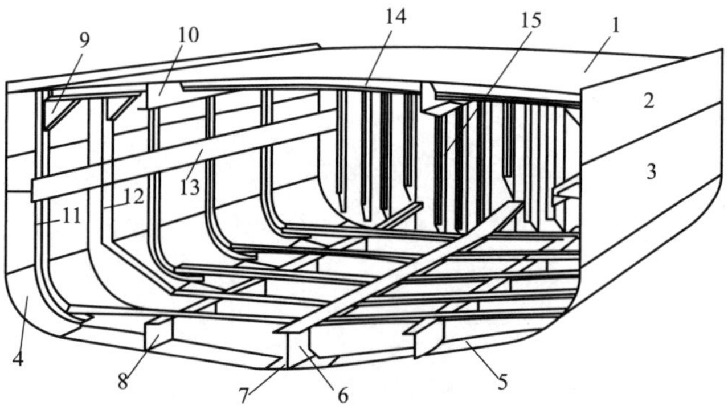

图3-6-59　内河小型货船横剖面结构

1—甲板板；2—舷顶列板；3—舷侧板；4—舭列板；5—船底板；6—中内龙骨；7—平板龙骨；8—旁内龙骨；9—梁肘板；10—甲板纵桁；11—肋骨；12—强肋骨；13—舷侧纵桁；14—横梁；15—横舱壁板

第7节　船舶设备、装置与系统

为了满足船舶在营运中的各项要求，船上还应配备各种用途的设备、装置与系统，以控制船舶的运动、保证停泊及海上安全、装卸物资等。船舶设备主要包括舵设备、锚设备、系缆设备、拖带和顶推设备、起货设备、关闭设备、救生设备、系固设备、机舱设备、电气设备；船舶系统主要包括压载水系统、日用水系统、消防系统、通风系统、供暖系统、空调与制冷系统等。

一、船舶设备

船舶设备是指为了满足航行、停泊、作业和安全等方面的需要而配置在船上的各种设备。就运输船舶来说，船舶设备主要包括舵设备、锚设备、系缆设备、救生设备、起货设备和机舱设备等。某些特殊用途的船舶还有其他专用设备，如拖船和顶推船的拖拉顶推设备、钻井平台的钻探设备、科学考察船的各种取样及探测设备、渔船的渔捞设备等。

（一）舵设备

1.舵设备的组成及布置

舵设备是保证船舶操纵性的一种装置，是船舶在航行中保持和改变航向及旋回运动的主要工具。

舵设备由舵装置和操舵装置两大部分组成。舵装置是指舵叶及其支撑、限位部件，操舵装置包括操舵系统、舵机和转舵装置。

舵是舵设备中的关键部分，转船力矩就是作用在舵上的，它主要布置在螺旋桨后面。操舵装置是将操舵指令及时传递给舵机或直接转动舵的装置。它一般包括操舵器、舵角指示器和传动装置等部分。操舵器是专供转舵的手柄或舵轮，舵角指示器是反映舵叶转动多少舵角的仪表，通常操舵器和舵角指示器布置在驾驶室内。传动装置是将操舵指令传递给舵机的装置，布置在驾驶室和舵机之间。舵机是推动转舵装置的原动机，转舵装置是将舵机提供的原动力传递到舵柱及舵叶上的装置，舵机和转舵装置均装于船艉舵机舱内。止舵装置是防止超过最大舵角以致损坏有关设备的安全设施，它通常设在舵叶上，或设在下舵杆与舵柱的上部。

目前，绝大多数船舶装有自动操舵仪，船舶在开敞、安全的水域中航行时，自动舵仪取代了人工操舵。另外，目前最先进的自动航迹舵操舵仪，不但具备一般自动舵的航向保持功能，还能设置使船舶位置保持在预定航迹上的自动功能。图3–7–1为常见的舵设备布置图。

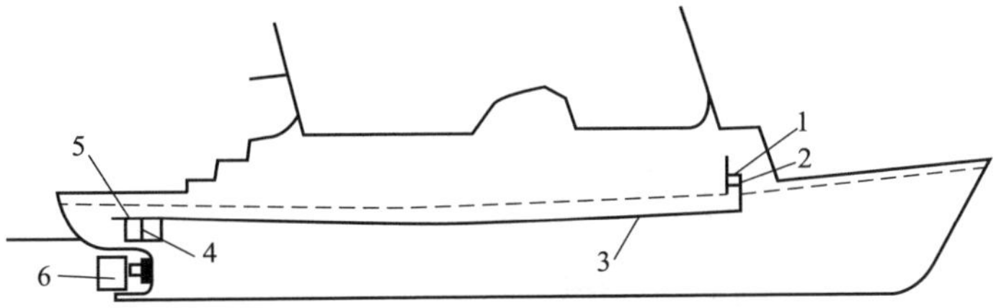

图3–7–1　舵设备的组成及布置

1—舵角指示器；2—操舵器；3—传动装置；4—舵机；5—转舵机构；6—舵

2.舵及其各种形式

在舵设备的各部分中，起关键作用的是舵。舵的种类很多，见表3–7–1。

表3–7–1　舵的种类

种类		结构图	特点
按舵杆轴线的位置分	不平衡舵	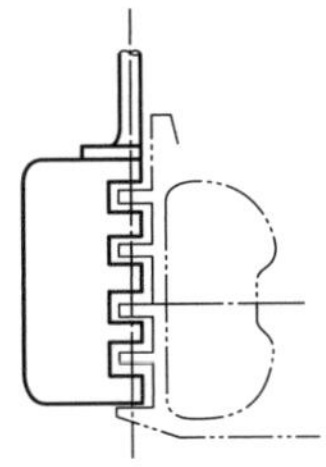	舵面积全部分布在舵杆轴线之后者，则称为不平衡舵
	平衡舵	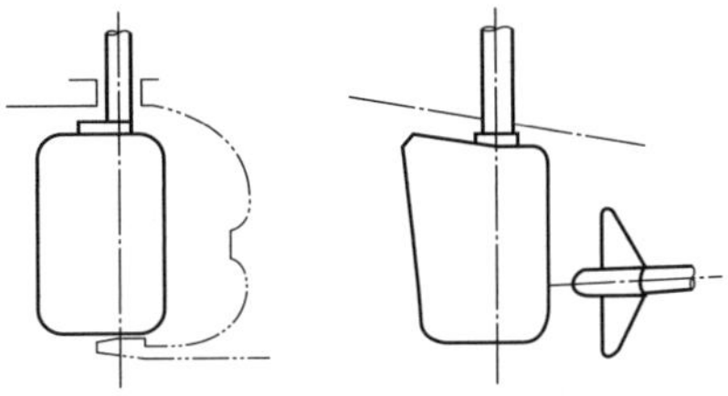	在舵杆轴线前后整个高度上都分布有舵面积者称平衡舵。由于这种舵在舵杆轴线前后的面积上产生的水压力，与对舵杆轴线形成的扭转力矩方向相反，因而在一定舵角下两者会达到平衡，即总的扭转力矩为零，因此称为平衡舵
	半平衡舵	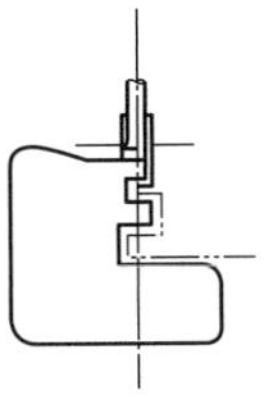	舵杆轴线前面的舵面积仅分布在下半部者，称为半平衡舵

种类		结构图	特点
按舵叶的剖面形状分	平板舵（也称单板舵）	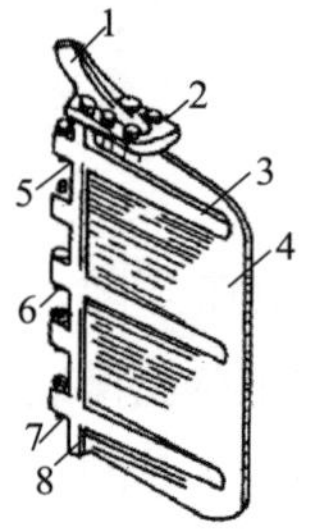 1，5—上舵杆；2—连接法兰；3—舵臂；4—舵板；6—中间舵销；7—下舵销；8—下舵杆	平板舵舵叶是由一块钢板或在钢板上两面交替安装的横向加强筋等构成，其水平剖面为矩形。平板舵结构简单、造价低廉，但对推进效率不能起有利的作用，故目前仅用于驳船或内河小船上
	流线型舵（又称复板舵）	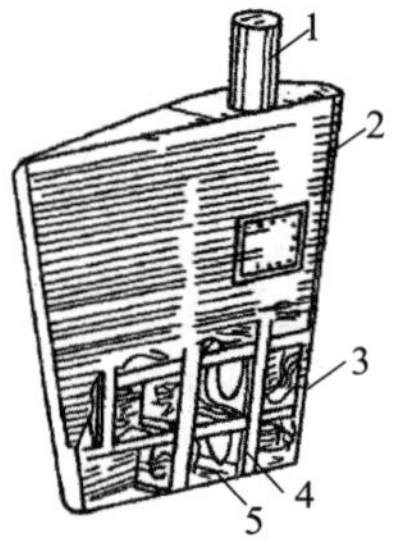 1—舵杆；2—舵板；3—水平加强筋；4—焊接衬板；5—垂直加强筋	流线型舵的舵叶水平剖面呈流线型，其结构较平板舵复杂，但水动力性能好，它具有阻力小，舵所产生的水动压力大、强度高、推进效率高等优点，广泛应用于各种船舶上
按舵叶的支撑方式来分	悬挂舵	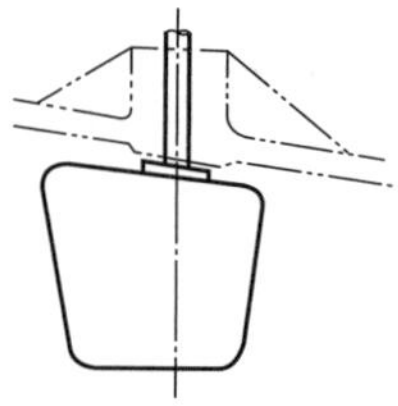	仅在船体内部设有支撑点者称为悬挂舵。悬挂舵多为平衡舵，常见于双桨双舵舱上，或艉部较平坦的舰艇及内河小船上
	半悬挂舵	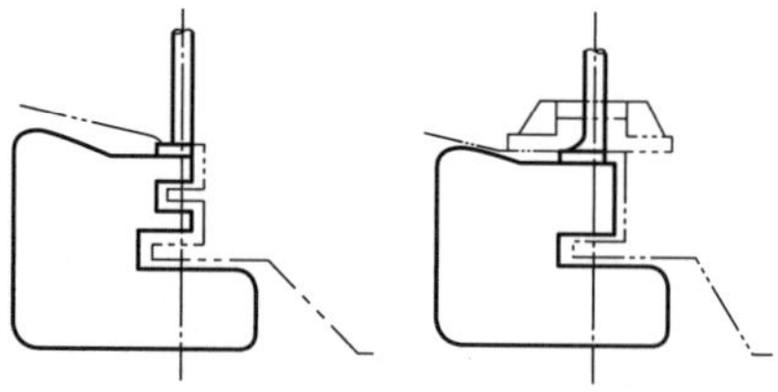 双舵销　单舵销	半悬挂舵就是半平衡舵，其舵叶的上部被支撑于舵柱或挂舵臂的舵钮上，下部呈悬挂状，多用于双桨船或多桨船之中，近年来大型运输船上也广泛采用
	单支撑舵	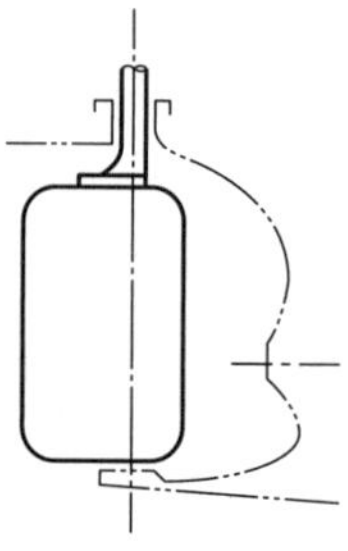	在舵叶的下端设有支撑部件的舵，称为单支撑舵；在舵叶的上下端均设有支撑部件的舵称为双支撑舵

续表

种类		结构图	特点
按舵叶的支撑方式来分	双支撑舵	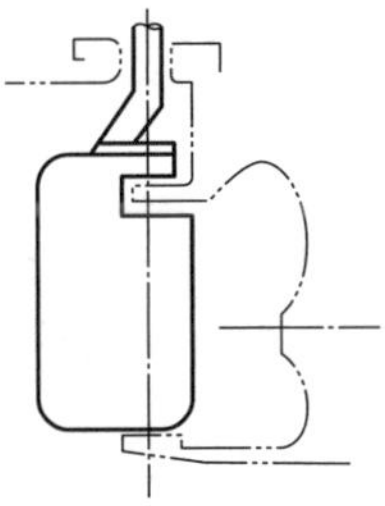	单支撑舵和双支撑舵一般皆为平衡舵，常用于具有艉柱的海船
	多支撑舵	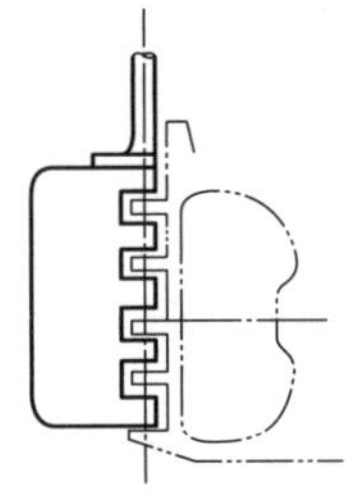	舵叶具有三个以上支撑部件的舵称为多支撑舵，这种舵一般为不平衡舵，目前较少采用
	舵轴舵	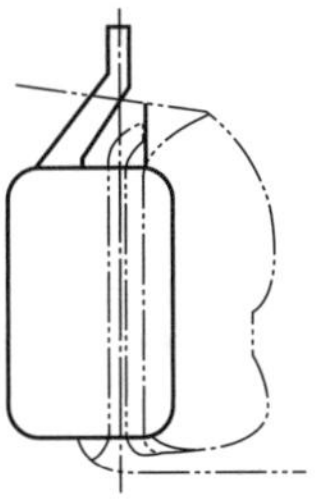	其舵叶被支撑在舵轴上，此种形式能减小作用在舵叶上的载荷，故近年来在大型海船上普遍应用

3.特种舵

为了提高舵的效能和螺旋桨的效率，人们在长期的实践中，还创造出各种不同形式的特种舵，其中较为常见的有整流帽舵（也称导流罩舵）、襟翼舵（也称可变异舵）、反应舵（也称迎流舵）、主动舵、带上下制流板的组合舵，如图3–7–2所示。

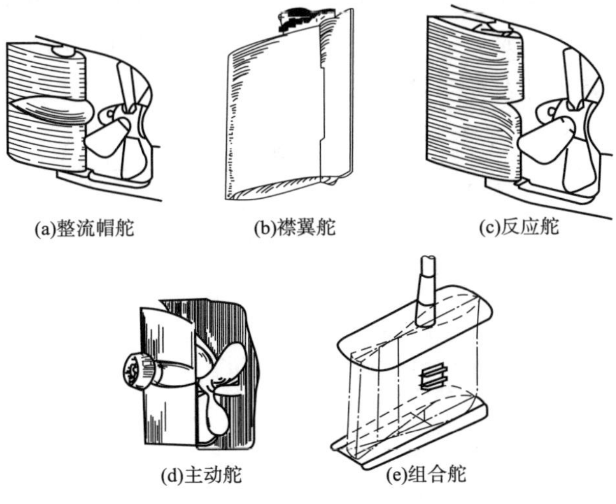

图3–7–2　特种舵

（二）锚设备

在设计船舶时，不仅要保证船舶具有优良的航行性能，而且要尽量保证它在一切可能发生的情况下，都能牢靠而有效地停泊。船舶停泊的方式主要有两种：一种为抛锚停泊，另一种为系缆停泊。

锚泊设备就是为了船舶能牢固地抛锚停泊而设置的。某些特种船舶和海上浮动结构物，需在抛锚停泊状态下进行作业。锚泊设备还可以在特殊情况下协助操纵船舶。

1.锚设备的组成

锚设备是指船舶在起、抛锚时所用的设备和机械的总称，其组成如图3-7-3所示。

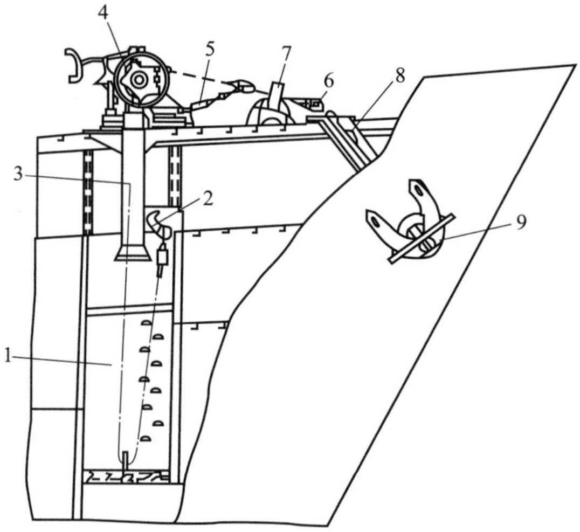

图3-7-3　锚设备的组成

1—锚链舱；2—弃链器；3—锚链管；4—起锚机；5—掣链钩；6—锚链；7—止链器；8—锚链筒；9—锚

1）锚

锚是锚泊设备中的主要部件，其用途是抓入水底土石中，给锚链施加拉力，使船停下来。锚多以铸钢或锻钢制造，种类繁多，一般按有无横杆、锚爪可否转动、抓重比大小和锚的用途进行分类，见表3-7-2。

表3-7-2　锚的分类

类别	简述	图例
有杆锚	有杆锚的锚干与锚爪为一个浇铸整体，而锚杆是活动的。抛锚时，锚杆与锚干处于垂直状态；收藏时，锚杆与锚干贴在一起，例如海军锚。海军锚的主要优点：锚抓重比高，一般为4~8；结构简单，使用可靠；对土质的适应性也较广。但是，它的最大缺点是有锚杆，收存不便，起抛锚时都要用锚吊杆，操作复杂、费时。海军锚的另一个缺点是一爪入土，而另一爪突出在泥土上方，易使本船或他船的锚链纠缠其上，在浅水中还有碰及过往船只的危险。因此，目前海军锚只在内河小船、游艇及帆船上采用，或作备用锚	 海军锚

类别	简述	图例
无杆锚	无杆锚的特点是省去了锚杆，锚干与锚头分开铸造，然后再利用螺栓和横轴将锚干与锚头连接成整体，但锚干与锚头可以相对转动，例如霍尔锚。 霍尔锚不仅制造装配容易，其最大优点是没有锚杆，收存方便，在起锚时能将锚干收入锚链筒内，而且锚经常处于抛出状态。霍尔锚的抓重比较小，为2.5~4。但由于其抛起锚方便、省时省力，它的两爪均啮入水底，不会对过往船只造成危害，故被广泛应用于各种船舶上，作为主锚	 霍尔锚
大抓力锚	因其抓重比大而得名，例如丹福氏锚、波尔锚。 丹福氏锚是一种比较成功的大抓力锚，它的两爪比较靠拢，在锚冠处设置了强横杆，对多种底质都具有适应性。其抓重比不小于10。丹福氏锚被广泛地用作退滩锚、深水锚和定位锚。其主要缺点是由于要增加抓力，致使锚爪较宽，因此锚爪的强度较弱，一般选用高强度钢来制造。 波尔锚是荷兰研制的一种无杆锚，可用作大型船舶的艏锚和工程船舶的定位锚，特别是在挖泥船上得到较广泛的应用。波尔锚的锚爪平滑而锋利，可适应各种底质；与其他重量相同的无杆锚相比，波尔锚稳定性可提高30%~56%；锚冠部的特殊设计使锚爪陷入一定深度后便不再继续下插，抛、起锚均较方便；抓力大，与其他无杆锚相比，在相同抓力下，锚重可减轻25%~40%。通常情况下，抓重比可达6左右	有杆大抓力锚： 丹福氏锚 无杆大抓力锚： 波尔锚
特种锚	其形状比较特殊，以适应特种用途。通常所指的是浮筒、灯船、航标船和浮标等永久性系泊用的锚，有伞形锚、螺旋锚、单爪锚等	 (a) (b) (c) (a)伞形锚(umbellaicd anchor); (b)螺旋锚(screw anchor); (c)单爪锚(single fluke anchor)

2）锚链

锚链（图3-7-4）的作用是传递锚的抓力并与船舶停泊时所受的外力相平衡。锚链由普通链环及一些特殊链环组成。普通链环分为无挡链环和有挡链环两种，在同样尺度下，有挡链环的强度比无挡链环增强约20%，且具有较大的刚度，长期使用之后不致有过大的变形，并不易发生扭结，因此已被广泛采用。特殊链环包括加大链环、末端链环、连接卸扣、连接链环、锚链转环、双链转环和锚链脱钩等。

图3-7-4 锚链

3）锚链筒

锚链筒是斜穿过甲板与舷侧，引导锚通向舷外的孔道，也是无杆锚的收藏处所。直径约为链径的10倍。由甲板链孔、舷边链孔和筒体三部分组成。筒体内设有冲水装置，用于在起锚时冲洗锚和锚链。它一般设在船艏或船艉，且靠近舷边位置。现代锚链筒下端有突出的锚台，可以避免起抛锚时锚与球鼻艏等处外板的碰撞。

4）止链器

在起锚机和锚链筒之间，设置有止链器（图3-7-5）。止链器的作用是停止起抛锚时，将锚链卡住，承受有锚一端锚链的重力及所受外力。止链器的形式有闸刀式和螺旋式两种。图3-7-6（a）所示为闸刀式止链器，它是利用闸刀卡住通过导槽的垂直链环而止住锚链，构造简单、迅速可靠、使用方便，适用于直径为12.5~68mm的锚链。图3-7-6（b）所示为螺旋式止链器，它设有一对用于夹紧锚链的夹块，并配有操纵螺杆，可使夹块同时收紧或放开，操作方便但结构较复杂，动作缓慢。

图3-7-5　止链器的设置

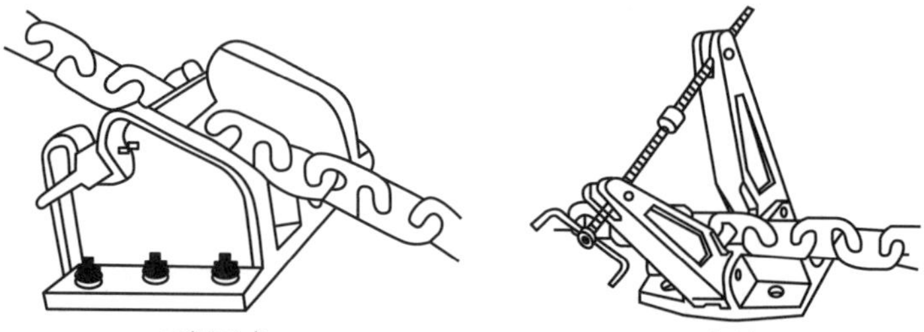

(a)闸刀式　　(b)螺旋式

图3-7-6　止链器

5）锚链舱、锚链管、弃链器

锚链舱位于艏尖舱内，是存放锚链的专门舱室。锚链舱一般做成截面积较小的圆筒状或方筒状，以免锚链打结。锚链自锚链舱向上穿过锚链管，进入甲板上的起锚机械。锚链下端与弃链器连接，在紧急情况下打开弃链器可以迅速抛弃锚和锚链起航。

图3-7-7　电动起锚机

6）起锚机

起锚机是收放锚及绞缆的动力机械，同时也可作绞缆用。有卧式锚缆机和立式绞盘等形式，动力有蒸汽、电动（图3-7-7）、液压等多种。

2.锚设备的布置

锚设备的布置取决于锚的形式、收放方法、锚机的类型以及锚在船上的位置，同时应注意与系泊设备相互配合，避免相互干扰，图3-7-8为中小型船舶的锚设备布置图。

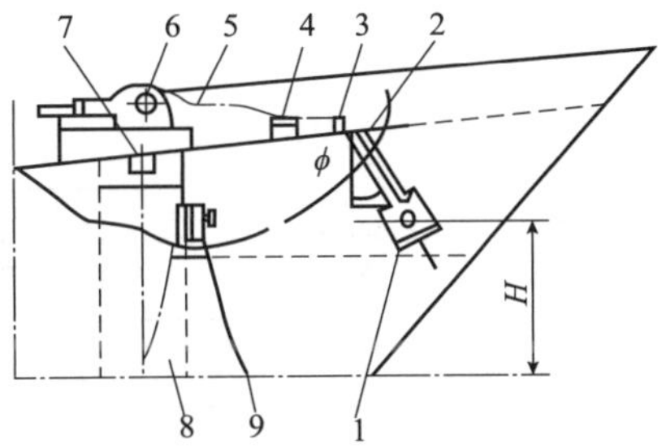

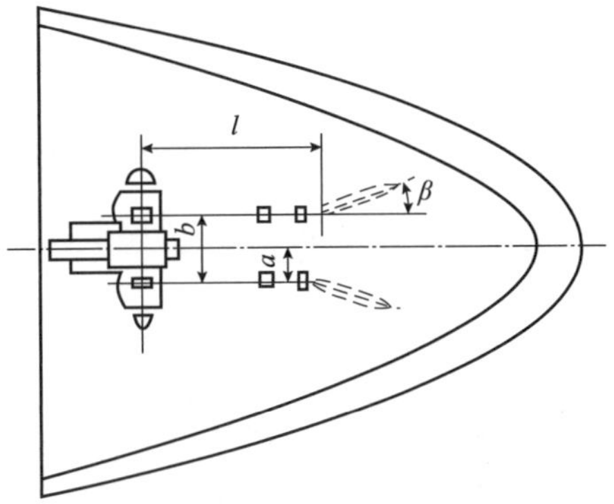

图3-7-8　中小型船舶锚设备布置

1—斯贝克锚；2—锚链筒；3—导链滚轮；4—止链器；5—锚链；6—锚机；7—锚链管；8—锚链舱；9—弃链器

（三）系缆设备

锚泊和系泊是船舶停泊的两种方式。系缆停泊就是利用系缆设备将船舶安全牢固地系结于码头、浮筒或其他船上。能保证船舶安全可靠地进行系缆作业的所有装置和机械，统称为系泊设备。

1.船舶系缆停泊的方式

船舶系缆停泊的方式，随船只大小、码头情况而异，通常有三种系缆停泊方式。

1）船侧系泊

船侧系泊是将船舶横向系结于码头（或其他船）边，这是最常用的系泊方式。图3-7-9为船舷靠码头时系缆索的一般布置情况。

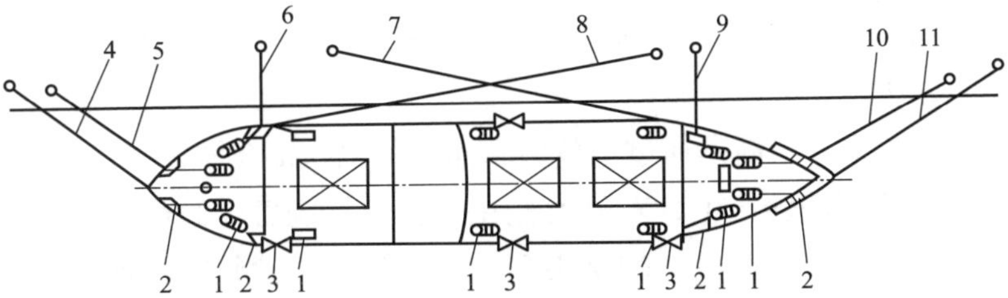

图3-7-9　船侧系泊

1—带缆桩；2—导缆钳；3—导缆孔；4—附加艉缆；5—艉缆；6—艉横缆；7—艏倒缆；8—艉倒缆；9—艏横缆；10—艏缆；11—附加艏缆

系缆索的直径及根数，视船舶所受的外力大小而定。在无风、无水流的情况下，只需带艏艉缆即可。若有水流的影响，则另加设倒缆。若风和水流的影响较大，为了防止船舶沿岸线移动或离开岸线，在船舶的艏、艉及内部均须设置附加缆。在强烈的潮流和顶风的情况下，还须抛锚辅助之。

2）艏艉系泊

艏艉系泊是利用艏艉缆将船舶系结于港内浮筒的方法，如图3-7-10所示。

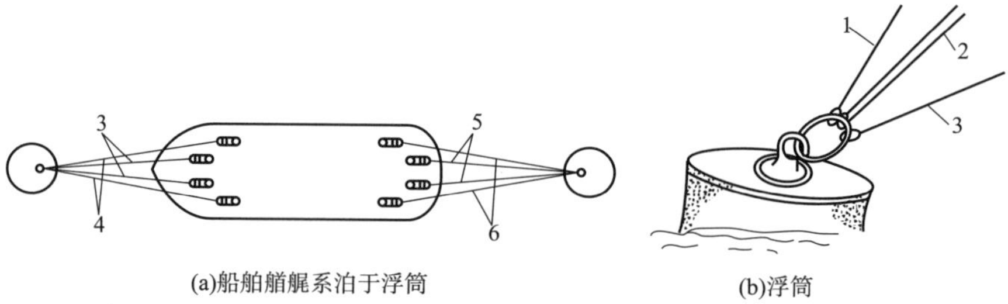

图3-7-10　艏艉系泊

1—单头缆；2—回头缆；3、5—艏、艉单头缆；4、6—艏、艉回头缆

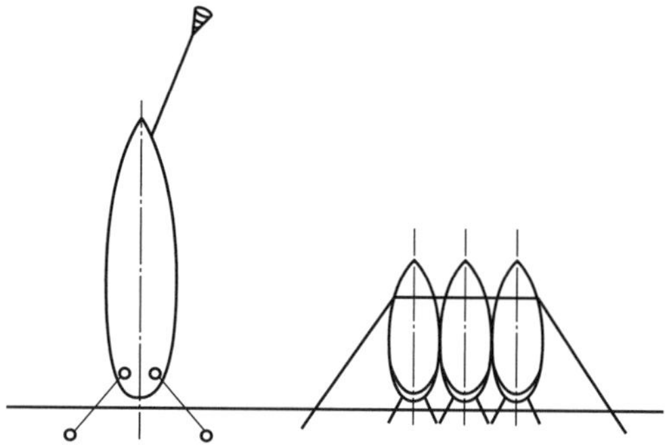

图3-7-11　船艉系泊

3）船艉系泊

船艉系泊是将船艉系结于码头的一种系泊方式，如图3-7-11所示。这种系泊方式在码头线长度受限制的情况下采用。若遇上风、水流较大的情况，还可以在船艏辅之以锚泊。

对于某些舰艇编队，船艉系泊可在紧急启航时大大缩短驶离码头的时间。船艉系泊多用于小船、小艇，对于某些内河船、渡船，还可使用船艏系泊方式。

为了解决超级油轮的停靠问题，大约从20世纪60年代开始发展了一种单浮筒系泊系统（SBM）。由于油轮越造越大，迄今最大油轮的载重量已超过了50万吨，虽然有些深水港可以停靠这些超级油轮，但世界上绝大多数天然港口的水位不够，因此，这些超级油轮装卸货物、燃料和水等就成了问题。在靠近海岸线的深水中，建立单浮筒系泊系统是解决这个问题的方法之一。

在这种系泊系统中，浮筒是通过呈放射状布置的锚与链（呈悬线状）固定在海上，油轮通过缆系结在浮筒顶部转台上，若外力变化，油轮将绕着浮筒旋转，直至平衡在一个受力最小的位置上。浮筒中央的旋转接头和油轮之间有浮动软管相连，油轮通过软管进行装卸作业，如图3-7-12所示。在远海区建造这样的单浮筒系泊系统，便可利用油轮将海底原油输送到岸上，这要比铺设海底管道经济得多。近年来，这种单浮筒系泊系统在浮式采油作业中获得应用。

图3-7-12　单浮筒系泊系统

2. 系缆设备的组成

1）缆索

常用的缆索有钢丝绳、合成纤维绳、麻绳等。钢丝绳具有强度高、直径小、使用寿命长的特点，因此常用于大中型船舶。合成纤维缆绳除密度小、强度高、抗冲击和耐磨性好以

外，还具有耐腐蚀、不易霉烂、耐虫蛀等优点。如锦纶缆绳的强度和耐磨牢度超过麻、棉缆绳数倍，丙纶缆绳密度小于水，可浮于水面，操作方便且安全性强。麻绳是以植物纤维为主要材料制作的，应用历史悠久，价格便宜，但易被腐蚀，多用于内河小船。

系缆通常是根据有关的船舶建造规范的建议，按舾装数大小来配备的。

拖缆和系缆可以采用由植物纤维、合成纤维或钢丝与植物纤维组成的缆绳。对于油船，通常建议拖缆和系缆全部采用由植物纤维或合成纤维组成的缆绳。

2）带缆桩

带缆桩是固定在甲板或岸边用以系结缆绳的桩柱。当缆绳一端与岸上系结后，便可将缆绳拉紧，按8字形式围桩柱绕3~5圈，便能将缆绳固定住。

带缆桩可分为铸造与焊接两类。铸造带缆桩有铸钢、铸铁、铸铜（青铜）等几种。通常铸造带缆桩重量较大，只能用螺栓固定在甲板上，但易引起漏水，对缆绳的磨损较大，目前，除油船采用铸铁带缆桩（铸铁在碰击时不会产生火花）、游艇采用青铜带缆桩、铝质游艇使用铝质带缆桩外，铸造带缆桩已很少采用。

焊接带缆桩全部由钢板焊接而成，安装方便，使用较广。焊接带缆桩与船体的连接方式有插入式与带底板式，直径较大的带缆桩常采用双底板式。按结构形式，带缆桩又可分为直式，斜式，单、双十字式和带缆羊角4种。

直式带缆桩又分为有挡板和无挡板。挡板可防止缆绳向上滑脱。斜式带缆桩取消了挡板，仍可防止缆绳滑脱。单十字带缆桩主要用于小船，或起放救生艇和工作艇；当缆桩直径大于200mm时，双十字带缆桩采用双底板式。带缆羊角是羊角状的系索栓，它固定在甲板上或舷墙与甲板室侧壁上，供固定缆绳用。

常见的带缆桩如图3-7-13（a）所示，带缆羊角如图3-7-13（b）所示，系缆穴和制索眼环如图3-7-13（c）所示等。

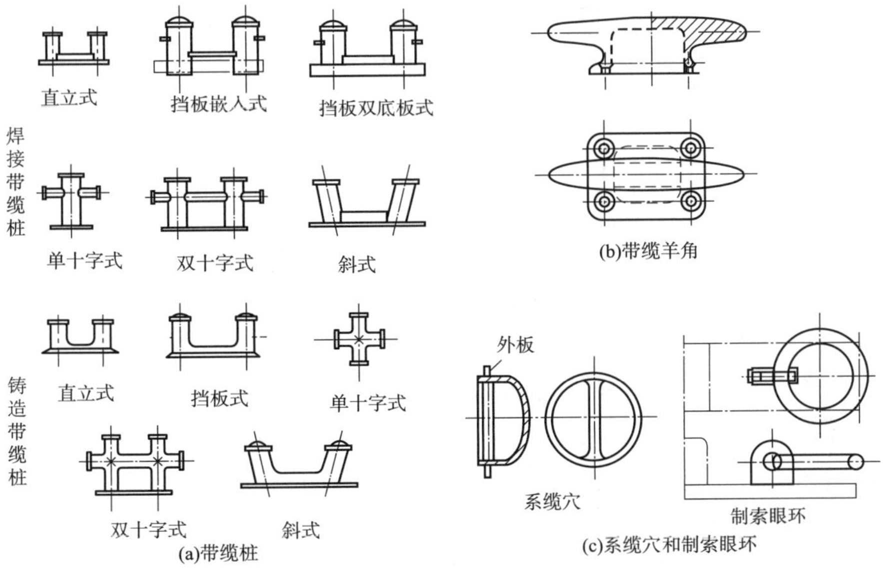

图3-7-13　缆桩

3）导缆器

导缆器是供引导缆索通过、变换方向或限制其导出位置并减少缆绳磨损的器具，主要包括导缆钳、滚轮导缆器、导向滚轮、导向滚柱、导缆孔、转动导缆孔及滚柱导缆器等。

（1）导缆钳。

导缆钳是装在舷边没有栏杆的区域、舷墙顶面上的钳状导缆器。系缚在带缆桩上的缆绳，通过导缆钳引导到码头或浮筒上，以免当船舶在外力作用下发生移动时损坏栏杆或船上其他设备。

导缆钳可分为有滚轮和无滚轮两类。无滚轮导缆钳通常都在小型船舶上采用。无滚轮导缆钳又有直式与斜式两种。斜式导缆钳会防止绞索向上跳出，如小艇系于大船旁时，要采用斜式导缆钳。一般大中型船舶上都采用有滚轮导缆钳，它又分为单滚轮、双滚轮及多滚轮等几种形式。有滚轮导缆钳可减小系缆之磨损，多滚轮导缆钳可同时导出几根缆索。

导缆钳都是铸造的，以铸铁、铸钢为主。图3-7-14为导缆钳简图。

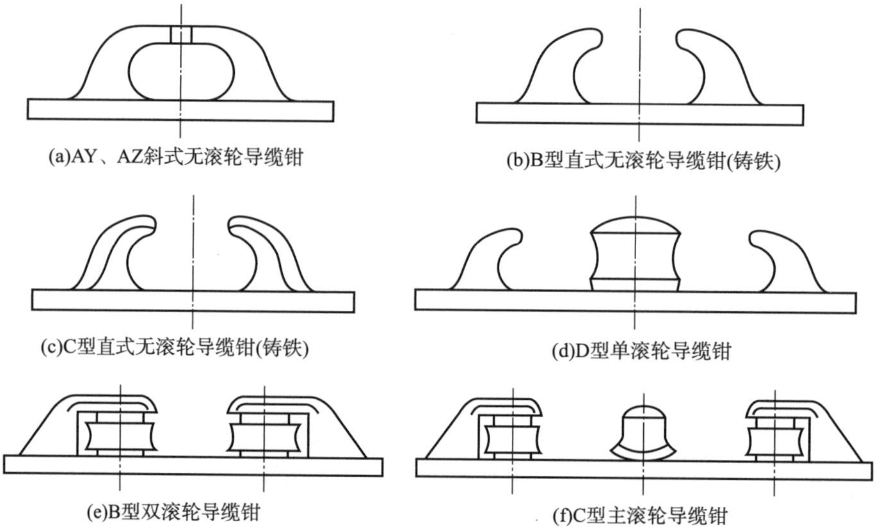

(a)AY、AZ斜式无滚轮导缆钳　(b)B型直式无滚轮导缆钳(铸铁)

(c)C型直式无滚轮导缆钳(铸铁)　(d)D型单滚轮导缆钳

(e)B型双滚轮导缆钳　(f)C型主滚轮导缆钳

图3-7-14　导缆钳

（2）滚轮导缆器。

滚轮导缆器一般设于船舷，由数个滚轮并立组成，如图3-7-15所示。因为滚轮导缆器制造工艺简单，节省材料，目前多用于大型船舶上。

（3）导缆孔。

导缆孔又称巴拿马孔，为圆形或椭圆形的铸钢件，如图3-7-16所示。导缆孔一般嵌在舷墙上，系缆经过它时，接触面呈圆弧形，这样避免了舷墙对系泊缆的切割作用，也便于系泊缆琵琶头顺利通过。但导缆孔对系统的磨损比较严重。

（4）转动导缆孔。

转动导缆孔又称万向导缆孔、转向导缆器，是能按系缆索拉伸方向自动导向的导缆孔。在圆形转筒中有一对偏心滑轮装在一块可转动的圆座板——转动架上，系泊缆从滑轮中通过。缆索改变方向时，其拉力可使转动架相应转动，且缆索始终嵌压在下面的滑轮上对设置恒张力系泊绞车的船舶，一般应配置转动导缆孔，以便自动调整缆绳方向，减小摩擦。

（5）滚柱导缆器。

滚柱导缆器是设置在舷边，由直立和水平滚柱组成的导缆器，如图3-7-17所示。它可以引导来自任意方向的缆绳。

（6）导向滚轮。

如图3-7-18所示，导向滚轮装在甲板上的圆形基座上，位于舷边导缆器与绞缆机之间，用来改变缆绳方向，以便引至卷筒。滚轮旁的羊角可以防止系缆松弛时滚落到甲板上。

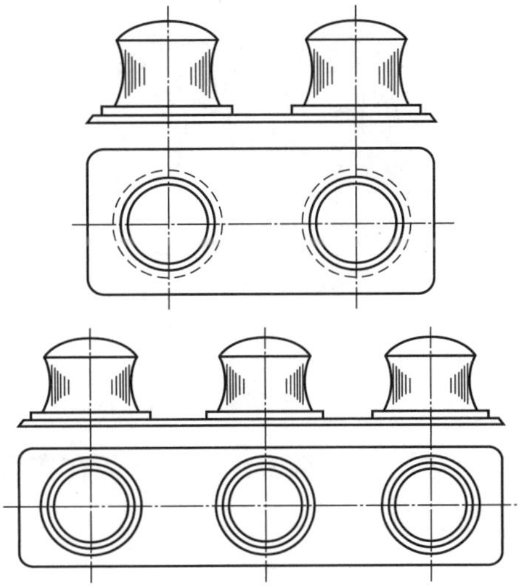

图3-7-15 滚轮导缆器

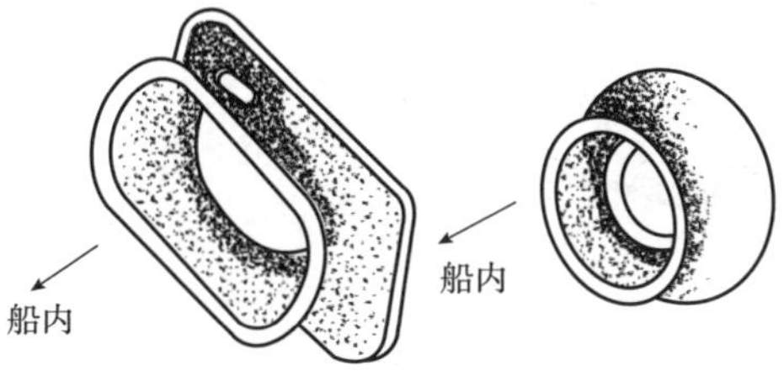

图3-7-16 导缆孔

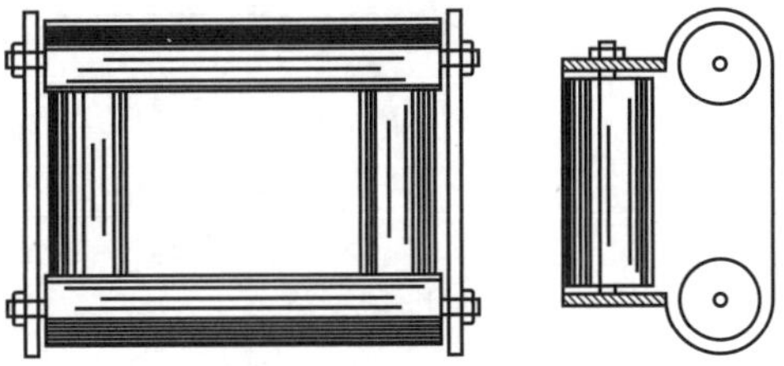

图3-7-17 滚柱导缆器

（7）导向滚柱。

导向滚柱装在甲板端部，是带有柱状滚筒的导缆器。常用于上、下两层甲板间导缆或引导升降救生艇、工作艇的缆绳。

4）系缆机械

系缆机械是用以收紧缆绳，使船舶进行系靠作业的机械，主要有系缆绞车（又称绞缆机）和系缆绞盘，如图3-7-19所示。

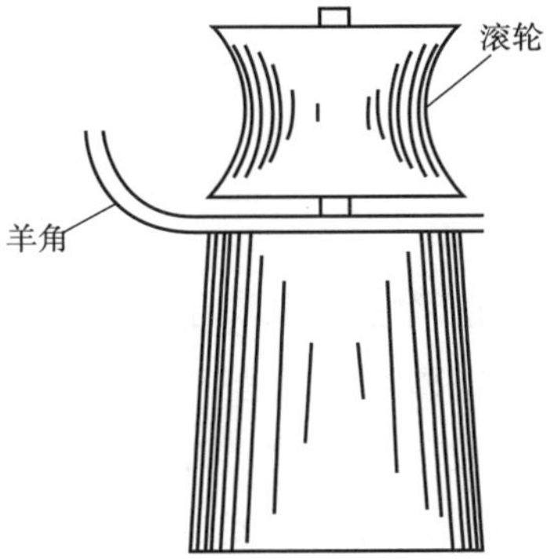

图3-7-18 导向滚轮

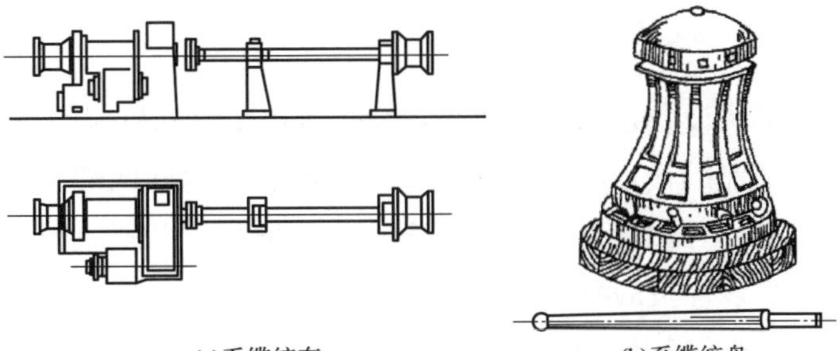

(a)系缆绞车　(b)系缆绞盘

图3-7-19 系缆绞车与系缆绞盘

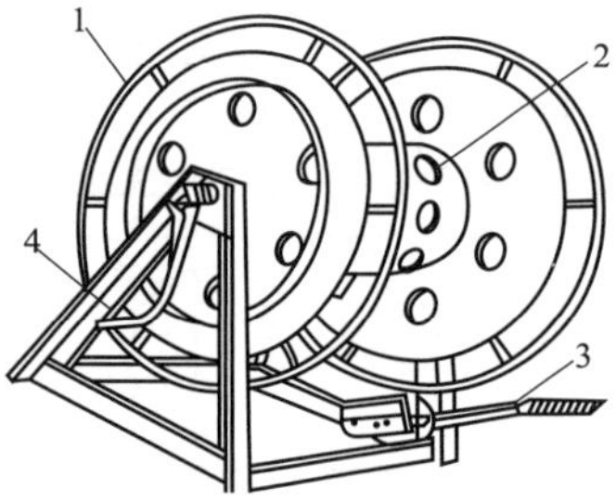

图3-7-20　系缆卷车

1—扶手；2—圆筒；3—脚踏刹车；4—手摇柄

5）系缆卷车

系缆卷车是存放缆绳的装置，简称缆车，也叫绳车，如图3-7-20所示。

3.系缆设备的布置

系缆设备的布置是根据船的大小、用途、带缆方式，以及锚设备、起货设备的布置，综合考虑并全面规划的。根据使用要求，系缆操作总是在船艏艉两端和船的两舷处进行，故其设备一般布置在露天甲板的艏艉端及船的两舷，系缆设备在布置上一般都是对称的。图3-7-21为大型船舶的系缆设备布置图。

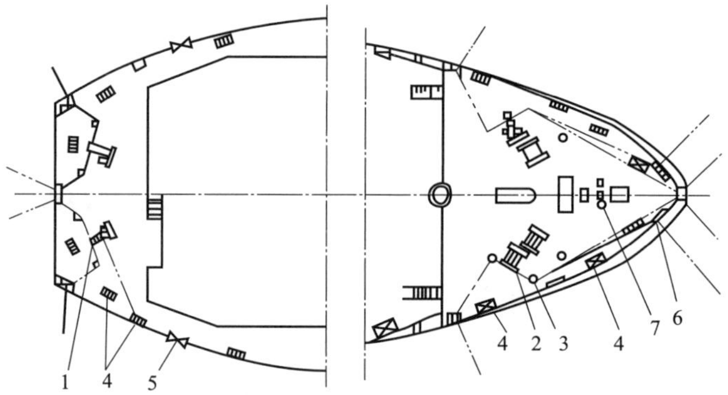

图3-7-21　大型船舶系缆设备布置

1—系缆绞车；2—起锚机；3—导向滚轮；4—带缆桩；5—导缆孔；6—导缆钳；7—电动缆索卷

（四）救生设备

救生设备是船上人员在水域救助落水人员，或在海难事故中供乘员自救而设置在船上的专门设备及其附属装置的总称。

船舶救生设备包括救助艇、救生艇、救生筏、救生浮具、个人救生设备、弹抛器具、通信设备（无线电台、无线电对讲机、无线示位标）、烟光信号以及艇筏的登乘及降落装置等。

（五）起货设备

起货设备是指船舶装卸货物时所用装置和机械的总称。

船舶的使用时间是由航行时间和停泊时间两部分组成的，前者主要取决于船舶的航程与航速，而后者对货船而言，主要取决于载货量及装卸货物的效率。有些内河和沿海货船，装卸货的时间可占整个使用时间的1/3~2/3，可见加快货物装卸速度、缩短停港时间，对提高货船的运转能力及其经济性均具有重要意义。近年来，随着货船排水量与航速的不断提高，进一步提高装卸货物的效率，就显得更为迫切了。

起货设备的类型取决于船舶运载的货物，表3–7–3总结了不同包装方式的货物所采用的装卸方式。

表3–7–3　船上货物装卸方式

物态	装卸单元的特征（包装方式）			装卸方法							
				输送泵	传送带	气力输送（管道）	吊带		滚装	浮装	升降机
							通用装置	专用装置			
液态				√							
固态	1	散装（粉状、颗粒状）			√	√	√				
	2	组合件装（箱、带、桶、捆等）			√		√				
	3	标准组装单元	集装箱、货盘					√			
			驳船					√		√	
	4	滚装（带轮的标准组装单元）							√		√

干货船上较常用的起货设备为甲板起重机，又称克令吊（crane）。它具有起升、变幅、回转等功能，能在起吊货物之后随意改变吊货钩着落点的位置，准确地把货物放到舱口下方各处。其所占甲板空间小，结构紧凑合理，操作灵活，且可为两个舱口服务，装卸效率很高。新建造的货船，尤其是散货船，大多配备甲板起重机，此外甲板起重机还广泛应用于钻井平台、救捞船等，如图3–7–22所示。

大多数散货船由岸基起重机用抓斗装卸货物，如图3–7–23所示。自卸式散货船采用专门的传送带，可以实现散装货物的自动化装卸，效率很高。

图3–7–22　回转式甲板起重机

图3–7–23　散货抓斗

液体货船采用船上的输送泵和贯通各货舱的管道系统，以高效地装卸货物，如图3–7–24所示。

滚装船采用跳板，供车辆进出船舱。

（六）关闭设备

船舶由于装卸货物、人员进出、通风采光等需要，在船体结构、上层建筑、甲板室设有大小不等、形式各异的开口。为了保证船舶的密闭性，确保安全，同时也为了人员、货物的分隔和遮蔽，在这些开口上应设置各种形式的门、窗、盖。所有这些盖蔽部件以

图3-7-24　液体货船的管道系统

及控制和操纵盖蔽部件的装置、附件，统称为关闭设备。关闭设备包括大舱盖、小舱盖和人孔盖、船用门窗等。

1.大舱盖

大舱盖指装于尺度较大的舱口上，由若干块盖板组成，并具有专门封舱装置的舱口盖，多指货舱盖。

舱口盖的种类很多：按制造材料分木质的和金属的两种；按开启舱口盖的机械程度分传统拼装式舱口盖、过渡型（半机械）舱口盖和机械化舱口盖。常见的舱口盖有吊离式、折叠式、侧移式、背载式、直拉式、滚移式、伸缩式、卷收式、滑移式等。

吊离式舱口盖（图3-7-25、图3-7-26）各盖板间无连接或传动装置，彼此独立。盖板上有起吊耳或起吊柱，由起货设备吊起并移动到相邻的盖板顶上，或堆放于码头上。待装卸完货物，再吊回舱口上相应位置即可。吊离式舱口盖结构简单可靠，不需要配置驱动装置，保养维护方便，成本较低。吊离式舱口盖适用于露天甲板，也适用于中间甲板；除此之外，适用于各种尺寸的舱口，还可以与其他形式舱口盖组合在一起使用。即使船上没有起货设备，也可以借助岸基吊架吊放，如集装箱船。

图3-7-25　吊离式舱口盖

图3-7-26　集装箱船上的吊离式舱口盖

折叠式舱口盖（图3-7-27）一般由一对或多对盖板组成，每一对盖板里包括一个主动盖板和一个从动盖板。在开启过程中，主动盖板绕端铰链轴旋转，并将从动盖板的滚轮拉上轨道，直至互相折叠在一起，一般沿纵向收藏于舱口围板的上方。折叠式盖板强度好，不易损坏，适合装载货物，既适用于露天甲板，也适用于中间甲板，广泛应用于干货船、冷藏船、运木船、中小型散货船等。

侧移式舱口盖（图3-7-28）通常由两块盖板组成，盖板的四角都装有行走滚轮。开启时，盖板向两侧水平滚移，收藏于舱口侧面外导架处，导架常做成可拆的。这种舱盖无须翻转，也无须折叠，舱口盖的结构简单，盖板块数少，启闭可靠，操作保养方便，但要求舱口左右两侧有充足的空间来收藏盖板。它主要用于大型散装货船或油矿两用船上，其盖板的尺度都比较大，故其移动装置常采用液压式。

图3-7-27　折叠式舱口盖

图3-7-28　侧移式舱口盖

背载式舱口盖（图3-7-29）又称提升-滚移式舱口盖，是从滚移式舱口盖发展演变而成的一种形式。盖板成对滚移，其中一块为动力盖板，外侧装有滚轮，滚轮下均设低顶升油缸，滚轮顶起后，可在轨道上滚行；另一块无动力盖板的外侧装有伸举臂，四只竖立的高顶及油缸装在外伸臂下方的舱口围旁。当无动力盖板被油缸提升至足够高度时，动力盖板将滚移到它下方，然后放低无动力盖板，动力盖板便可背载无动力盖板，两块一起滚移至存放处。如果不需要把舱口完全打开，可将盖板存放在舱口围板的一端，这样就不必占用甲板作为存放空间，故占用空间小。该形式的舱口盖开启力小，可收藏于任何位置，适用于较宽较长的舱口，也适用于无收藏位置的中间甲板，但这种舱盖造价较高，且不能自动控制。

2.小舱盖和人孔盖

小舱盖多装于尺寸较小的舱口上，舱盖多为整体。小舱盖分为水密、非水密和油密3种。设于露天甲板和水密隔壁上的舱口盖要求为水密型，且在任何一面均能启闭；在上层建筑内的舱口盖一般可为非水密型；油船油舱上的舱盖不仅为油密，而且是气密型，其上设有观察孔，并要求在启闭舱盖时不会因碰击产生火花。就外形而论，则分为方形、圆形或椭圆形。图3-7-30为油船采用的小舱盖。

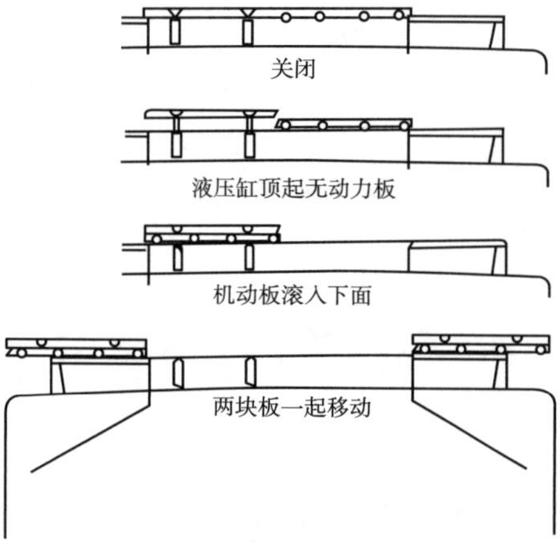

(a)开盖示意图

(b)实例

图3-7-29　背载式舱口盖

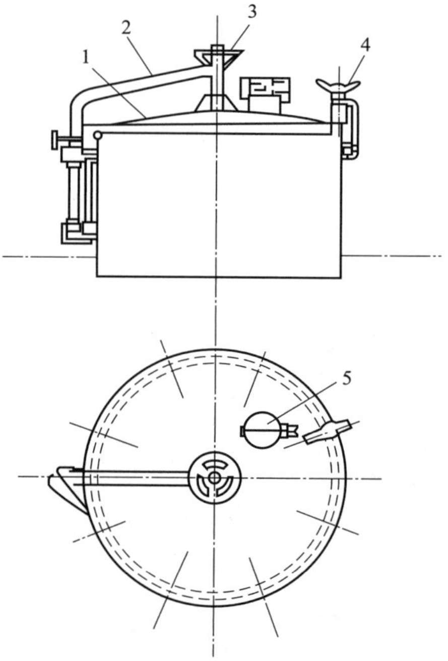

图3-7-30　小舱盖

1—盖子；2—转臂；3—转轮；4—翼形螺母；5—观察孔盖

人孔设在人员不经常出入，但在一定时间内需进行检查的处所（如燃油舱、淡水舱、双层底、舷尖舱等），并配置人孔盖。有椭圆形和圆形两种，一般皆为油密或水密；按其周缘围板的形式可分为升高型、平置型和埋置型等多种，如图3-7-31所示。

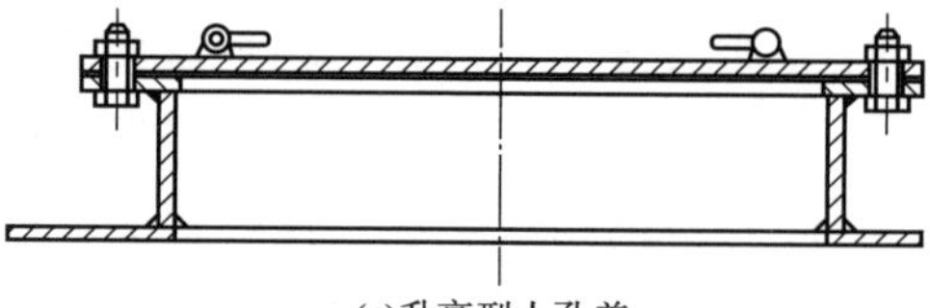

(a)升高型人孔盖

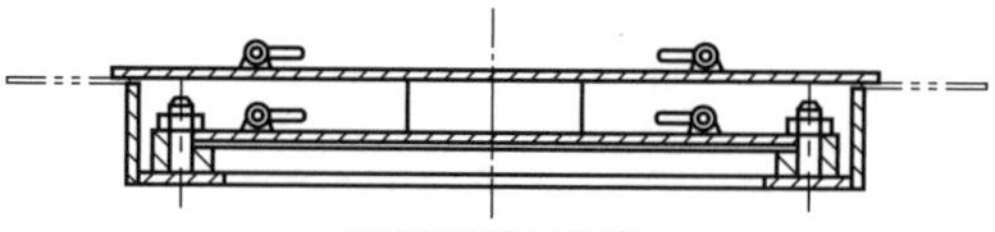

(b)埋置型人孔盖

图3-7-31　人孔盖

3.船用门窗

船用门有水密和非水密两大类。从关闭形式来看，有铰链式和滑移式两种。一般多用铰链式拉门，因为开闭简便而且安全。只在特殊要求或受空间限制时才用滑移门。有些船上还设有特制的防火门，以控制火灾蔓延。图3-7-32为铰链式水密门。

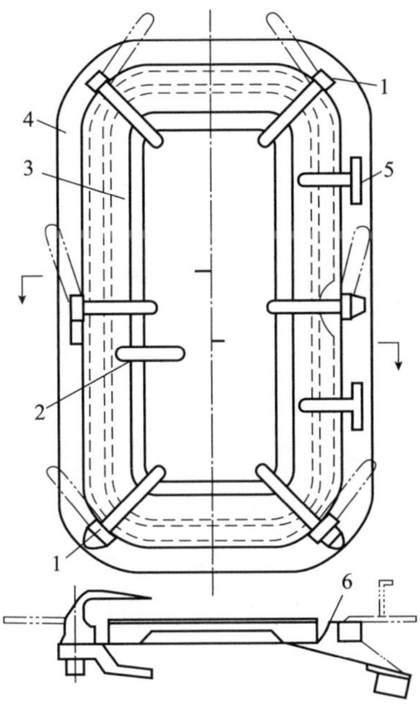

图3-7-32　铰链式水密门

1—楔形把手；2—把手；3—门板；4—门框；5—铰链；6—密封垫

船用窗是作为船上各舱室的自然通风和采光的装置。其形式很多，分为舷窗、天窗、普通的矩形窗或圆形窗等。舷窗是设置在船体两舷的窗，通常是圆形，如图3-7-33（a）所示；天窗是设置在甲板或机舱顶棚上，用以通风和透光的窗，如图3-7-33（b）所示；普通的矩形窗如图3-7-33（c）所示。

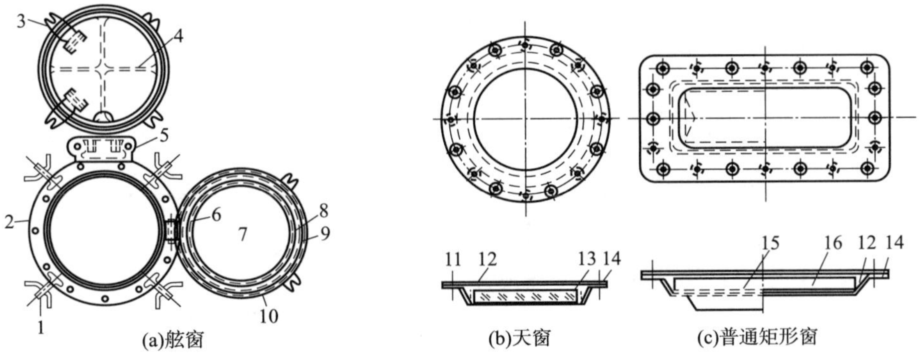

图3-7-33　船用窗

1—蝶形螺母；2—舷窗窗框；3—铰链耳；4—背面的加强筋；5—舷窗盖铰链；6—密封垫；7—玻璃片；8—铜条；9—铜钉固定；10—玻璃窗框；11—紧固件；12—搭板；13—玻璃；14—窗框；15—棱形玻璃；16—矩形玻璃

（七）拖带和顶推设备

船队运输、港口内大型船只调头或靠离码头、海难船只的救助等作业，都需要打捞船、港湾工作船及推拖船等专业船舶来完成。

推拖方式大体上可分为挂拖、绑拖和顶推三种形式。

挂拖是拖船在前，通过拖钩和拖缆牵引被拖船只或浮物一起行驶的拖带方式，见图3-7-34。按组队形式来分，挂拖有一列式、筒状式、天平式、双排并列以及多排并列式等多种形式。

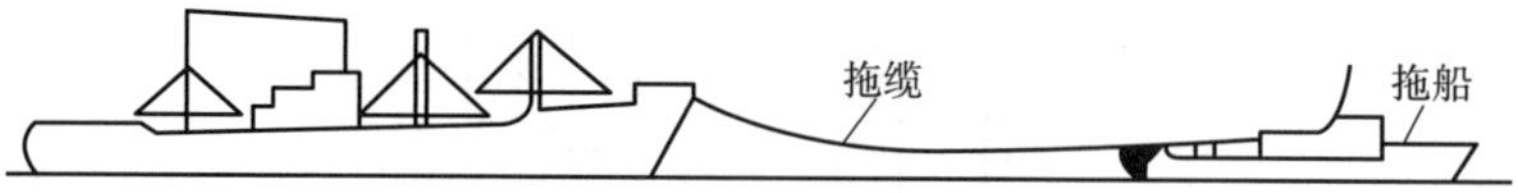

图3-7-34　挂拖示意

由于挂拖的拖运量大、成本低，适宜于大宗货物运输，因而在内河货运中应用极为广泛。但挂拖时整个船队较长，不易操纵，故挂拖不宜在狭窄、弯多和水流湍急航道中采用。在海上，挂拖主要用于失事遇险船舶的救助拖带、辅助等。

挂拖船队运输能充分利用伴流，单位功率的载量较大，抗风能力优于顶推船队，但航速低，生产效率低于顶推船队。

绑拖是以拖船舷靠舷地绑结被拖船只或浮物一起行驶的一种拖带作业方式，如图3-7-35所示。

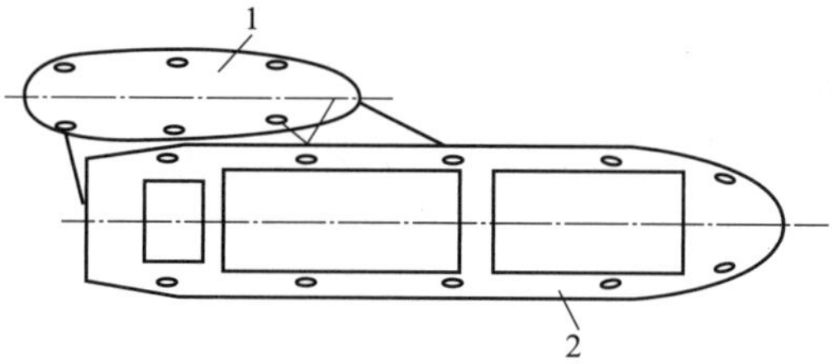

图3-7-35　绑拖示意

1—拖船；2—驳船

绑拖可以使整个船队长度大大缩短，操纵灵活，但阻力较大，拖运量较小，风浪中两船易互相碰撞，故一般只用于短途拖带和港内协助船舶离靠码头、转移泊位。

顶推是推船往后，利用推架、索具等推着船队前进的运输方式。图3-7-36为常见的顶推队形。

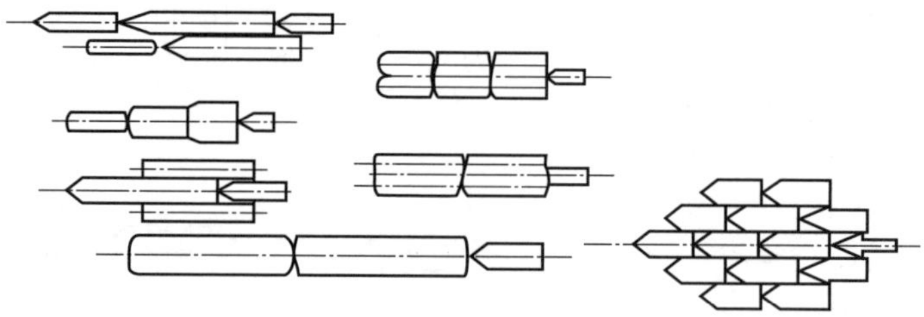

图3-7-36　常见的顶推队形

顶推运输可使船队阻力降低，推进性能和操纵性能均较挂拖和绑拖大为改善，这样在同样航速下，单位功率的载运量得以提高。对于同等规模的驳船队，顶推船队的航速比拖带船队的航速可提高15%~25%，在运输中能提高船舶主机的利用率，进而降低运输成本，是具有发展前途的运输方式。

凡船上供推拖其他船只、浮物，或供承受推拖作业的所有专用机构、部件、机械，统称为推拖设备。

1.拖带设备

拖带设备是船舶之间进行安全拖带作业的所有装置和机械的总称，图3-7-37为主要拖带设备的布置图。

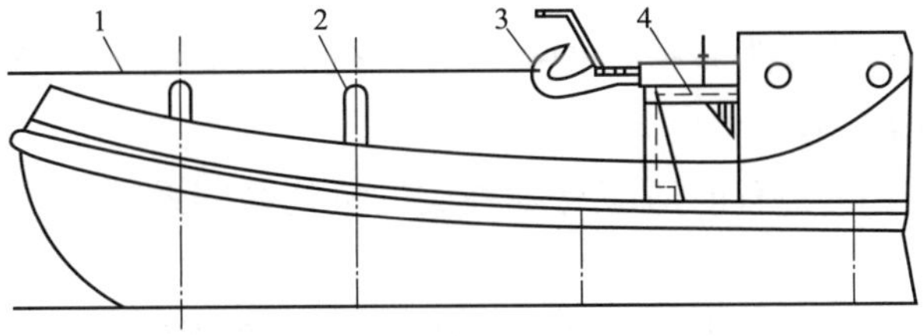

图3-7-37　主要拖带设备布置

1—拖缆；2—拖缆承梁；3—拖钩；4—拖钩平台

2.顶推设备

在长江顶推船队中，驳船与驳船之间，推船与驳船之间有两种系结方式：一种是有缆系结，另一种是无缆系结。

有缆系结分为两种方式，一种是长缆系结，另一种是短缆系结，如图3-7-38所示为有缆系结设备。

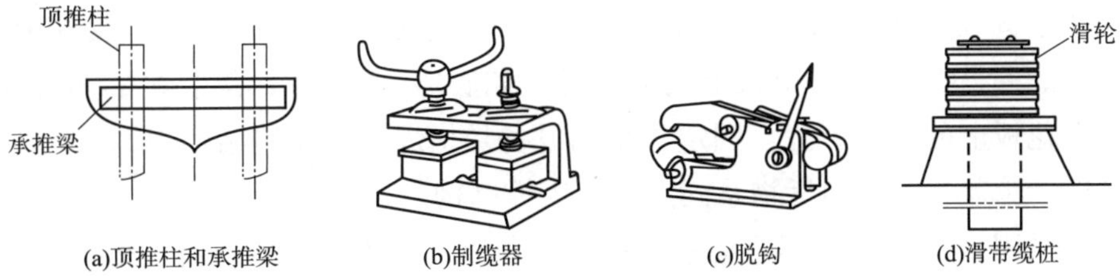

图3-7-38　有缆系结设备

无缆系结是以机械代替缆索来系绑顶推船队的装置，分为艏艉连接装置和旁挂连接装置两种。艏艉连接装置由两套连接柱和连接锁组成，与船舶纵中心线平行对称地安装；旁挂连接装置则是由钩柱和挂钩组成的。无缆系结装置的布置情况如图3-7-39所示。

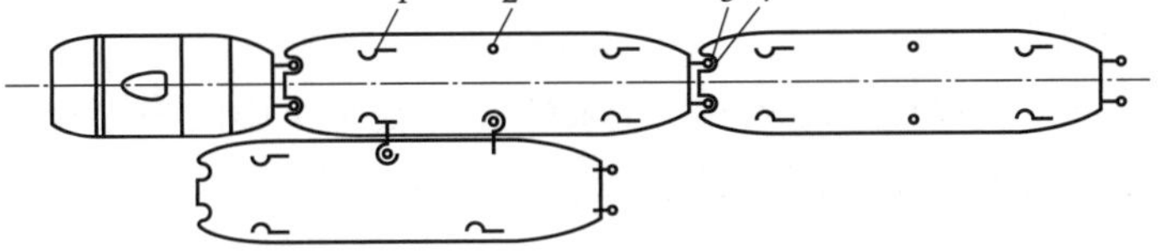

图3-7-39　无缆系结装置布置

1—挂钩；2—钩柱；3—连接柱；4—连接锁

（八）货物系固设备

1.概述

1）货物单元

货物单元是指车辆（公路车辆、拖车）、铁路货运车、集装箱、平台、托盘、可移动罐柜、中型散装容器、包装组件、成组货件、重货等。非永久性固定的货物装卸设备或部件，也应被视为货物单元。

根据船舶为其货物单元配备的货物系固系统情况，通常将货物单元分为三类，即标准货、半标准货和非标准货。

标准货是指船上装备有为其特定种类设计并批准的货物系固系统的货物单元，如格栅式集装箱船装卸的集装箱。

半标准货是指船上装备有能适应有限种类的货物系固系统的货物单元，如滚装船上装载的车辆、拖车等。

非标准货是指需个别积载和系固布置的货物，如杂货船上装载的重、大、长件货，以及普通件杂货等。

2）货物系固设备分类

货物系固设备是指所有用于系固和支持货物单元的设备。一般来说，系固设备应满足如下要求：适配货物（与所运货物的包装类型及物理特性相适应）、数量充足、强度足够、使用方便以及维修良好。

根据货物单元的不同，货物系固设备分为3种：标准货的系固设备、半标准货的系固设备以及非标准货的系固设备。从操作使用来看，则又可分为固定式和便携式系固设备两类。

固定式系固设备应视为船体结构的组成部分，包括舱壁，强肋骨，支柱上的眼板、眼环、羊角、带环螺栓等，甲板上的固定器（如底座、槽座），集装箱的角件孔、地令等，以及天花板上的类似装置。固定式系固设备是指焊接在船体结构内部（主要指货舱）及外部甲板、舱盖与支柱的货物系固点及其支撑结构。

便携式系固设备也称为可移动系固设备，包括：钢丝绳、纤维绳、链条、钢带、松紧器（花篮螺丝、紧链器等）、卸扣、绳头卸扣、紧锁夹、象脚，各种钩，集装箱用扭锁、桥锁、拉杆、开锁杆，拖车支架、千斤顶，防滑软板、木楔、木板、木条、木柱、方木、圆木，以及其他支撑、填充材料等。船舶在选用便携式系固设备时，应根据航线、船舶和所运载货物单元的性质等具体情况来确定。

2.常用货物系固设备

1）标准货系固设备

专用集装箱船及多用途船（适用时）在装载集装箱时所用的系固设备即为标准货系固设备。该类系固设备均为经中国船级社（以下简称CCS）批准的专用设备。

（1）固定式系固设备。

①底座。

底座直接焊接在舱底、甲板、支柱及舱盖上，相互之间的距离按集装箱四角角件的尺寸设计，并通过安放在其上的扭锁、底座扭锁或定位锥来对集装箱进行定位和固定。

底座的种类主要有以下几种。

a.突出式底座。

突出式底座主要用于舱盖、支柱及甲板上，其主体部分突出在上述结构的表面，用于安放并固定扭锁。突出式底座有单式、横向双式及纵向双式三种形式，如图3-7-40所示。

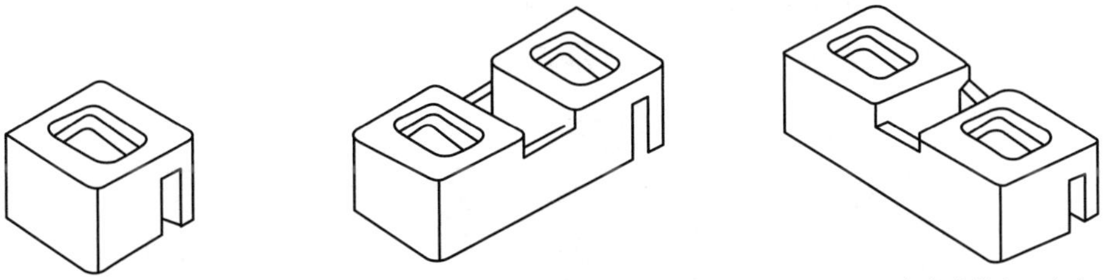

(a)突出式单底座　(b)突出式横向双底座　(c)突出式纵向双底座

图3-7-40　突出式底座

b.突出式滑移底座。

突出式滑移底座的焊接位置同突出式底座类似，它包括单滑移式、横向双连单滑移式、纵向双滑移式三种形式（图3-7-41），与突出式底座的不同之处是这种滑移式底座可以适当调整底座间的距离。

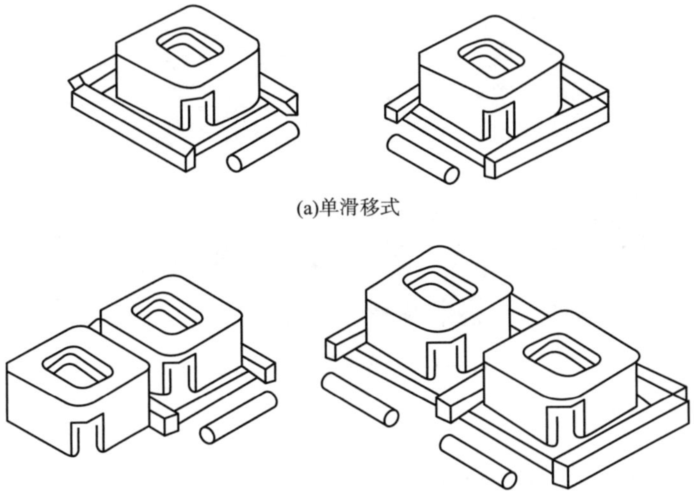

(a)单滑移式

(b)横向双连单滑移式　(c)纵向双滑移式

图3-7-41　突出式滑移底座

c.埋入式底座。

埋入式底座主要用于舱底，也有用于舱盖上的，其表面略高于前述结构表面。埋入式底座有单式、纵向双式、横向双式及四连式四种形式，如图3-7-42所示。

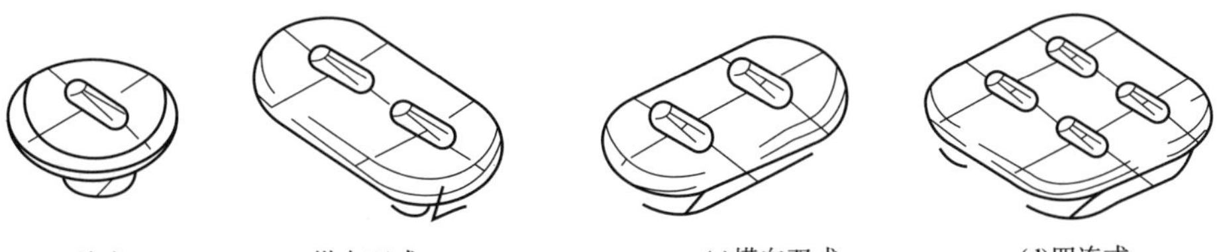

(a)单式　(b)纵向双式　(c)横向双式　(d)四连式

图3-7-42　埋入式底座

d.燕尾底座。

燕尾底座又称燕尾槽底座或燕尾槽，主要用于舱盖及甲板支柱上，并专用于固定底座扭锁。燕尾底座有单式和横向双式两种形式，如图3-7-43所示。

(a)单式　(b)横向双式

图3-7-43　燕尾槽底座

e.板式底座。

板式底座主要用于舱底，并与堆锥配套使用。它也有单式和双式两种形式，如图3-7-44所示。

图3-7-44　单式和双式板式底座

f.插座。

插座一般用于舱内，并与底座堆锥配套使用，如图3-7-45所示。

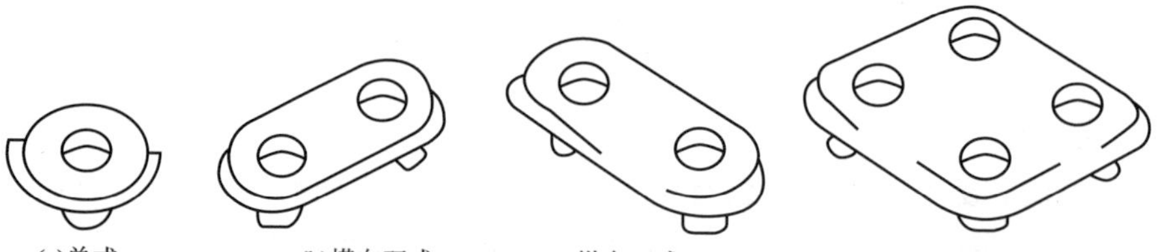

(a)单式　(b)横向双式　(c)纵向双式　(d)四连式

图3-7-45　各式插座

②固定锥。

固定锥又称为定位锥，如图3-7-46所示。它直接焊接在舱底的前后端导轨底脚处，用于固定舱内最底层集装箱。使用时集装箱下落到舱底，其角件孔与固定锥对位，固定锥插入角件孔内。

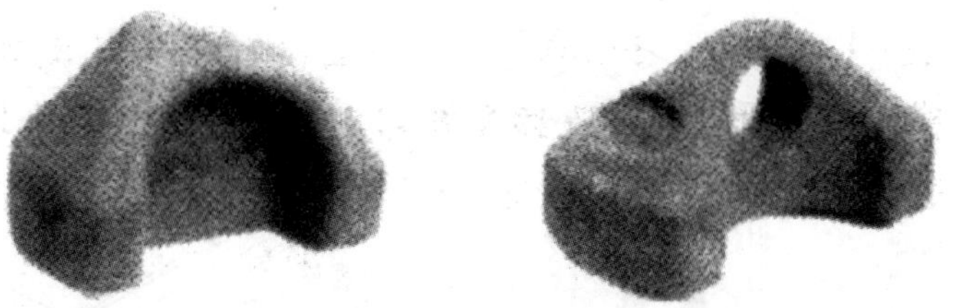

图3-7-46　固定锥（定位锥）

③眼板。

眼板有单眼、双眼、三眼及四眼等几种形式，常见眼板如图3-7-47所示。其使用位置与作用同地令，但一般不用于舱内。

图3-7-47　眼板

④可折式地令。

可折式地令又称D形环，如图3-7-48所示。可折式地令主要用于舱盖、甲板、集装箱支柱及绑扎桥上，多用途船也将其用于舱底。其主要作用是作为一个系固点与花篮螺丝、绑扎杆等组成一个固定集装箱的系统。

图3-7-48　可折式地令

⑤箱格导轨系统。

箱格导轨系统一般设置于舱内，但也有在甲板上无舱口的位置设置的，如图3-7-49所示。

箱格导轨系统一般由钢板和型钢制成，主要由导轨、横向撑材、导箱构件等组成。导轨从内底延伸至导箱构件的下缘。整个系统的作用是控制集装箱的滑移并防止其歪斜、倾覆。其中导箱构件又是引导集装箱进入箱格导轨系统的重要构件，一般安装在导轨的顶部。

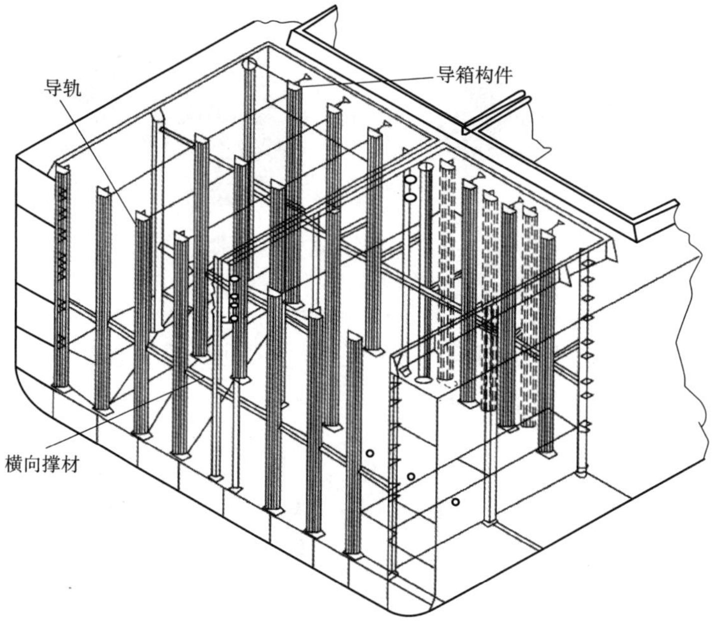

图3-7-49　箱格导轨系统

⑥横向支撑底座。

横向支撑底座一般设置于集装箱船或多用途船舱内两舷的舷侧，与横向撑柱(横向支撑器)组成支撑系统，以防止舱内上层集装箱因船舶运动可能产生的横向歪斜、倾覆、移动。

⑦集装箱绑扎桥。

集装箱绑扎桥设置于大型集装箱专用船的甲板上，其上设有眼板、D形环或可左右转动的眼板，用于系固高层集装箱，如图3-7-50所示。

图3-7-50　甲板集装箱绑扎桥

（2）便携式系固设备。

①扭锁。

图3-7-51为目前广泛使用的扭锁，主要用于甲板上的上下层集装箱之间的连接锁紧或底层集装箱与凸出式底座之间的连接锁紧，以防集装箱倾覆及滑移。

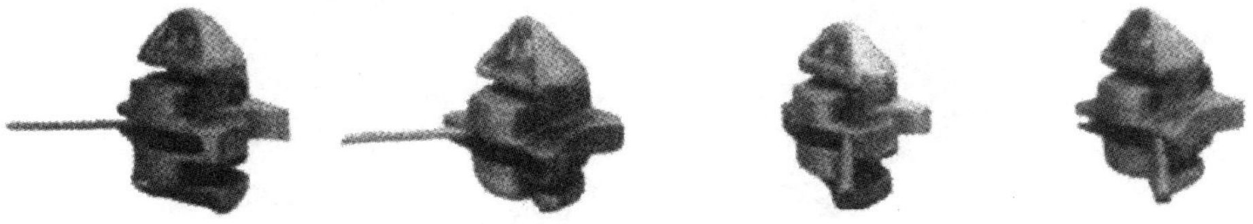

图3-7-51　扭锁（旋转锁）

扭锁分为左旋锁和右旋锁，又称旋转锁。左旋锁即为当操作手柄位于左侧端部位置时，扭锁处于锁紧状态，当将操作手柄从左向右旋转至极限位置时，扭锁处于非锁紧（开启）状态；右旋锁则与左旋锁正好相反。因此，使用时，应首先将操作手柄置于非锁紧状态，然后将其置放到下层集装箱顶部的角件孔或凸出式底座内，待上层集装箱堆放稳妥后，转动操作手柄，即可将箱与箱或箱与底座连接起来。卸箱时应使用扭锁操作杆先将操作手柄转至非锁紧状态方可卸箱。

②半自动扭锁。

半自动扭锁如图3-7-52所示，其作用同扭锁。半自动扭锁在操作使用时无须装卸工人爬到集装箱上反复安装和取下，能最大限度地减少工人登高作业带来的危险。因此，这种扭锁不仅得到了大力推广和应用，同时也是某些国家和地区（如美国）的港口当局所强制要求使用的。

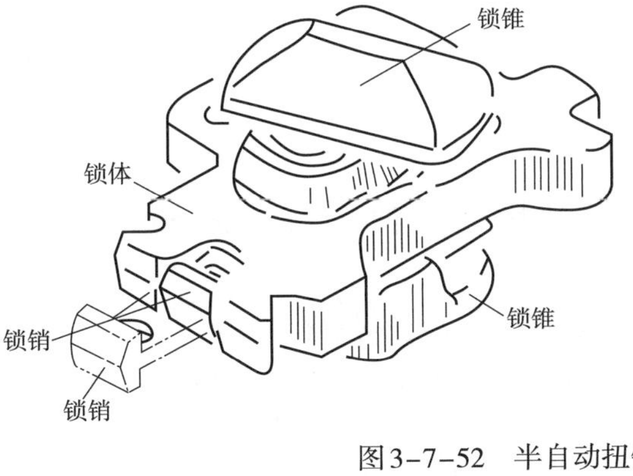

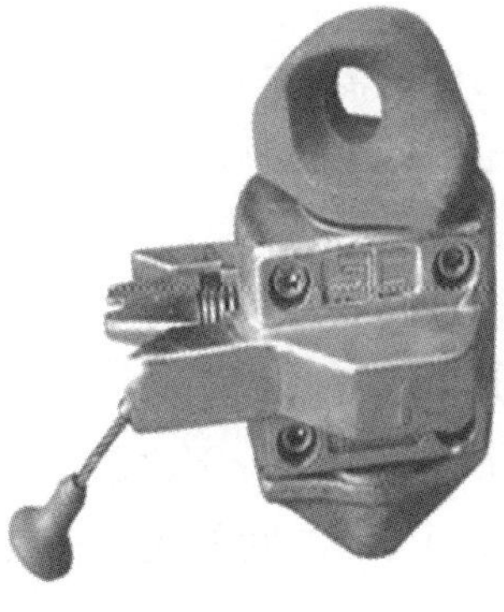

图3-7-52　半自动扭锁

在码头上，当桥吊将集装箱吊起至合适高度时，由人工从下向上将半自动扭锁顶部锁锥插入集装箱角件孔内，待集装箱被吊上船并对准凸出式底座或下方角件孔时放下，该锁的自动锁紧装置即起作用，转动底部锁锥将箱与底座、箱与箱连接锁紧。

卸箱时，应首先用操作杆将锁销拉出，从而打开扭锁与凸出式底座或另一集装箱顶部角件孔的连接，吊起集装箱至码头，由人工将半自动扭锁卸下。

③底座扭锁。

底座扭锁又称为底锁，与燕尾底座配套使用，使用时须先将底座插入燕尾槽内。另外，它也分为左旋锁和右旋锁，其锁紧与开启方法同扭锁。底座扭锁如3-7-53所示。

图3-7-53　底座扭锁（底锁）

④桥锁。

图3-7-54所示为桥锁，又称为桥码。它用于将相邻两列最上层的集装箱进行横向连接，以分散主绑扎设备的负荷，图中下部的3种桥锁主要用于舱内两列最上层集装箱之间的横向连接。

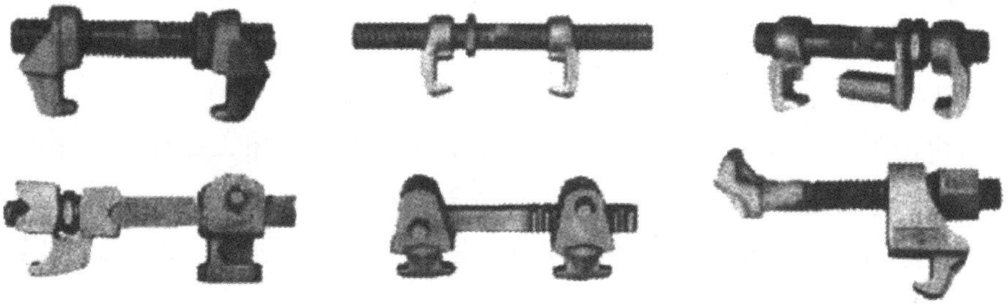

图3-7-54　桥锁

使用时，只需将桥锁的两个锁钩（头）分别插入左右相邻两集装箱的角件孔中，再旋转调节螺母，即可把顶层相邻的集装箱拉紧。

⑤堆锥。

按堆锥使用位置及功能的不同，可将其分为4种类型：中间堆锥、底座堆锥、自动定位锥、调整堆锥。

中间堆锥：由上、下锥头固定，故又称为双头定位锥，其垂直方向无锁紧功能，故仅用于舱内箱与箱之间的连接。其形式上有单头和双头两种，如图3-7-55所示。

图3-7-55　中间堆锥

底座堆锥：分为单头、横向双头、纵向双头及四连等四种形式，它又称为可移动锥板，如图3-7-56所示。其结构特点是通常上为锥头、下为插杆，仅与插座配套使用。有一种特殊的底座堆锥为单头，但上、下均为锥头，如图3–7–57所示，这种堆锥与板式底座配套使用。

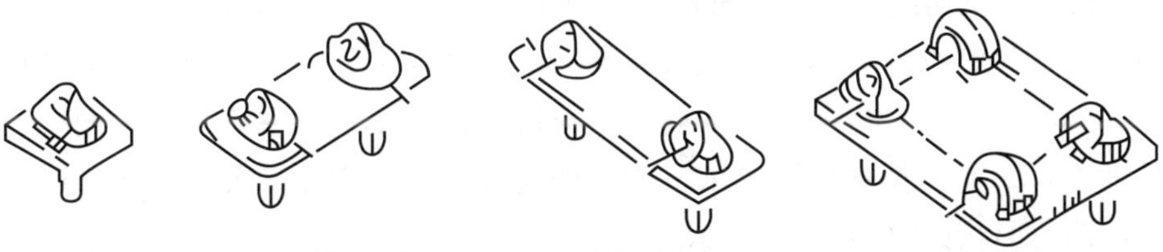

(a)单头　(b)横向双头　(c)纵向双头　(d)四连

图3–7–56　底座堆锥（可移动锥板）

自动定位锥：用于固定甲板上40ft箱位处在装20ft集装箱时处于中间的箱角，并与半自动扭锁配合使用，如图3–7–58所示。使用时，在40ft箱位的前后两端用半自动扭锁，而在中间（20ft处）用自动定位锥，这样不仅可起到半自动扭锁的作用，同时也克服了40ft中间的狭窄空间处人工无法操作的问题。

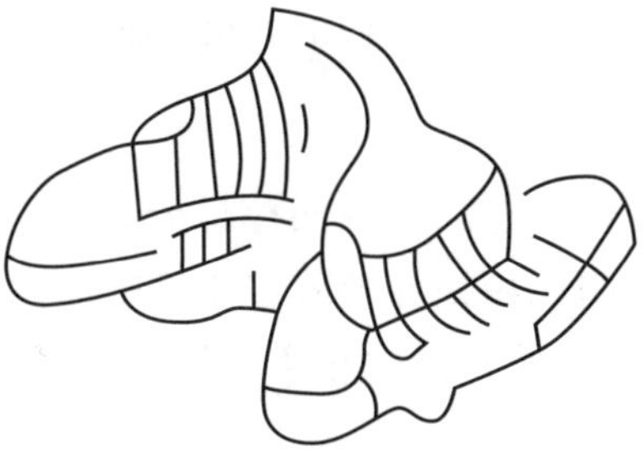

图3–7–57　单头底座堆锥

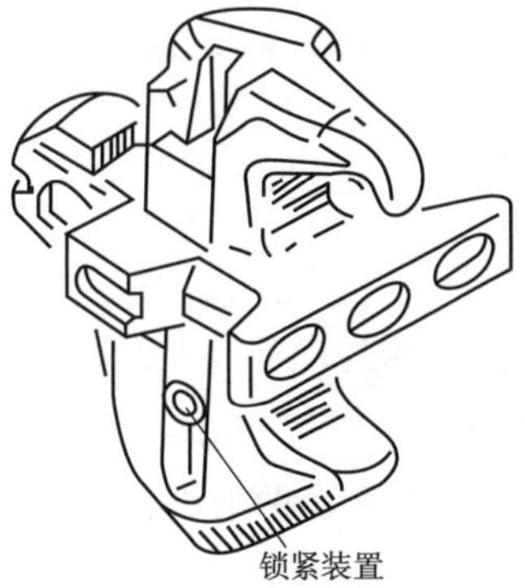

图3–7–58　自动定位锥

目前自动定位锥应用较广泛，少数发达国家港口当局对其有强制配备的要求。

自动定位锥的使用方法与半自动扭锁相似，所不同的是在卸箱时它没有必须先由人工将锁销拉出这一步骤，而是通过紧锁装置自动将定位锥转换成非锁紧状态。即首先将20ft集装箱一端的半自动扭锁由人工将锁销拉出，使之转为非锁紧状态，桥吊缓慢起吊，此时自动定位锥将会在桥吊的拉力作用下，完成锁紧装置动作并解锁，从而完成卸箱工作。

调整堆锥：又称高度补偿器，在装卸某些非标准高度的集装箱时用于调整其高度至标准状态，以便于装载和系固作业。调整堆锥及使用方式如图3–7–59所示。

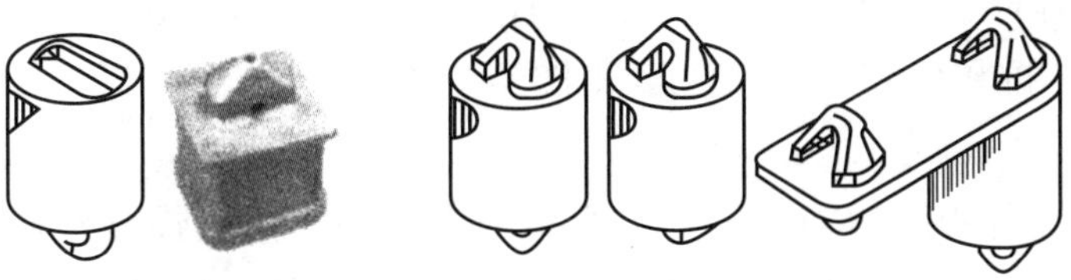

(a)调整堆锥　(b)调整堆锥的使用

图3–7–59　调整堆锥及其使用

⑥花篮螺丝与绑扎杆。

如图3-7-60所示，花篮螺丝又称为松紧螺环扣；绑扎杆又称为拉杆、绑扎棒、加长杆。这两种设备通常需组合成一个整体，方可达到系固集装箱的目的。

使用时，首先将绑扎杆的一头插入集装箱的角件孔中，另一头与花篮螺丝相连，再通过花篮螺丝与地令或眼板相连，最后调整花篮螺丝，使整个系固系统紧固。有时，因绑扎杆长度不够，或有特殊系固要求，需将绑扎杆加长，为此需要加长钩，以满足系固需求。加长钩的形状如图3-7-61所示。

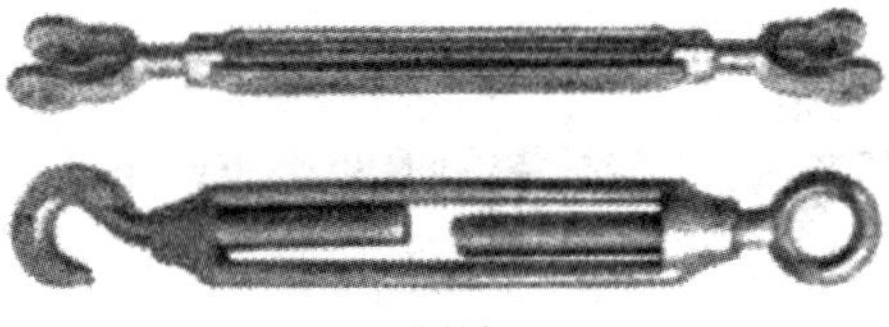

(a)花篮螺丝

(b)绑扎杆

图3-7-60　花篮螺丝与绑扎杆

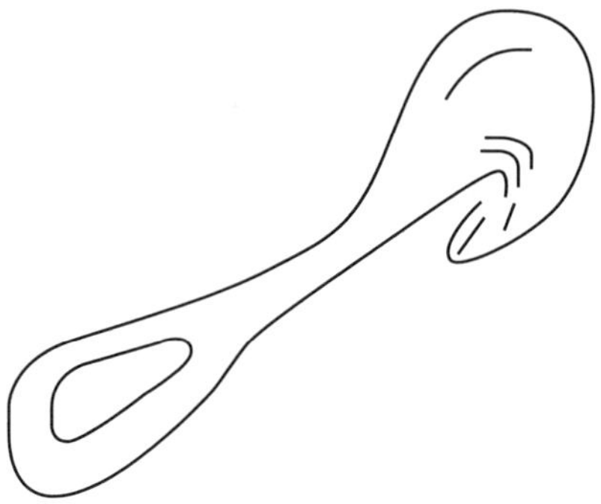

图3-7-61　加长钩

⑦横向撑柱。

横向撑柱又称为横向支撑器。根据受力方式的不同，横向撑柱分为压力型（单压撑柱）和拉压型两种形式，如图3-7-62所示。舱内无箱格导轨或多用途船舱内装载集装箱时，它用于对舱内紧靠两舷的最上层集装箱进行支撑，以防止集装箱歪斜、倾覆或横移。

(a)压力型横向支撑器

(b)拉压型横向支撑器

图3-7-62　横向撑柱（横向支撑器）

使用时，将横向撑柱的一端插入专用底座，另一端插入紧邻的集装箱角件孔内，再利用调整装置使其拉紧（或压紧）受力，如图3-7-63所示。

⑧辅助工具。

便携式系固设备所用的辅助工具主要有两类：一类是扭锁操作杆，也称为开锁杆（图3-7-64），其作用是控制扭锁的手柄或锁销，以达到解锁的目的；另一类是花篮螺丝操作工具（图3-7-65），其作用是将花篮螺丝拧紧或松开。

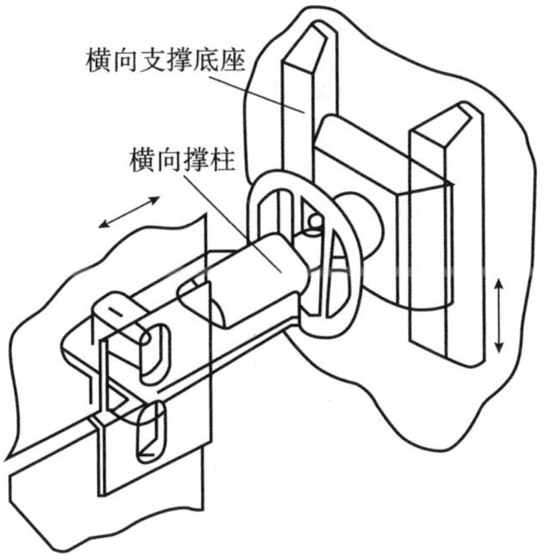

图3-7-63　集装箱在舱内的横向支撑

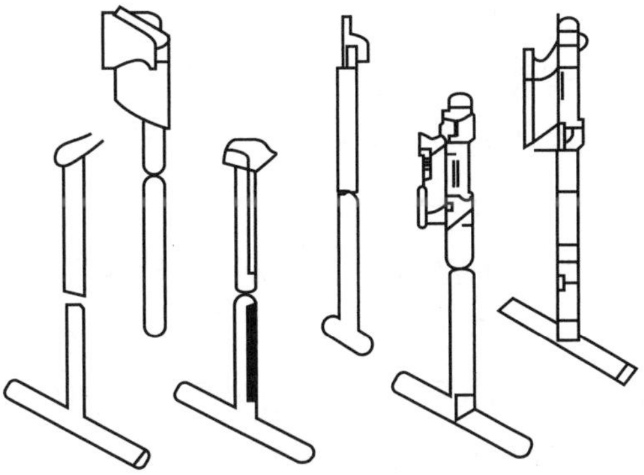

图3-7-64　扭锁操作杆（开锁杆）

2）半标准货系固设备

滚装船在装载车辆（包括公路车辆、滚装拖车）及铁路车辆时所用的系固设备即为半标准货系固设备。

（1）固定式系固设备。

①系固槽座。

系固槽座用于固定钩和象脚等设备，其外形如图3-7-66所示。

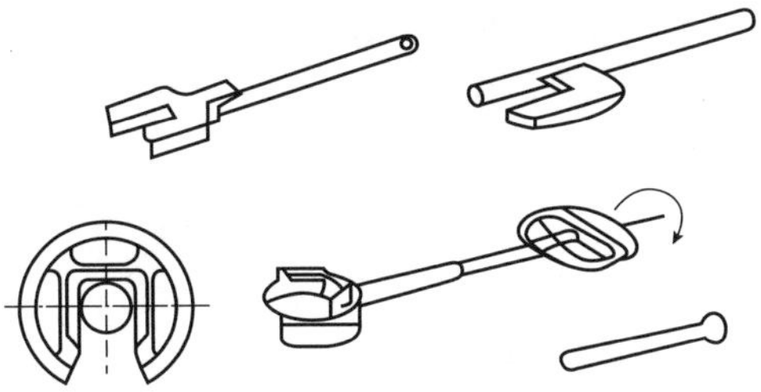

图3-7-65　花篮螺丝操作工具

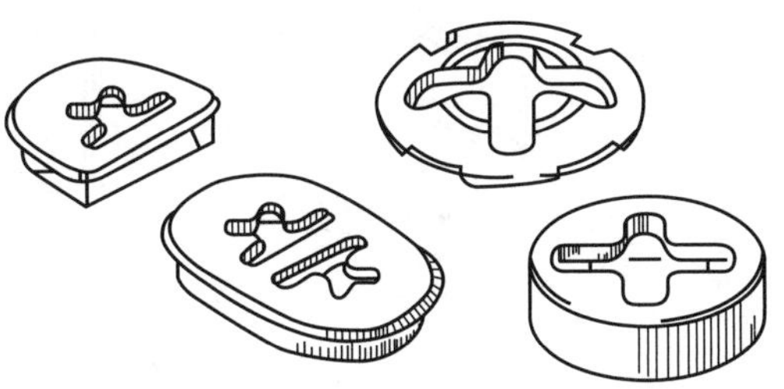

图3-7-66　各式系固槽座

②可折式地令。

可折式地令又称D形环，主要用于舱盖、甲板、集装箱支柱及绑扎桥上，多用途船也将其用于舱底。其主要作用是作为一个系固点，与花篮螺丝、绑扎杆等组成一个固定集装箱的系统。

（2）便携式系固设备（图3-7-67）。

①绑扎带。

绑扎带如图3-7-67（a）所示，专用于系固车辆及滚装拖车。

②系固链条及紧链器。

系固链条及紧链器如图3-7-67（b）、图3-7-67（c）所示，紧链器用于紧固系固链条。

③象脚。

象脚如图3-7-67（d）所示，象脚带钩状时也称为象脚钩、企鹅钩，使用时将象脚插入系固槽座并通过它与其他便携式系固设备相连（如与绑扎带相连）。

④系固钢丝。

系固钢丝如图3-7-67（e）所示，其为两头有心形环的一截短钢索。

⑤快速释放紧锁器。

快速释放紧锁器用于收紧并可快速释放系固钢丝。

⑥花篮螺丝。

花篮螺丝主要用于收紧系固钢丝或系固链条。

⑦拖车支架。

拖车支架如图3-7-67（f）所示。它作为拖车的支架，用于固定拖车。

⑧拖车千斤顶。

拖车千斤顶，如图3-7-67（g）所示。它专门用于故障维修时提升重物。

(a)绑扎带

(b)系固链条

(c)紧链器

(d)象脚

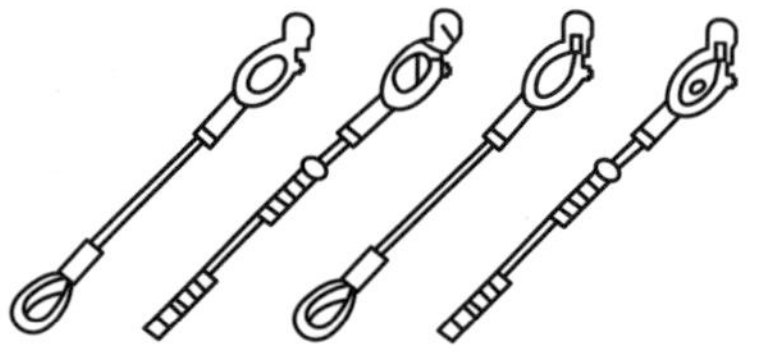

(d)系固钢丝

(f)拖车支架

(g)千斤顶

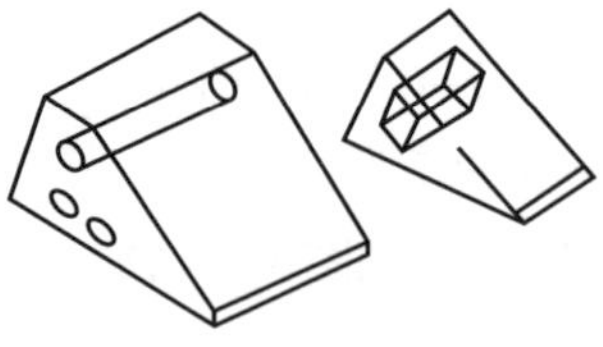

(h)轮楔

图3-7-67　便携式系固设备（主要用于半标准货）

⑨轮楔。

轮楔如图3-7-67（h）所示，轮楔用于固定车轮（增大摩擦力以防止车辆移位）。

（3）便携式系固设备的配套使用方法与拖车的系固。

部分便携式系固设备的配套使用方法如图3-7-68所示。包括：象脚与系固槽座的配套使用；快速释放紧锁器的使用；系固链条与其他系固设备的配套使用；系固钢丝、花篮螺丝与象脚的配套使用，以及系固链条、花篮螺丝与象脚的配套使用；系固钢丝与快速释放紧锁器及象脚的配套使用。

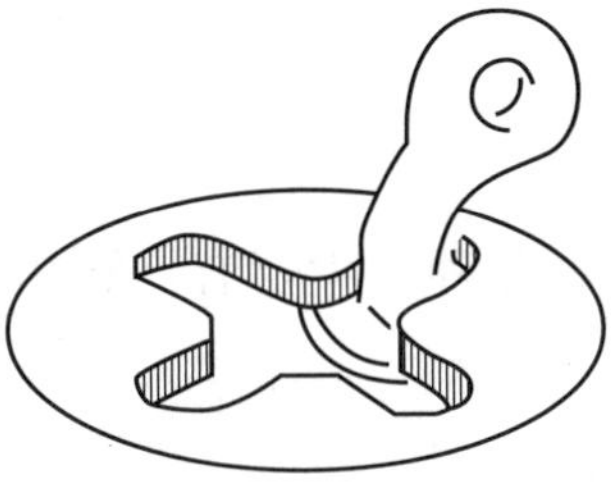

(a)象脚与系固槽座的配套使用

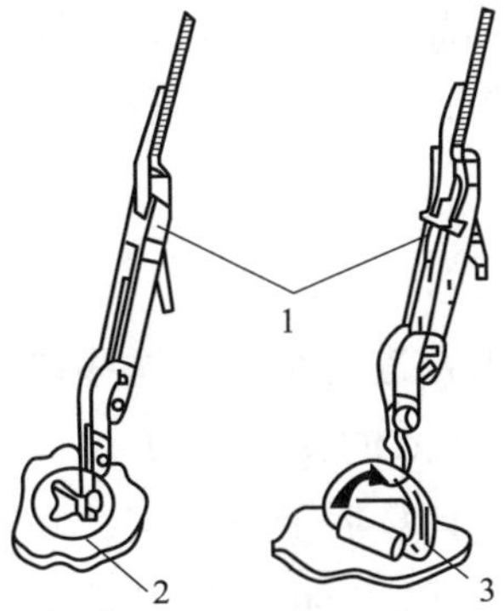

(b)快速释放紧锁器的使用

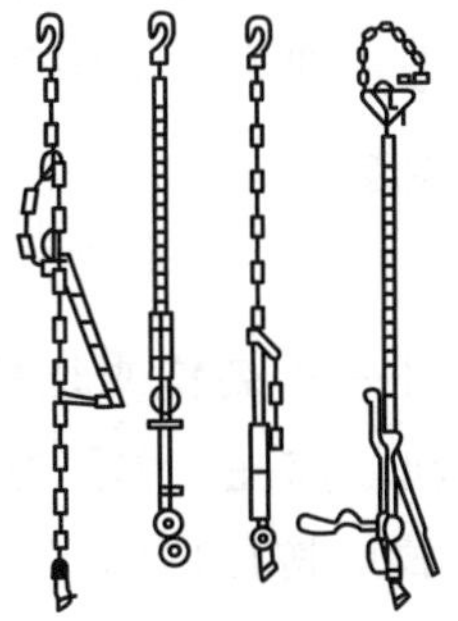

(c)系固链条与其他系固设备的配套使用

图3-7-68　便携式系固设备的配套使用

1—快速释放器；2—十字槽底座；3—可折式地令

典型半标准货——拖车的系固方法，如图3-7-69所示。

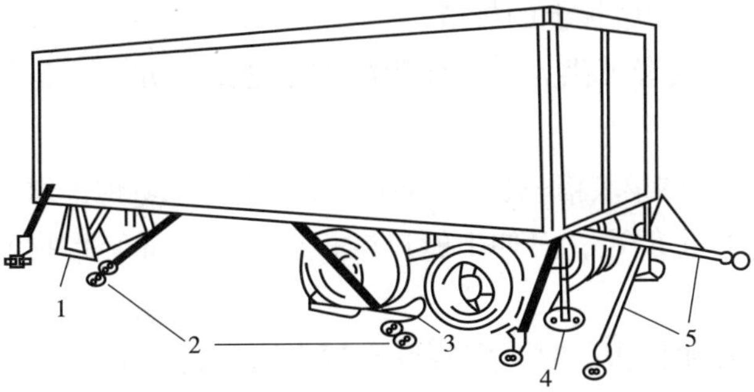

图3-7-69　拖车的系固方法

1—拖车支架；2—系固槽座；3—轮楔；4—千斤顶；5—绑扎带

3）非标准货系固设备

非标准货系固设备用于固定干货船、多用途船、滚装船、装载货物单元的散装货船、客船、近海供应船、电缆铺设和管道铺设专用船等，在装载集装箱（无专用系固设备）、钢卷、重件货、普通件杂货及木材（货舱内）等货物时常用的设备即为非标准货系固设备。

（1）固定式系固设备。

非标准货的固定式系固设备直接焊接在舱壁、舷侧强肋骨、支柱及甲板上，必要时也可直接焊接在舱底及舱盖上。其主要类型有：眼板、眼环（由一个活动眼环和固定它的夹座组成）、地令。

（2）便携式系固设备。

该类船舶所用的便携式系固设备种类主要有：卸扣、紧索夹、花篮螺丝、钢丝绳、系固钢带、系固链条及紧链器。

（3）便携式系固设备的配套使用。

便携式系固设备的种类较多，且均有各自的特点，故实际使用时必须紧密结合各自的特点与要求配套使用。钢丝绳必须与紧索夹、花篮螺丝配套，或与紧索夹、花篮螺丝及卸扣配套；而系固链条一般是在利用紧链器的情况下用于系紧货物。

3.集装箱的堆装与系固

1）一般要求

对集装箱，应用下述一种装置或几种装置的组合进行系固。这些装置包括角锁紧装置、绑扎装置、箱格导轨、撑柱、单压撑柱或其他等效的支撑结构。

对集装箱的系固方式应按CCS的规定，经受力计算后予以确定，并要保证集装箱和系固设备的强度。本节仅介绍了几种典型的系固方式，也可采用其他的系固方式，但应经CCS同意。

必要时，应对舱口盖以及传统结构进行局部加强，以使其能承受来自集装箱的惯性力和系固力。

2）集装箱在露天甲板上的堆装和系固

（1）集装箱堆装在露天甲板上的规范。

①露天甲板上，应设置可供人员工作用的安全通道，并设置足够的通道供安装和检查系固设备使用。

②甲板上和舱口盖上的集装箱一般应纵向排列，如果采用其他排列方式，应经CCS同意。

③不得使集装箱伸出船边，对伸出舱口围板或其他舱面结构物的集装箱，须提供适当的支撑。

④将集装箱堆装在舱口盖上时，应装设能防止舱口盖滑动的制动器或其他等效装置。

（2）甲板上装一层集装箱的系固规范。

①在集装箱的底角处应用角锁紧装置对集装箱进行系固。

②除上述①的方式外，也可在每只集装箱的两端应用绑扎装置，以对角或垂直的方式对集装箱进行系固，并在每个集装箱底角处用定位锥定位。

(3)甲板上装两层集装箱的系固规范。

①在每层集装箱的底角处，应用角锁紧装置对集装箱进行系固。

②除上述①的方式外，也可在第2层每只集装箱的两端与甲板或舱口盖之间对集装箱用绑扎装置进行系固(图3-7-70)，且在每层集装箱的底角处应设定位锥。若经计算表明在集装箱的底角处出现分离力，则应在该处设角锁紧装置。

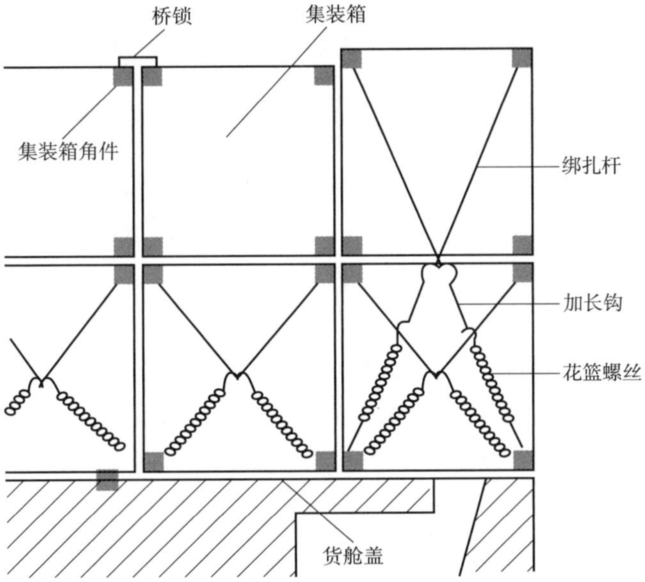

图3-7-70　甲板上装两层集装箱的系固

(4)甲板上装两层以上集装箱的系固规范。

①对第1层和第2层集装箱应按甲板上装两层集装箱的系固要求进行系固。

②对第3层及其以上的集装箱应用角锁紧装置进行系固。

(5)甲板上采用箱格导轨装置。

甲板上若采用箱格导轨装置应经过CCS同意。

3)集装箱在舱内堆装系固的规范

(1)无箱格导轨装置。

①对于货舱内和甲板间舱内的集装箱，一般应纵向排列。如果采用其他排列方式，应经过CCS同意。

②对集装箱可仅用角锁紧装置，或用角锁紧装置、撑柱(即横向撑柱)、单压撑柱或绑扎装置的组合，并参照集装箱露天甲板上的堆装和系固方法进行系固。

③若经计算表明在集装箱层之间出现分离力，则应在该层设角锁紧装置。对其他位置可考虑使用双头定位锥。

④若经计算表明在集装箱层之间无分离力出现，则该层的角锁紧装置可考虑全部由

双头定位锥替代。

⑤撑柱与船体结构需牢固连接，若有可能，撑柱与船体结构的连接方式应适合不同高度的集装箱堆装。

⑥单压撑柱与船体结构的连接可为固定式、铰接式和可拆式三种形式。对该处的船体结构应进行必要的加强，安装单压撑柱时，应使其紧靠集装箱的角件，并保持最小间隙。

⑦为了传递横向载荷，相邻集装箱堆之间的连接构件的位置和强度均应与撑柱或单压撑柱的位置和强度一致。

⑧如有必要，对支持撑柱和单压撑柱的船体结构应进行加强。

（2）有箱格导轨装置。

①箱格导轨装置不得与船体结构形成整体结构，设计时应使其不受船体主应力影响。

②箱格导轨装置应为坚固结构，设计时应能使其将船舶运动时产生的集装箱负荷传递到船体结构，并能承受集装箱装卸时产生的负荷，并且能阻止集装箱移动。

③箱格导轨装置一般应用钢板和型钢制成，并应将导轨从内底延伸到导箱构件的下缘，对箱格导轨的上端应作有效的支撑。

④在箱格导轨之间，要设立横向撑材，其间距应根据作用在导轨上的载荷而定，但一般不超过5m，并尽可能将其布置在集装箱角的同一水平面上。在舱的全宽内对横向撑材一般至少设有2个支撑点，以防止纵向移动；如果横向撑材在纵向的最大位移不超过20mm，则仅设1个支撑点。

⑤在箱格导轨和横向撑材之间的连接构件，应有足够的抗扭转强度。

⑥在箱格导轨上应设置适当间距的中间肋板。

⑦当根据结构受力计算表明需要安装纵向拉杆时，其间距和位移同上述④的要求。

⑧如位于货舱两边和两端的导轨与纵横舱壁相连接，则该舱壁要做局部加强，以承受附加负荷。

⑨每只集装箱与导轨之间的横向间隙之和应不超过25mm，纵向间隙之和应不超过40mm，应注意箱格导轨的安装精度，以确保集装箱的顺利吊装。

⑩引导集装箱进入箱格导轨的导箱构件，应是坚固设备，一般应将其安装在导轨的顶部。

4）20ft与40ft集装箱的混合堆锥

（1）在用于装载40ft集装箱的箱格导轨装置的位置，可以配备装载20ft集装箱的临时中间箱格导轨设施，其结构应适用于对这两种规格集装箱的装载。

（2）在用于装载40ft集装箱的箱格导轨装置的位置全长范围的1/2处，可以考虑对20ft集装箱进行支撑。

（3）当用于装载40ft集装箱的箱格导轨装置的位置中间处的20ft集装箱，不用支撑时，应按下述要求堆装集装箱：

①必须在不超过5层20ft集装箱上堆装40ft集装箱；

②在20ft集装箱堆上应堆装至少一层40ft集装箱，可以是空箱；

③20ft集装箱在用于装载40ft集装箱的箱格导轨装置的位置全长范围的1/2处所受的力，应不违反CCS的规定。

（4）在20ft集装箱的各层之间及20ft集装箱与舱底之间，应安装堆锥以防止横向滑移。

（5）如用前后拉压元件将2个20ft集装箱前后连接相当于1个40ft集装箱时，则在20ft集装箱堆上不需要堆装40ft集装箱，20ft集装箱堆重一般不应超过120t。

二、船舶动力装置

机舱是船舶最重要的部位，船舶动力装置及机械设备安置在机舱内，这样便于操作管理和确保安全可靠地运行。机舱设备主要包括推进装置和机舱辅助机械等。

（一）推进装置

推进装置是用以保证船舶以一定的航速航行的各种机械设备，包括：主机、传动设备（离合器、减速齿轮箱等）、船舶轴系、推进器等。图3-7-71所示为船舶推进装置示意。

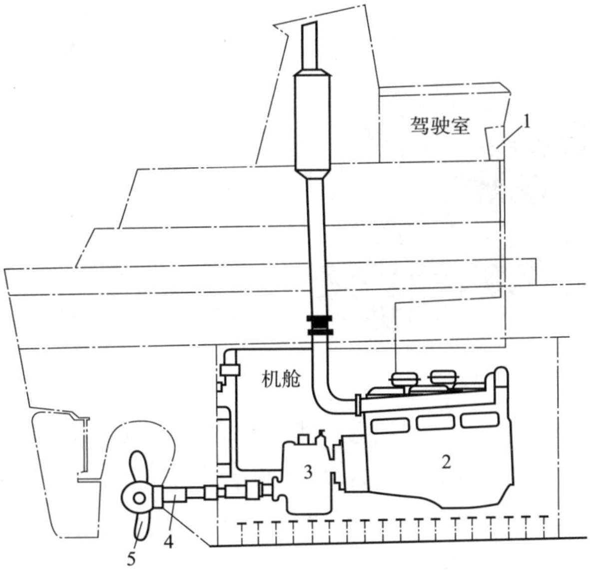

图3-7-71　船舶推进装置示意

1—遥控操纵台；2—主机；3—传动设备；4—轴系；5—螺旋桨

1.船舶主机

船舶主机是推进船舶航行的动力机，为船舶运行提供主要动力和部分其他形式的能量。主机可按照燃料的不同进行分类，常用的有柴油机、蒸汽轮机和燃气轮机等。船舶动力装置的类型就是以主机的形式来定义的。

1）柴油机动力装置

柴油机也叫内燃机，它的热效率高，功率范围广，具有启动迅速、维修方便、运行安全、使用寿命长等特点。因此柴油机动力装置应用最广泛，是目前船舶推进动力中最重要的推进形式，如图3-7-72所示。目前，绝大部分内河及沿海小型船舶，都以柴油机作为主机和辅机；在远洋船舶中，几乎30000t以下的船舶都采用柴油机作为主机。船舶采用的柴油机以二冲程柴油机为主。

除了主要结构外，柴油机还需要操纵系统，包括启动装置、换向装置和调速装置。

柴油机自身不具备启动能力，要由外界的能量带动曲轴回转完成第一个循环，从而使其连续运转。一般由压缩空气系统供给能量，称为启动装置。

换向装置是指用来改变螺旋桨轴向推力方向的机械装置。推力换向有多种方式，其中，改变柴油机主轴转向称为直接换向。

当柴油机的负荷、转速发生变化时，要求柴油机能立即改变喷油量以适应负荷和转速的变化。通过调速装置自动调节高压油泵的喷油量，从而实现调速的目的。

2）蒸汽轮机动力装置

蒸汽轮机主要由蒸汽锅炉及汽轮机组成，是将蒸汽的热力势能转换成机械能做功的动力机，如图3-7-73所示。蒸汽锅炉产生的高温高压蒸汽推动汽轮机，再经过减速齿轮带动螺旋桨工作。

图3-7-72　船用柴油机

图3-7-73　蒸汽轮机

汽轮机在大型舰船上应用十分广泛，其具有以下优点：①单机功率大，如30×10^4t以上的超大型油船、散货船，航速30kn以上的集装箱船以及大型作战舰艇（如巡洋舰、航空母舰）等大多采用汽轮机作为主机；②汽轮机做旋转而非往复运动，所以工作状态均衡、平稳，机件间的摩擦部分少，寿命长，维修保养简便；③可以使用劣质的燃料，润滑油的消耗量也比柴油机小很多。同时也有不足之处：启动时间长，热效率较低，耗油量大，附属设备多，装置复杂。

3）燃气轮机动力装置

燃气轮机动力装置在所有的船舶动力装置中，是单位马力重量最轻、体积最小的推进动力装置。它具有启动迅速，工况变化容易，使用可靠，振动及磨损小，维护管理方便等优点。

燃气轮机的基本结构包括压缩机、燃烧室、汽轮机三大部分，如图3-7-74所示。燃气轮机的工作原理近似于蒸汽轮机，不同的是工作介质为燃气。燃气轮机利用燃料在燃烧室内燃烧所产生的高温燃气进入燃气轮机推动叶轮旋转做功。

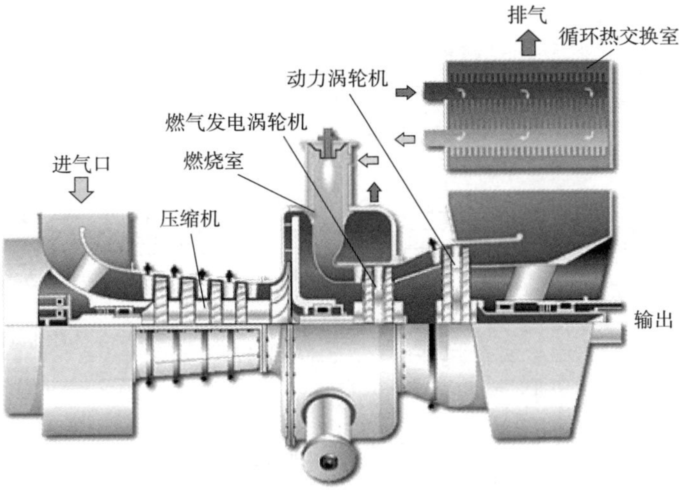

图3-7-74　燃气轮机

燃气轮机单机功率大，单位重量轻，尺寸也最小；可以随时启动，不受其他条件制约，在短时间内迸发出最大功率，2~3min内即可达到全负荷工作状态，加速性能良好。但其对燃油品质要求较高，耗油率高，热效率低下，经济性较差。燃气轮机的燃烧室和叶片在高温下工作，使用寿命较短。需增设换向设备才能倒车，使装置变得复杂。

目前，燃气轮机动力装置广泛用于高速轻型快艇及护卫舰、驱逐舰等军用舰艇上。

2.船舶轴系

船舶轴系是以主轴为核心的相关传动装置的总称，位于主机与螺旋桨之间。它的作用是将主机的功率传递给螺旋桨推进器，并将螺旋桨所产生的轴向推力传给船体，以推动船舶运动。船舶轴系的一部分位于机舱内，图3-7-75为单轴系结构。

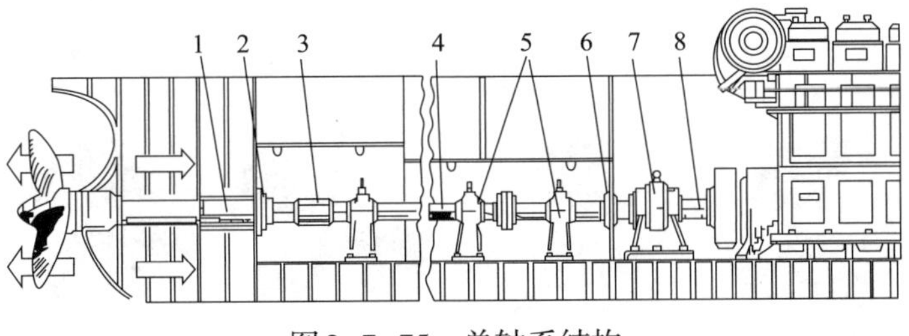

图3-7-75　单轴系结构

1—螺旋桨轴；2、6—隔舱填料函；3—半弹性联轴节；4—中间轴；5—中间轴承；7—推力轴承；8—推力轴

3.传动设备

船舶的主机除低速柴油机外，转速一般都比较高，不能与螺旋桨直接连接，须进行减速，此外主机与螺旋桨中间还有离合、倒车等问题。传动设备就是为完成各种传动功能而设置的设备。它包括：减速齿轮箱、倒顺车齿轮箱、离合器、弹性联轴节、螺旋桨（包括可变距螺旋桨）等。图3-7-76为几种常用的传动方式及传动设备形式。

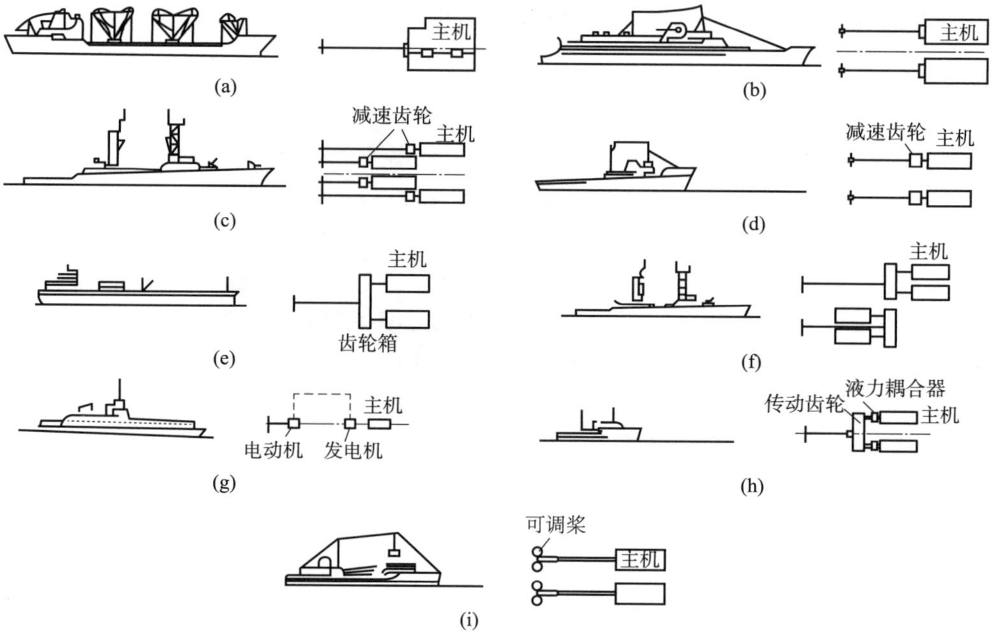

图3-7-76　船舶传动装置形式简图

4.推进器

船舶推进器就是将主机发出的功率转化为推船前进的推力设备。现代推进器以普通螺旋桨为主，它具有体积小、重量轻、效率高等优点。其他推进器还有导管螺旋桨、可调螺距螺旋桨、串列螺旋桨、对旋螺旋桨、明轮、平旋轮、喷水器等。

普通螺旋桨由若干桨叶和桨毂组成，桨叶顺螺旋方向呈轴对称分布。螺旋桨旋转时，桨叶把水推向后方，得到水向前的反作用力，从而推动船体前进。该种推进器结构简单，制造方便，效率较高，是目前应用最广泛的一种推进器。螺旋桨种类较多，多以桨叶数目区分，通常分为三叶螺旋桨、四叶螺旋桨、五叶螺旋桨、七叶螺旋桨、八叶螺旋桨等，如图3-7-77所示。

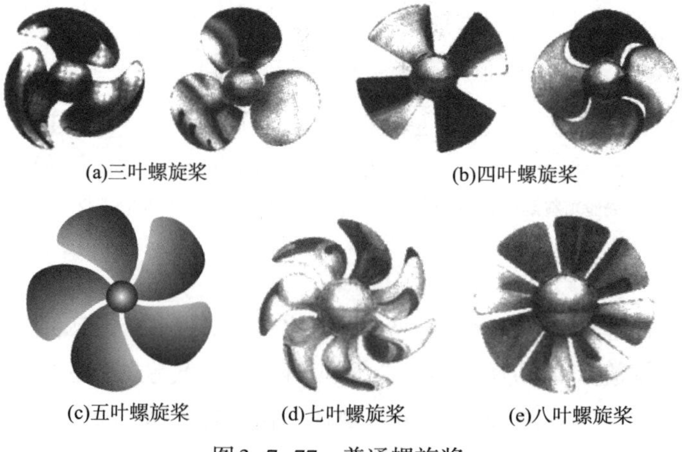

图3-7-77　普通螺旋桨

导管螺旋桨又称套筒螺旋桨（图3-7-78），是在普通螺旋桨的外面套上一个圆筒，圆筒入水口直径较大，出水口直径较小，截面为机翼形状。导管可以使螺旋桨工作流畅，减少尾流的能量损失，从而提高了导管螺旋桨的工作效率。导管还相当于一个环形的舵，所以往往将导管螺旋桨直接固定于舵机下，通过改变导管的方向从而改变航向。

可调螺距螺旋桨（图3-7-79）的桨叶与桨毂是分体的，桨叶可以通过操纵机构相对于桨毂转动，从而改变螺距角达到改变螺距的目的，即可随时改变螺旋桨产生推力的大小。当螺旋角转至相对负值时，产生反向推力，使船舶倒退。这样可以在主机不停车的情况下，实现输出功率的无级变速，乃至变换行进方向；还可以使主机和螺旋桨在最佳的匹配状态下运行，充分发挥主机功率，节约燃油消耗。但由于可调螺距螺旋桨结构复杂，制造成本昂贵，维修管理要求高，因此仅在对操纵性要求较高的船舶上采用。

图3-7-78　导管螺旋桨

图3-7-79　可调螺距螺旋桨

串列螺旋桨是在同一轴上装有前后两个或多个旋向相同的螺旋桨。在一些吃水浅的航区，螺旋桨的直径受到限制。因此，人们将两只相同的普通螺旋桨安装在同一根尾轴上，主机功率被分配在两只桨上，使每只螺旋桨的载荷都小了很多，这对于改善推进情况和减小艉部振动都很有利。这种方式适用于吃水浅而功率大的船舶。串列螺旋桨的缺点是尾轴加长，重量增加，制造成本也提高了。

对旋螺旋桨（图3-7-80）是在两根同心的轴上安装两个转向相反的普通螺旋桨，一般后桨比前桨直径小。工作时，艉流的旋转损失小，效率比普通螺旋桨高，减少了对吃水深度的限制。由于两只螺旋桨旋转方向相反，产生的扭矩被平衡掉一部分，改善了船舶的稳性和操纵性。由于艉轴为同心的两根轴，且旋转方向相反，使得结构复杂，制造和维护成本较高。

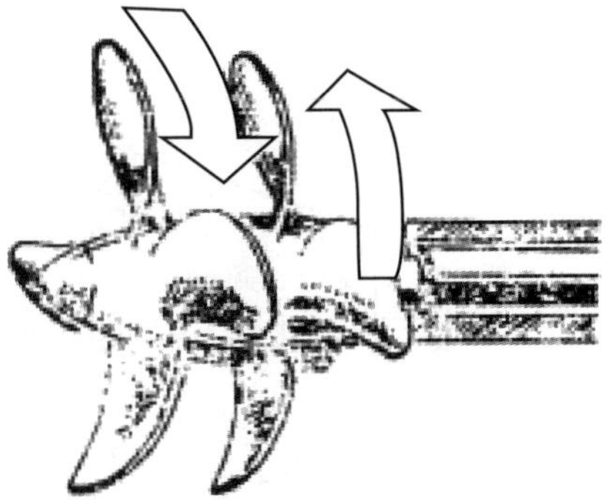
图3-7-80　对旋螺旋桨

（二）机舱辅助机械

为了保证船舶的正常航行及满足旅客工作与生活的需要，机舱里设置了为数众多、类型各异、任务不同的辅机。机舱辅机按其工作的性质不同，可分为如下几种。

1.船用泵

泵是船上应用极为广泛的一种水力机械，在船上泵送的液体主要是水和油。船用泵有活塞泵、离心泵、回转泵和喷射泵。

2.气体压送机械

气体压送机械根据所产生气体压力的大小可分为压缩机（终压大于300kPa，压缩比大于4）、鼓风机（终压为15~300kPa，压缩比小于4）及通风机（终压不大于15kPa，压缩比为1~1.15）。船上主要使用压缩机和通风机。

3.完成特定任务的装置

完成特定任务的装置主要有船舶辅助锅炉、制冷装置和制淡水装置等，以保证船上供热、冷藏和供应淡水等的需要。

4.船舶发电站

船舶发电站是产生并连续供应全船电能的设备，由原动机、发电机和附属设备组合的发电机组及配电板组成。根据不同工况要求，分为主电站、停泊电站、应急电站、特殊电站和专用电站。

（三）机舱设备的布置

机舱设备的布置是指主机、辅机及各辅助机械设备在机舱中的相对位置关系。机舱的布置是否合理，直接关系到船舶的建造、管理、维修、安全、造价等一系列的问题。图3-7-81、图3-7-82为某20000t货船机舱布置。该船的机舱位于#12~#44之间，机舱长度为24.96m，机舱从主甲板以下分为三层：底层、下平面、上平面。图3-7-81为机舱底层布置，图3-7-82为机舱下平面布置。

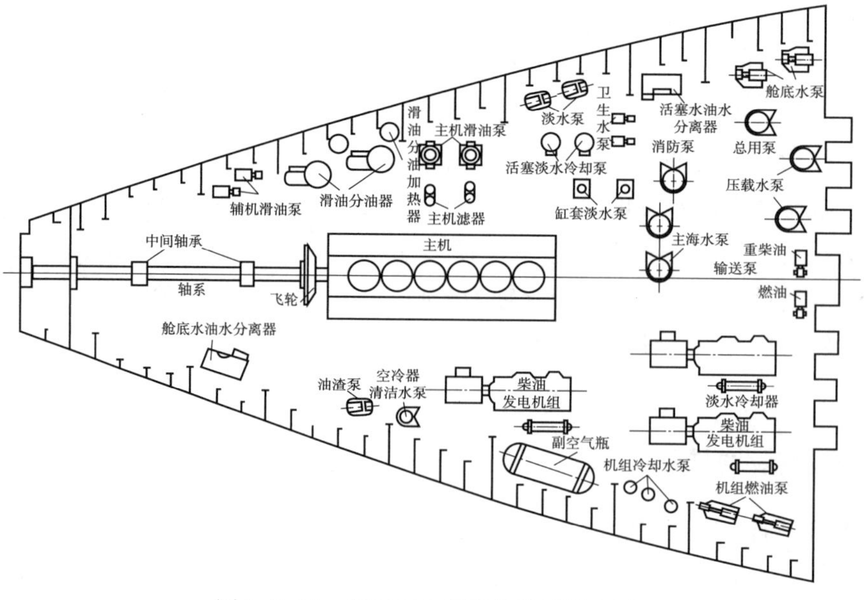

图3-7-81　某20000t货船机舱底层布置

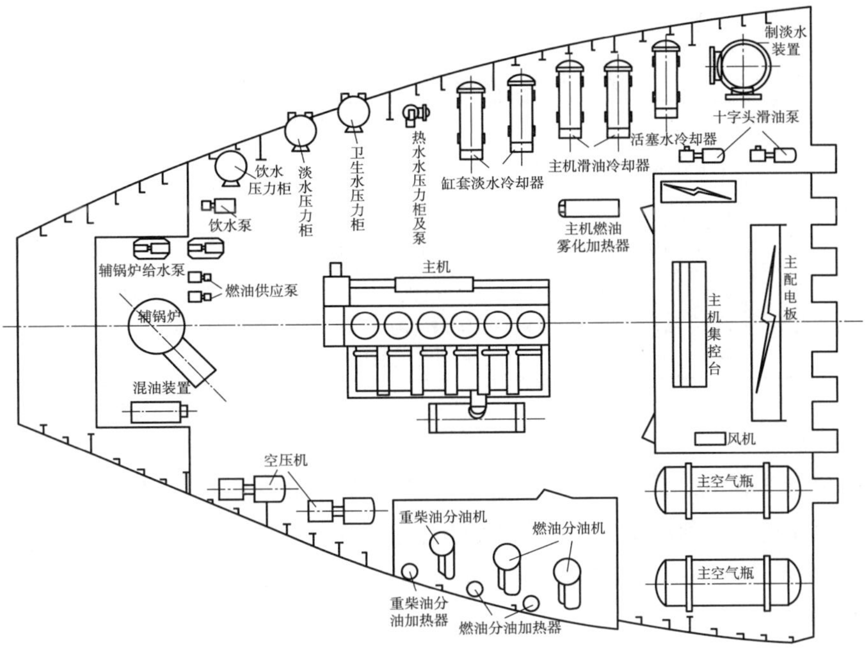

图3-7-82　某20000t货船机舱下平面布置

三、船舶电气

（一）船舶电力系统

船舶电力系统包括船舶电站和船舶电力网两大部分，主要任务是把其他形式的能量转换成电能，并将电能输送、分配给船舶各处用电的电气设备，保证船舶安全可靠供电，如图3-7-83所示。

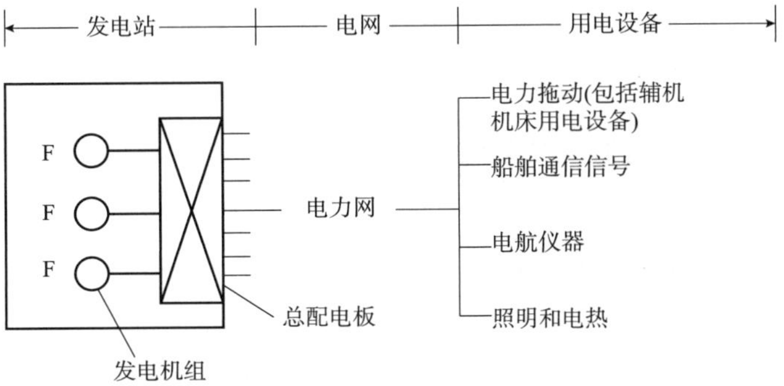

图3-7-83　船舶电力系统

1.船舶电站

船舶电站是产生并连续供应全船电能的设备，因此是船舶电力系统的核心部分。

为使船舶在不同工况下，如航行、作业、停泊、应急等情况，能连续、可靠、经济、合理地进行供电，舰船上常常配置多种电站。船舶电站的种类及其作用见表3–7–4。

表3–7–4　船舶电站的种类及其作用

种类	作用
主电站	正常情况下向全船供电
停泊电站	在停泊状态又无岸电供应时，向停泊船舶的用电负载供电的电站，容量较小
应急电站	在应急情况下，为保证船舶安全所必需的负载供电的电站
特殊电站或专用电站	向全船无线电通信设备、各种助航机械设备（雷达、测向仪、测深仪等）、船内通信设备（电话、广播等）以及信号报警系统供电的电源。这类用电设备的特点是耗电量不大，但对供电电源的电压、频率、稳压和稳频的性能有特殊的要求

2.船舶电力网

船舶电能从主配电板和应急配电板等通过电缆传输，经过中间的分配电装置（区配电板、分配电箱等）送到用电设备，形成的电力输电网络即为船舶电力网（亦称船舶输电网）。依船舶负载性质和数量不同，可直接从主配电板或应急配电板供电，也可由区配电板、分配电箱供电。

（二）船舶电力驱动的辅助机械设备

为保证船舶的正常航行、正常作业、船员日常工作和生活的需要，船舶上应设有各种辅助机械，这些机械有的用蒸汽作为驱动力，有的用液体作为驱动力，有的用电动机作为驱动力。现代化船舶上大多是由电动机驱动的，电力驱动的船舶辅助机械设备有：

（1）船舶动力装置和船舶系统的辅助机械：泵、风机、空压机、冷藏机和空调装置等。

（2）起锚系缆装置：锚机或起锚系缆绞盘等。

（3）起重装置：起货机、起重机、起艇机等。

（4）舵机装置：电动机械舵机或液压舵机等。

（5）特种装置。

（三）船舶电力推进

船舶电力推进就是采用电动机驱动螺旋桨来推进船舶运行的一种推进方式，其分类见表3–7–5。

表3–7–5　船舶电力推进装置的分类和工作情况

<table>
<tr><th>分类</th><th colspan="2">工作情况</th></tr>
<tr><td>独立电力推进装置</td><td colspan="2">螺旋桨由推进电动机带动，是常用的电力推进方式。主发电机除供电给推进电动机外，有时也供电给船舶电网使用</td></tr>
<tr><td rowspan="4">联合电力推进装置</td><td rowspan="4">螺旋桨由电动机和柴油机联合推进</td><td>螺旋桨由推进电动机带动（主机螺旋桨脱开），作低速运行</td></tr>
<tr><td>螺旋桨由主机带动（电动机脱开）</td></tr>
<tr><td>螺旋桨由主机与推进电动机共同带动，作高速运行</td></tr>
<tr><td>在航行时推进电动机由主轴带动，发电机运行，发电给电网</td></tr>
</table>

续表

分类	工作情况
辅助电力推进装置	主发电机用来供电给主要工作机械，而在航行时，主要工作机械不工作，主发电机供电给推进电动机，推进船舶。这种装置主要用于自航式起重船、挖泥船、水上各种工程船舶等
特殊电力推进装置	主机工作时，除带动螺旋桨外，还带动推进电动机，推进电动机实际上用作轴带发电机，供电给蓄电池充电；主机不工作时，由蓄电池供电给推进电动机
主动舵电力推进装置	为了获得良好的船舶低速回转性能，可在舵板内装设潜水电动机，由电网供电后带动一个小螺旋桨

（四）船舶电气照明

船舶是一座移动的现代化城市，由于它是一个封闭整体（特别是潜艇），大多数舱室是没有阳光照射的，因此离不开电气照明。

1.船舶照明电光源

船舶照明电光源主要包括：

（1）热辐射光源，如白炽灯、卤钨灯。

（2）气体放电光源，如荧光灯、高压汞灯、高压钠灯、金属卤化物灯和汞氖灯等，这种光源需高压点燃装置和限制放电电流装置。

2.船舶灯具形式

1）保护式

用于干燥的舱室，有透光灯罩，可防尘，避免直接触及带电部分。如船员和旅客的居住休息舱室、餐厅、安装通信导航设备的驾驶室、海图室、内走道等处。

2）防水式

光源被透光灯罩等密封，灯体与灯罩之间有密封垫圈，防滴、防溅、防水汽、防海浪冲击等。用于有潮湿、水溅、蒸汽侵害的场所，如机舱、炉舱、货舱、冷藏舱、厨房、浴室、厕所、盥洗室、修理室、控制室、储藏室等，露天甲板和外走道处也采用防水式。

3）防爆式

透明灯罩与灯座间用法兰连接，法兰间有隔爆间隙，气体在灯内发生爆炸时，从间隙外泄的气体经法兰隔爆面的充分冷却，不会引起外部混合气体的爆炸。用于装有易燃性物体和有爆炸气体产生的舱室，如蓄电池室、煤舱、油柜舱、灯间、油漆间及油轮上第二类舱室，如油泵舱、油舱上面空间等处。

3.船舶航行灯与信号灯

船舶航行灯及信号灯是船舶照明系统中的一个独立部分，是保证船舶安全航行的重要设备之一。这些灯的光源均为白炽灯，有单丝的、双丝的，其功率根据照明规定有60W、40W、25W等，不同类别的航行灯，其照明器的数量、安装位置、安装高度、颜色、可见的光弧角度和可见距离等都有一定的要求。

（五）船舶通信与导航设备

1.船舶通信设备

船舶通信包括内部通信和外部通信。内部通信主要通过有线通信手段，外部通信主要通过无线电通信手段，见表3-7-6。

表3-7-6　船舶通信设备

类型		用途	组成与安装位置
内部电话通信系统	航行电话通信系统	驾驶室与航行有关部位间进行指挥通话使用的，是保证船舶安全航行的联络通信	一般采用共电式电话设备，总机安装在驾驶室内，分机电话安装在各有关部位，如主机舱、辅机舱、应急发电机舱、广播室、报务室、船长室、轮机长室等
	对讲电话通信系统	是两个重要工作部位之间的专用电话，是保证快速通话联络的通信	一般采用共电式电话设备。需要装设对讲电话通信的有驾驶室-机舱、驾驶室-舵机舱、驾驶室，或海图室-二氧化碳站、机舱-轮机长室等
	日用电话通信系统	是为了舱室日常工作和生活联络通话而设置的	一般采用自动电话系统，用户可与任何一个用户通话，通常电话总机安装在总机室或通道内，位于负荷中心，分机电话安装在各工作舱室（如海图室、医务室、广播室、报务室等）和生活居住室（如船长室、轮机长室、大副室、二副室、大管轮室、二管轮室、事务员室、理货员室等）。必须保证船长室、政委室优先通话
	对岸电话通信系统	是为了船舶停靠码头时，能与岸上用户进行联络通话而设置的	对岸电话安装在值班室或理货员室，与岸上接线用的插座安装在上甲板左右舷
船舶无线电通信系统		《国际无线电规则》对通信方法作了具体规定，岸台和船舶电台都有自己特定的呼号。常用业务方式有电报、电话两种	
船舶卫星通信系统		卫星通信也广泛应用于船舶通信。当陆地和船舶上都装有卫星通信终端时，可通过通信卫星把不同地方的通信信号联系起来	

2.导航设备

船舶通过导航设备能够了解、观察外部环境，保证船舶准确安全航行，导航设备主要有磁罗经、陀螺罗经、雷达、测深仪、无线电测向仪、自动操舵仪、计程仪、无线电定位系统、卫星导航接收机、自动避碰装置等。

磁罗经是利用地球磁场，取得向位基准，测出船舶航向或目标方位的一种仪器。按构造来分有台式、桌式、移动式、反映式四种。使用磁罗经时必须首先进行修正。误差随时间、地点、航向而变化，误差修正比较复杂，但磁罗经具有结构简单、不依赖电源、不易损坏、价格低廉等优点。

陀螺罗经是一种以陀螺仪为核心元件，指示船舶航向的导航仪器。作用与磁罗经相同，但精度高，不受地球磁场和铁磁物质的影响，是船舶指示航向基准的主要设备。

自动操舵仪。船舶在水面或水下航行，主要是依靠方向舵和水平舵来控制航向和深度。自动操舵仪能代替舵手操舵，保证船舶自动跟踪指令、航向和深度，达到自动保持与改变航向或深度的目的。自动操舵仪不仅可以减轻舵手的劳动，而且在远航时，在相同的航行条件下可以减少偏航次数，降低偏航值和偏舵角，因而可提高实际航速，缩短航程和航行时间，节省燃料，提高航行的经济效益。

回声测深仪用于测量船舶所处位置的水深并发现水中障碍物，以保证船舶安全航行。当船舶沿岸航行时，如果无法用比较准确的方法来测定船位，也可利用观测某一物标的方位和根据当时所测得的水深，求出近似船位。回声测深仪除助航外，还可用来进行水底地形的调查，如航道测绘、海图测绘。海洋调查中水深数据都是由精密回声测深仪提供。

无线电测向仪是最早的无线电导航设备，它以岸上两个以上全方向发射的无线电指向标台或无线电广播台的来波方向，来确定船位，也可用于测定发射无线电波的目标所在方位。无线电测向仪虽然在作用距离和定位精度等方面远不如其他一些无线电导航设备，但其测定无线电发射台方位的能力却是独一无二的。

四、船舶系统

船舶系统是指船上除动力系统以外，为输送各种液体和气体所需的一切构件的总称。船舶系统按用途分为：舱底水系统、日用水系统、压载系统、消防系统、通风系统、货油系统等。

（一）舱底水、压载及日用水系统

1.舱底水系统

船舶在运输过程中，由于外板渗漏，舱口盖水密性差，管路渗漏，尾轴套筒和舵杆套筒填料箱的渗漏以及温差引起的湿汽冷凝，都会在舱底形成积水，俗称舱底水。舱底水必须得到及时的排除，否则会使货物受潮变质，使船体结构锈蚀，甚至会危及船舶的安全。排出的方法是在各舱舱底设置集水井，使污水沿污水沟流至集水井内，在集水井处装上吸水过滤器，并与吸水管路相通，当舱底水泵开动时，通过吸水管将舱底水抽出并排至船外。

舱底水系统不但起着排出日常舱底水的作用，当船体因海损破舱进水时，还担负着紧急排出进水的任务。因此，舱底水系统除包括舱底泵、舱底水总管、支管、吸口滤器、分配阀箱、泥箱、污水分油器等设备外，还应备有应急的排水接管，以便在机舱浸水紧急情况下，通过应急排水支管由主循环水泵或主海水冷却泵排水。布置示例如图3-7-84所示。

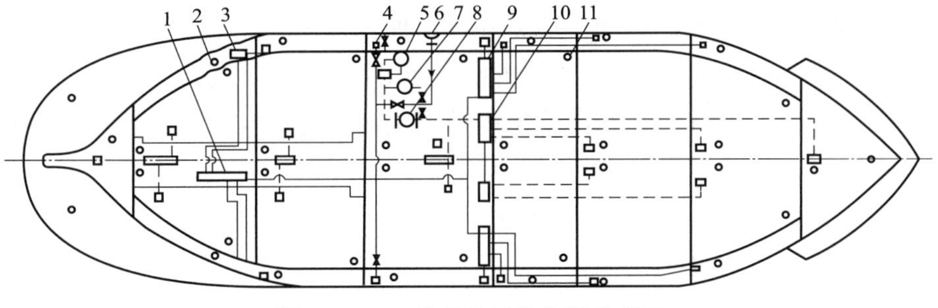

图3-7-84　舱底水系统和压载系统

1—舱底水阀箱；2—测深管；3—舱底水系统吸口；4—压载管系吸口；5—油水分离器；6—通海阀；7—舱底水泵；8—压载水泵；10—调拨阀箱；11—空气管

2. 压载系统

船舶在营运过程中，需要随时调整船舶的浮态、改善船舶的稳性、速航性、操纵性和耐波性。压载系统的作用，就是通过对各压载舱中液体的调拨和吸排完成上述调整任务。

压载系统包括：压载管路、压载水泵、调拨阀箱、测深管、空气管等，如图3-7-84所示。

3. 日用水系统

日用水系统是保证船舶管理和船上人员生活所必需的上、下水道系统。

上水道系统是供水系统，其任务是供给船上饮用水、洗涤水、冲洗用的清水和舷外水。目前，船上有重力式、循环水泵和压力式三种供水方法。

下水道系统是排水系统，其作用是将厕所的粪便水，浴室、洗脸间、厨房等污水，甲板的冲洗水、雨水等排泄至舷外。排水的基本方式有两种：对位置高者，多通过自流方式将污水排出舷外；对位置低者，则往往先将污水排至舱底的专用舱，再利用机械方法将其排出舷外。排水系统除了排除洗濯后的污水、粪便水外，还需排除甲板落水。因此船上应设置卫生水系统、污水系统和甲板落水系统。

（二）消防系统

船舶是水上建筑物，由于建筑、设备、人员集中，每艘船舶都必须配备消防设备和系统，以便在无外援的情况下能够自救。

船上常用的消防系统可分为手提式和固定式两种。手提式灭火系统主要布置在各层甲板及舱室的指定位置，包括灭火器、水桶、砂箱、铁杆和铁钩等；固定式灭火系统是将灭火系统布置在固定场所，用管系接通到各个保护舱室，在灭火时利用阀门控制将大量的灭火剂经管系输送至失火舱室，主要有水灭火系统、蒸汽灭火系统、CO_2灭火系统、泡沫灭火系统和卤化物灭火系统等。

（三）船舶通风系统

通风系统用以排除舱室内的混浊和高温空气，输进外界的新鲜空气，保证船员的工作和生活条件，提供设备正常运转的环境。通风的方式按动力源分为自然通风、机械通风；按空气流向分为送气通风、抽气通风和送、抽综合通风；按通风的范围分为全面和局部通风；按系统的布置情况可分为独立的、分组的和集中的三种。

自然通风是依靠自然界风速和因舱室内外温差而引起的空气密度差，促使舱内空气获得更换的一种通风方式。它主要依靠开孔（门、窗、舱口）和通风筒来完成，常见的通风筒有烟斗式、流吸式、扇形和窗形等形式，通常布置在露天甲板上。图3-7-85为货舱烟斗式通风筒自然通风的情况。

机械通风则是利用通风机、通风管道将舱外新鲜空气送入舱内，或将舱内的污浊空气排出舱外而获得新鲜空气的人工通风方式。

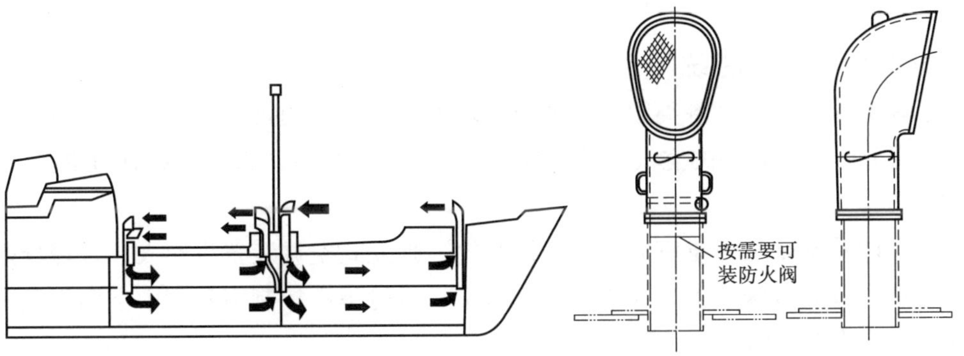

图3-7-85　烟斗式通风筒自然通风

不论是自然通风还是机械通风，都有送气和抽气两种方式。自然通风适用于起居、工作等舱室，机械通风则适用于厨房、厕所、浴室等处。对于对换气率要求较高的机舱、炉舱、餐厅等处，往往是二者结合布置。

（四）供暖系统

为了保证冬季航行舱室的温暖舒适，需设置供暖系统。船上的供暖系统，按工作介质的不同，可分为热水供暖系统、蒸汽供暖系统，以及电热和热风的供暖系统。

热水供暖系统由于管路笨重，热水温度低又不适用于间断供应场所，已极少采用。

蒸汽供暖系统分单管式（蒸汽供给和冷凝水排除在同一根管上）和双管式（蒸汽管路和冷凝水管路）。蒸汽管路需用绝热材料包裹，管路上应按一定长度加设弯管式膨胀弯头，以免管路接头处损坏渗漏。

电热供暖耗电量大，费用昂贵，多作为辅助取暖用具。

热风供暖系统是将暖气和通风系统结合起来的取暖方法。除原有的通风系统外，还需加设空气加热站（多采用蒸汽加热）和温度调节阀等设施。按被加工的空气初态分为：无空气再循环系统、空气再循环系统。

（五）空调与制冷系统

1.空调系统

空调系统的主要作用是将外界空气进行滤尘、加热（冷却）、加湿（干燥）后，再把经过加工处理的空气送至各舱室，使舱室内的空气具有适宜的温度、湿度、纯度和速度，以改善船员和旅客的生活和工作条件以及货舱的运输条件。

船舶空调系统由空气调节器、冷热源系统、泄水管道、空气管道、布风器、自动控制设备等组成。空气调节器是空调系统中的主要设备。

空调系统按其布置方式可分为3类。

1）集中空调系统

多适用于货船和油船的船员集中舱室区。通常将空气在一至三个空气调节器中处理后，送至各舱室。

2）分组集中式空调系统

由于客船的客舱多，各类舱室的调节要求不同，因此通常将邻近的、调节要求相同的房间进行分组，用较多的空气调节器分组进行空气处理后，送至各对应的舱室。

3）独立空调系统

独立空调系统是某个舱室的小型空调系统。独立式空调装置投资大，管理分散，但可满足个别舱室的特殊要求，如电子计算机室、机舱集中控制室和集中空调不能满足要求的其他舱室均常采用。

2.制冷系统

一般船舶安装制冷系统的目的是储藏食物和改善航行中的生活条件，对于专用的冷藏船，还为了满足冷藏运输的需要。

船用制冷的方法有两大类，一是天然冰制冷，二是机械制冷。

由于天然冰制冷量和冷藏室温难以控制，货物也易受潮，因此仅用于某些特殊场合，如水产船的冷库。

目前大多数船均采用机械制冷方式。根据制冷系统工作原理可分为：空气压缩制冷系统、压缩蒸发制冷系统、吸收制冷系统、蒸汽喷射制冷系统等几类。由于制冷剂的不同，主要有氨制冷系统和氟利昂制冷系统两类。

第4章　船型选编

第1节　概述

根据模块运输经验，海洋模块运输船舶主要涉及自航式甲板驳船、无动力甲板驳船、半潜船、拖轮（主要为拖带时使用）、重吊船这几种船型，每种船型适合运输的模块类型不同。在实际运输过程中需要根据项目的具体情况，选择合适的运输船型。本章将对模块运输常用船型下的船舶资源资料做详细的统计，以供读者选用。

第2节　内贸甲板驳

一、4365 DWT甲板驳——盛畅77

4365 DWT甲板驳资料如表4-2-1所示。

表4-2-1　4365 DWT甲板驳资料

船型名称	4365 DWT甲板驳	船型类别	甲板货船
船籍港	舟山		
承造单位	舟山市蓬莱船舶修造有限公司	船级	★CSA ★CSM
船舶所有人	舟山盛畅海运有限公司		
船旗	中国	首制船交船时间	2020年5月9日

主要参数	单位	数据
总长	m	104.98
垂线间长	m	103.00
型宽	m	20
型深	m	5.9
载重量	t	4365
总吨位	t	2994
净吨位	t	1676
航区	—	沿海
营运海区	—	A1+A2
主机功率	kW	350 × 2

续表

主要参数	单位	数据
结构形式	—	纵横混合骨架式
空载吃水	m	3.733
空载排水量	t	1697.250
满载吃水	m	4.000
满载排水量	t	6314
满载水线长	m	104.98

盛畅77船舶照片和盛畅77船舶侧视图及俯视图如图4-2-1、图4-2-2所示。

图4-2-1　盛畅77船舶照片

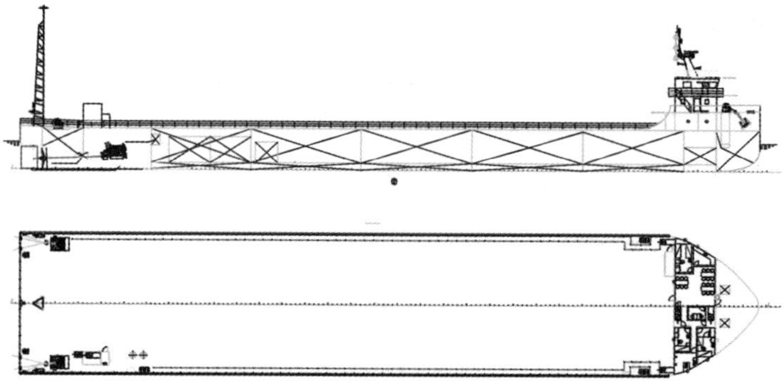

图4-2-2　盛畅77船舶侧视图及俯视图

二、4443 DWT甲板驳——弘翔健顺

4443 DWT甲板驳资料如表4-2-2所示。

表4-2-2　4443 DWT甲板驳资料

船型名称	4443 DWT甲板驳	船型类别	甲板货船
承造单位	台州方兴船业有限公司	船舶识别号	CN20203016616
船舶所有人	舟山市弘翔海运有限公司		
船旗	中国	首制船交船时间	2021年5月10日

续表

主要参数	单位	数据
总长	m	100.00
型宽	m	22.00
型深	m	6.00
载重量	t	4443
结构形式	—	纵横混合骨架式
空载吃水	m	4.140
空载排水量	t	1737.44
满载吃水	m	4.230
满载排水量	t	6391.400
满载水线长	m	100.00

弘翔健顺船舶照片如图4-2-3所示。

图4-2-3　弘翔健顺船舶照片

三、4460 DWT甲板驳——大件捷运

4460 DWT甲板驳资料如表4-2-3所示。

表4-2-3　4460 DWT甲板驳资料

船型名称	4460 DWT甲板驳	船型类别	甲板货船
船舶所有人	船来船往智慧航运有限公司	船舶识别号	CN20203826889
船旗	中国	首制船交船时间	2020年12月16日
主要参数		单位	数据
总长		m	100.00
垂线间长		m	88.50
型宽		m	21.00
型深		m	6.0

续表

主要参数	单位	数据
载重量	t	4460
航区	—	近海
营运海区	—	A1+A2
空载吃水	m	4.136
空载排水量	t	1717.73
满载吃水	m	4.230
满载排水量	t	6391.4
满载水线长	m	100.00

大件捷运船舶照片如图4-2-4所示。

图4-2-4 大件捷运船舶照片

四、4490 DWT甲板驳——恒基88/89

4490 DWT甲板驳资料如表4-2-4所示。

表4-2-4 4490 DWT甲板驳资料

船型名称	4490 DWT甲板驳	船型类别	甲板货船
承造单位	台州华吉船业有限公司	船舶识别号	CN20208317224
船舶所有人	浙江恒基海运有限公司等		
船旗	中国	首制船交船时间	2021年5月14日
主要参数		单位	数据
总长		m	112.80
型宽		m	24.00
型深		m	6.60
载重量		t	4490
结构形式		—	纵横混合骨架式

续表

主要参数	单位	数据
空载吃水	m	3.704
空载排水量	t	2829.26
满载吃水	m	4.100
满载排水量	t	8275.700
满载水线长	m	112.80

恒基88/89船舶照片如图4-2-5所示。

图4-2-5　恒基88/89船舶照片

五、4500 DWT甲板驳——盛畅37

4500 DWT甲板驳资料如表4-2-5所示。

表4-2-5　4500 DWT甲板驳资料

船型名称	4500 DWT甲板驳	船型类别	载驳船
船籍港	舟山	船舶识别号	CN20075085504
承造单位	湖北监利荆江造船有限责任公司	船级	★CSAD ★CSMD
船舶所有人	舟山盛畅海运有限公司		
船旗	中国	首制船交船时间	2008年11月25日
主要参数		单位	数据
总长		m	106.58
垂线间长		m	95.00
型宽		m	21.00
型深		m	5.80
载重量		t	4500
总吨位		t	3243
净吨位		t	1816
航区		—	近海

续表

主要参数	单位	数据
营运海区	—	A1+A2
主机功率	kW	1103 × 2
结构形式	—	纵横混合骨架式
空载吃水	m	2.727
空载排水量	t	2058.220
满载排水量	t	7454.800
满载水线长	m	98.28

盛畅37船舶照片如图4-2-6所示。

图4-2-6 盛畅37船舶照片

六、4632 DWT甲板驳——锦弘东升

4632 DWT甲板驳资料如表4-2-6所示。

表4-2-6 4632 DWT甲板驳资料

船型名称	4632 DWT甲板驳	船型类别	甲板货船
承造单位	舟山市蓬莱船舶修造有限公司	船舶识别号	CN20156647198
船舶所有人	舟山锦弘海运有限公司等		
船旗	中国	首制船交船时间	2016年1月29日

主要参数	单位	数据
总长	m	116.00
型宽	m	16.00
型深	m	6.20
载重量	t	4632
航区	—	近海
营运海区	—	A1+A2
结构形式	—	混合骨架式
空载吃水	m	2.968

续表

主要参数	单位	数据
空载排水量	t	2033.700
满载吃水	m	4.500
满载排水量	t	6813.300
满载水线长	m	112.50

锦弘东升船舶照片如图4-2-7所示。

图4-2-7　锦弘东升船舶照片

七、4745 DWT甲板驳——新润15

4745 DWT甲板驳资料如表4-2-7所示。

表4-2-7　4745 DWT甲板驳资料

船型名称	4745 DWT甲板驳	船型类别	甲板货船
船籍港	天津	船舶识别号	CN20145415601
承造单位	舟山市招宝船舶修造有限公司	船级	★CSA ★CSM
船舶所有人	天津麦道科技有限公司		
船旗	中国	首制船交船时间	2015年7月6日
主要参数		单位	数据
总长		m	88.60
垂线间长		m	83.80
型宽		m	22.00
型深		m	6.20
载重量		t	4745
航区		—	远海
营运海区		—	A1+A2+A3
结构形式		—	纵横混合骨架式
空载吃水		m	3.880
空载排水量		t	1945.530

续表

主要参数	单位	数据
满载吃水	m	4.700
满载排水量	t	7127.500
满载水线长	m	83.86

新润15船舶照片如图4-2-8所示。

图4-2-8　新润15船舶照片

八、4862 DWT甲板驳——盛畅7

4862 DWT甲板驳资料如表4-2-8所示。

表4-2-8　4862 DWT甲板驳资料

船型名称	4862 DWT甲板驳	船型类别	甲板货船
船籍港	舟山	船舶识别号	CN20147758208
承造单位	连云港五洲船舶重工有限公司	船级	★CSAD
船舶所有人	舟山盛畅海运有限公司		
船旗	中国	首制船交船时间	2014年12月16日

主要参数	单位	数据
总长	m	99.80
垂线间长	m	95.40
型宽	m	22.00
型深	m	5.40
吃水	m	4.05
载重量	t	4862
总吨位	t	2988
净吨位	t	1673
航区	—	远海
营运海区	—	A1+A2
主机功率	kW	1103×2

续表

主要参数	单位	数据
结构形式	—	纵横混合骨架式
空载吃水	m	2.932
空载排水量	t	1763.008
满载排水量	t	6837.500
满载水线长	m	94.55

盛畅7船舶照片如图4-2-9所示。

图4-2-9　盛畅7船舶照片

九、4900 DWT甲板驳——至宪10

4900 DWT甲板驳资料如表4-2-9所示。

表4-2-9　4900 DWT甲板驳资料

船型名称	4900 DWT甲板驳	船型类别	甲板驳
船籍港	上海		
船旗	中国		
主要参数		单位	数据
总长		m	102.60
垂线间长		m	95.80
型宽		m	21.00
型深		m	6.00
吃水		m	4.55
载重量		t	4900
总吨位		t	3378
净吨位		t	1981
航区		—	近海
主机功率		kW	1103 × 2

续表

主要参数	单位	数据
结构形式	—	纵横混合骨架式
空载吃水	m	3.09
空载排水量	t	2009
满载排水量	t	7110
满载水线长	m	93.22

至宪10船舶总布置侧面图及俯视图如图4-2-10所示。

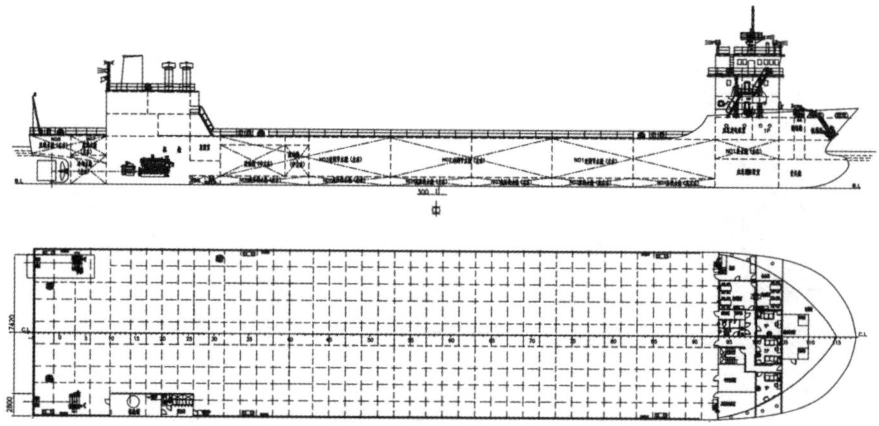

图4-2-10　至宪10船舶总布置侧面图及俯视图

十、5050 DWT甲板驳——奥海6

5050 DWT甲板驳资料如表4-2-10所示。

表4-2-10　5050 DWT甲板驳资料

船型名称	5050 DWT甲板驳	船型类别	甲板货船
船籍港	常州	船舶识别号	CN20138509687
承造单位	连云港五洲船舶重工有限公司	船级	★CSAD ★CSMD
船舶所有人	常州市奥海航运有限公司		
船旗	中国	首制船交船时间	2013年7月26日

主要参数	单位	数据
总长	m	87.90
垂线间长	m	82.08
型宽	m	21.80
型深	m	6.00
吃水	m	4.612
载重量	t	5050
总吨位	t	2970
净吨位	t	1663

续表

主要参数	单位	数据
主机功率	kW	1103 × 2
航区	—	近海
营运海区	—	A1+A2
结构形式	—	纵横混合骨架式
公众通信类别	—	CP

奥海6船舶照片如图4-2-11所示。

图4-2-11　奥海6船舶照片

十一、5143 DWT甲板驳——顺强荣耀1

5143 DWT甲板驳资料如表4-2-11所示。

表4-2-11　5143 DWT甲板驳资料

船型名称	5143 DWT甲板驳	船型类别	甲板货船
船籍港	芜湖	船舶识别号	CN20145374413
承造单位	靖江南洋船舶制造有限公司	船级	★CSA ★CSM
船舶所有人	安徽省群发航运有限公司		
船旗	中国	首制船交船时间	2015年4月21日
主要参数		单位	数据
总长		m	94.9
型宽		m	20.8
型深		m	5.6
载重量		t	5143
总吨位		t	2888
净吨位		t	1617
航区		—	近海
营运海区		—	A1+A2
结构形式		—	纵横混合骨架式

续表

主要参数	单位	数据
空载吃水	m	2.760
空载排水量	t	1728.940
满载吃水	m	4.200
满载排水量	t	6871.700
满载水线长	m	91.92

顺强荣耀1船舶照片如图4-2-12所示。

图4-2-12　顺强荣耀1船舶照片

十二、5410 DWT甲板驳——航海之悦

5410 DWT甲板驳资料如表4-2-12所示。

表4-2-12　5410 DWT甲板驳资料

船型名称	5410 DWT甲板驳	船型类别	多用途船
船籍港	芜湖		
承造单位	仪征市金龙造船厂	船舶识别号	CN20161221545
船旗	中国	首制船交船时间	2016年9月7日
主要参数		单位	数据
总长		m	95.00
垂线间长		m	87.90
型宽		m	22.00
型深		m	5.60
吃水		m	4.20
载重量		t	5410
总吨位		t	2971
净吨位		t	1663

续表

主要参数	单位	数据
航区	—	近海
营运海区	—	A1+A2
主机功率	kW	882 × 2
结构形式	—	纵横混合骨架式
空载吃水	m	3.32
空载排水量	t	1549
满载排水量	t	7001
满载水线长	m	90.60

航海之悦船舶照片如图4-2-13所示。

图4-2-13　航海之悦船舶照片

十三、6460 DWT甲板驳——永裕大件

6460 DWT甲板驳资料如表4-2-13所示。

表4-2-13　6460 DWT甲板驳资料

船型名称	6460 DWT甲板驳	船型类别	甲板货船
船籍港	芜湖		
承造单位	仪征市宏江船舶修造厂	船舶识别号	CN20092010998
船旗	中国	首制船交船时间	2010年4月12日

主要参数	单位	数据
总长	m	110.80
垂线间长	m	102.20
型宽	m	24.50
型深	m	6.00
吃水	m	4.20
载重量	t	6460
总吨位	t	4384

续表

主要参数	单位	数据
净吨位	t	2455
航区	—	近海
营运海区	—	A1+A2
主机功率	kW	1323 × 2
结构形式	—	纵横混合骨架式
空载吃水	m	3.32
空载排水量	t	1549
满载排水量	t	7001
满载水线长	m	90.60

永裕大件船舶照片如图4-2-14所示。

图4-2-14　永裕大件船舶照片

十四、6600 DWT甲板驳——友建吉祥

6600 DWT甲板驳资料如表4-2-14所示。

表4-2-14　6600 DWT甲板驳资料

船型名称	6600 DWT甲板驳	船型类别	甲板货船
船舶所有人	台州市巨建船务有限公司	船舶识别号	CN20210299392
船旗	中国	首制船交船时间	2021年9月6日
主要参数		单位	数据
总长		m	109.00
型宽		m	22.00
型深		m	6.25
载重量		t	6600
结构形式		—	纵横混合骨架式
空载吃水		m	3.246
空载排水量		t	2343.661
满载吃水		m	4.500
满载排水量		t	9184.700
满载水线长		m	106.51

友建吉祥船舶照片如图4-2-15所示。

图4-2-15 友建吉祥船舶照片

十五、7302 DWT甲板驳——国燕之星1

7302 DWT甲板驳资料如表4-2-15所示。

表4-2-15 7302 DWT甲板驳资料

船型名称	7302 DWT甲板驳	船型类别	甲板货船
船籍港	芜湖		
承造单位	仪征市新扬船舶制造有限公司	船舶识别号	CN20136096741
船旗	中国	首制船交船时间	2014年7月22日
主要参数		单位	数据
总长		m	106.00
垂线间长		m	100.60
型宽		m	25.00
型深		m	6.60
吃水		m	4.60
载重量		t	7302
甲板载荷		t/m^2	20
总吨位		t	5483
净吨位		t	3070
航区		—	近海
营运海区		—	A1+A2
主机功率		kW	1103 × 2
结构形式		—	纵横混合骨架式
空载吃水		m	2.60
空载排水量		t	1899
满载排水量		t	9650
满载水线长		m	103.00

国燕之星1船舶照片如图4-2-16所示。

图4-2-16　国燕之星1船舶照片

十六、7469 DWT甲板驳——鸿德吉祥&鸿德如意

7469 DWT甲板驳资料如表4-2-16所示。

表4-2-16　7469 DWT甲板驳资料

船型名称	7469 DWT甲板驳	船型类别	甲板货船
船籍港	舟山	船舶识别号	CN20210284122
承造单位	舟山市和泰船舶修造有限公司		
船舶所有人	浙江德丰升海运有限公司		
船旗	中国	首制船交船时间	2022年6月22日
主要参数		单位	数据
总长		m	115.04
垂线间长		m	112.00
型宽		m	24.00
型深		m	7.00
载重量		t	7469
总吨位		t	4760
净吨位		t	2665
航区		—	近海
主机功率		kW	1471 × 2
结构形式		—	纵横混合骨架式
空载吃水		m	4.041
空载排水量		t	2519.950
满载吃水		m	5.150
满载排水量		t	11103.900
满载水线长		m	115.04

鸿德吉祥&鸿德如意船舶照片如图4-2-17所示。

图4-2-17　鸿德吉祥&鸿德如意船舶照片

十七、7864 DWT甲板驳——苏宁58

7864 DWT甲板驳资料如表4-2-17所示。

表4-2-17　7864 DWT甲板驳资料

船型名称	7864 DWT甲板驳	船型类别	甲板货船
承造单位	张家港市长明造船有限公司	船级	ZC
船旗	中国	首制船交船时间	2011年2月26日
主要参数		单位	数据
总长		m	108.00
垂线间长		m	99.80
型宽		m	28.00
型深		m	7.28
吃水		m	5.00
载重量		t	7864
甲板载荷		t/m^2	11
甲板载货面积		m^2	90 × 28
调载能力		t/hr	2080
平均航速		n mile/h	12
航区		—	近海
营运海区		—	A1+A2
结构形式		—	纵横混合骨架式
空载吃水		m	3.93
空载排水量		t	9124
满载排水量		t	11927
满载水线长		m	103.10

苏宁58船舶照片如图4-2-18所示。

图4-2-18　苏宁58船舶照片

十八、8000 DWT甲板驳——航海之源

8000 DWT甲板驳资料如表4-2-18所示。

表4-2-18　8000 DWT甲板驳资料

船型名称	8000 DWT甲板驳	船型类别	甲板驳船
设计单位	上海船舶运输科技研究所		
承造单位	惠州市金桥船舶修造有限公司	船级	★CSA
船旗	中国	首制船交船时间	2015年1月9日
主要参数		单位	数据
总长		m	104.00
垂线间长		m	151.00
型宽		m	57.00
型深		m	8.40
吃水		m	2.727
肋距		m	2.50
载重量		t	8000
总吨位		t	10843
净吨位		t	3253
空载排水量		t	6104
满载排水量		t	25122
营运海区		—	A1+A2
结构形式		—	纵横混合骨架式
空载吃水		m	2.63

航海之源船舶照片如图4-2-19所示。

图4-2-19　航海之源船舶照片

十九、8200 DWT甲板驳——信良领航

8200 DWT甲板驳资料如表4-2-19所示。

表4-2-19　8200 DWT甲板驳资料

船型名称	8200 DWT甲板驳	船型类别	甲板货船
设计单位	扬州海翔船舶科技有限公司		
承造单位	镇江振兴海洋船厂		
船旗	中国	首制船交船时间	2016年8月
主要参数		单位	数据
总长		m	113.90
垂线间长		m	99.80
型宽		m	27.30
型深		m	7.00
吃水		m	5.10
载重量		t	8200
甲板载荷		t/m^2	10
总吨位		t	5224
净吨位		t	2925
甲板载货面积		m^2	97 × 25
淡水量		t	500
燃油量		t	550
调载能力		t/hr	900
平均航速		n mile/h	9.5
主机功率		kW	1407 × 2
航区		—	近海

信良领航船舶照片如图4-2-20所示。

图4-2-20　信良领航船舶照片

二十、8211 DWT甲板驳——富海源

8211 DWT甲板驳资料如表4-2-20所示。

表4-2-20　8211 DWT甲板驳资料

船型名称	8211 DWT甲板驳	船型类别	甲板货船
设计单位	扬州海翔船舶科技有限公司		
承造单位	南通市通宝船舶有限公司		
船旗	中国	首制船交船时间	2016年11月9日
主要参数		单位	数据
总长		m	113.90
垂线间长		m	99.80
型宽		m	27.30
型深		m	7.00
吃水		m	5.10
载重量		t	8211
总吨位		t	5234
净吨位		t	2931
主机功率		kW	1470 × 2
航区		—	近海
营运海区		—	A1+A2
结构形式		—	纵横混合骨架式
空载排水量		t	2701.707
满载排水量		t	11810.1
空载吃水		m	3.171
满载水线长		m	104.03

富海源船舶照片如图4-2-21所示。

图4-2-21　富海源船舶照片

二十一、9935 DWT甲板驳——越泷蓝天/蓝海

9935 DWT甲板驳资料如表4-2-21所示。

表4-2-21　9935 DWT甲板驳资料

船型名称	9935 DWT甲板驳	船型类别	甲板货船
船籍港	芜湖	船舶识别号	CN20219724684
承造单位	江苏华泰船业有限公司		
船舶所有人	安徽易坤海运有限公司		
船旗	中国	首制船交船时间	2023年2月24日

主要参数	单位	数据
总长	m	115.90
垂线间长	m	110.76
型宽	m	27.80
型深	m	7.80
载重量	t	9935
总吨位	t	6389
净吨位	t	3577
航区	—	近海
主机功率	kW	1545 × 2
结构形式	—	双底单舷混合骨架式
空载吃水	m	4.913
空载排水量	t	4155.959
满载吃水	m	5.700
满载排水量	t	15004.3
满载水线长	m	113.76

越泷蓝天/蓝海总布置侧面图及俯视图如图4-2-22所示。

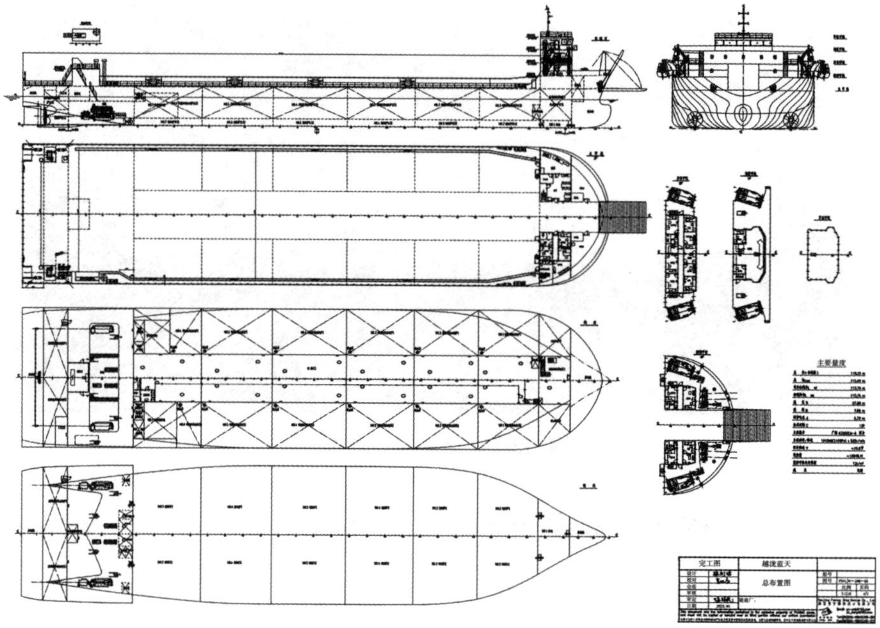

图4-2-22　越泷蓝天/蓝海总布置侧面图及俯视图

二十二、10000 DWT甲板驳——海澄168

10000 DWT甲板驳资料如表4-2-22所示。

表4-2-22　10000 DWT甲板驳资料

船型名称	10000 DWT甲板驳	船型类别	甲板货船
船旗	中国		

主要参数	单位	数据
总长	m	128.00
设计水线长	m	124.10
垂线间长	m	120.40
型宽	m	25.00
型深	m	7.50
吃水	m	5.40
载重量	t	10000
甲板载荷	t/m^2	12
平均航速	n mile/h	11
航区	—	近海
船员人数	人	23
主机动力	HP	6000
满载排水量	t	14811

海澄168船舶照片如图4-2-23所示。

图4-2-23　海澄168船舶照片

二十三、10500 DWT甲板驳——久通远洋

10500 DWT甲板驳资料如表4-2-23所示。

表4-2-23　10500 DWT甲板驳资料

船型名称	10500 DWT甲板驳	船型类别	甲板驳
船籍港	芜湖	船舶识别号	CN20219933418
承造单位	连云港五洲船舶重工有限公司	船级	CCS
船舶所有人	安徽久通航运有限公司		
船旗	中国	首制船交船时间	2022年2月25日
主要参数		单位	数据
总长		m	125.18
垂线间长		m	120.80
型宽		m	28.00
型深		m	7.00
载重量		t	10500
总吨位		t	6719
净吨位		t	3762
航区		—	近海
主机功率		kW	1471 × 2
结构形式		—	纵横混合骨架式
空载吃水		m	3.955
空载排水量		t	3697.232
满载吃水		m	5.000
满载排水量		t	15152.900
满载水线长		m	123.20

久通远洋船舶照片如图4-2-24所示。

图4-2-24　久通远洋船舶照片

二十四、11570 DWT甲板驳——星秀传奇

11570 DWT甲板驳资料如表4-2-24所示。

表4-2-24　11570 DWT甲板驳资料

船型名称	11570 DWT甲板驳	船型类别	甲板货船
设计单位	扬州海翔船舶科技有限公司		
承造单位	仪征市金龙造船厂	船舶识别号	CN20152924418
船旗	中国	首制船交船时间	2015年12月4日

主要参数	单位	数据
总长	m	115.00
垂线间长	m	99.90
型宽	m	35.00
型深	m	7.50
吃水	m	5.50
载重量	t	11570
总吨位	t	6991
净吨位	t	3914
主机功率	kW	1998 × 2
满载排水量	t	16139.5
航区	—	近海
营运海区	—	A1+A2
结构形式	—	纵横混合骨架式
空载吃水	m	4.22
空载排水量	t	3591
满载排水量	t	16139.5
满载水线长	m	104.10

星秀传奇船舶照片如图4-2-25所示。

图4-2-25　星秀传奇船舶照片

二十五、11993 DWT甲板驳——尧舜鸿远

11993 DWT甲板驳资料如表4-2-25所示。

表4-2-25　11993 DWT甲板驳资料

船型名称	11993 DWT甲板驳	船型类别	甲板货船
船籍港	芜湖	船舶识别号	CN20219160066
承造单位	江苏正屿船舶重工有限公司	船级	★CSA ★CSM
船舶所有人	安徽尧舜航运有限公司		
船旗	中国	首制船交船时间	2023年2月7日

主要参数	单位	数据
总长	m	129.90
垂线间长	m	126.80
型宽	m	28.00
型深	m	7.80
载重量	t	11993
总吨位	t	7455
净吨位	t	4174
航区	—	近海
主机功率	kW	1470×2
结构形式	—	纵横混合骨架式
空载吃水	m	3.932
空载排水量	t	3947.301
满载吃水	m	5.475
满载排水量	t	16320.100
满载水线长	m	129.90

尧舜鸿远船舶照片如图4-2-26所示。

图4-2-26　尧舜鸿远船舶照片

二十六、14000 DWT甲板驳——通久金海洋

14000 DWT甲板驳资料如表4-2-26所示。

表4-2-26　14000 DWT甲板驳资料

船型名称	14000 DWT甲板驳	船型类别	甲板驳
承造单位	扬州海翔船舶科技有限公司	船旗	中国
主要参数		单位	数据
总长		m	140.80
垂线间长		m	132.10
型宽		m	32.00
型深		m	8.20
载重量		t	14000
航区		—	近海
冰区		—	B级
主机功率		kW	1471 × 2
满载吃水		m	5.80
满载水线长		m	134.80

通久金海洋船舶照片如图4-2-27所示。

图4-2-27　通久金海洋船舶照片

二十七、14288 DWT甲板驳——好望达169

14288 DWT甲板驳资料如表4-2-27所示。

表4-2-27　14288 DWT甲板驳资料

船型名称	14288 DWT甲板驳	船型类别	甲板货船
船籍港	连云港	船舶识别号	CN20206587353
承造单位	江苏勤丰船业有限公司		
船旗	中国	首制船交船时间	2021年9月14日

主要参数	单位	数据
总长	m	133.00
垂线间长	m	124.30
型宽	m	32.00
型深	m	8.20
载重量	t	14288
总吨位	t	9256
净吨位	t	5183
航区	—	近海
主机功率	kW	1471 × 2
结构形式	—	纵横混合骨架式
空载吃水	m	4.830
空载排水量	t	5158.313
满载吃水	m	5.900
满载排水量	t	20750.300
满载水线长	m	127.00

好望达169船舶照片如图4-2-28所示。

图4-2-28　好望达169船舶照片

二十八、16000 DWT甲板驳——领军荣耀

16000 DWT甲板驳资料如表4-2-28所示。

表4-2-28　16000 DWT甲板驳资料

船型名称	16000 DWT甲板驳	船型类别	甲板驳
船旗	中国	船舶识别号	CN20210861830
主要参数		单位	数据
总长		m	141.10
型宽		m	37.54
型深		m	8.50
载重量		t	16000
总吨位		t	12464
净吨位		t	6979
主机功率		kW	4854

领军荣耀船舶照片如图4-2-29所示。

图4-2-29　领军荣耀船舶照片

二十九、16812 DWT甲板驳——灏锟发展

16812 DWT甲板驳资料如表4-2-29所示。

表4-2-29　16812 DWT甲板驳资料

船型名称	16812 DWT甲板驳	船型类别	干货船
船籍港	平潭	船舶识别号	CN20155704959
承造单位	仪征宏江船舶修造厂		
船舶所有人	上海融合电科融资租赁有限公司		
船旗	中国	首制船交船时间	2016年4月7日
主要参数		单位	数据
总长		m	149.80
垂线间长		m	138.10
型宽		m	33.00

续表

主要参数	单位	数据
型深	m	8.60
载重量	t	16812
航区	—	近海
主机功率	kW	4854
结构形式	—	纵横混合骨架式
空载吃水	m	4.280
满载吃水	m	5.900
满载排水量	t	22777.100
满载水线长	m	140.50

灏锟发展船舶照片如图4-2-30所示。

图4-2-30　灏锟发展船舶照片

三十、18000 DWT甲板驳——汇宗海

18000 DWT甲板驳资料如表4-2-30所示。

表4-2-30　18000 DWT甲板驳资料

船型名称	18000 DWT甲板驳	船型类别	甲板驳
船旗	中国	首制船交船时间	2016年2月
主要参数		单位	数据
总长		m	152.40
型宽		m	33.00
型深		m	8.60
吃水		m	5.90
载重量		t	18000
甲板载荷		t/m^2	20
总吨位		t	10743
净吨位		t	6016
甲板载货面积		m^2	130 × 30
淡水量		t	2400

续表

主要参数	单位	数据
燃油量	t	2000
调载能力	t/hr	1800
平均航速	n mile/h	10.5
主机功率	kW	2206 × 2
航区	—	近海
结构形式	—	纵横混合骨架式
空载吃水	m	2.76
空载排水量	t	3245
满载排水量	t	7664
满载水线长	m	76.22

汇宗海船舶照片如图4-2-31所示。

图4-2-31　汇宗海船舶照片

三十一、19018 DWT无动力驳船——振驳19

19018 DWT无动力驳船资料如表4-2-31所示。

表4-2-31　19018 DWT无动力驳船资料

船型名称	19018 DWT无动力甲板驳船	船型类别	无动力甲板驳船
设计单位	上海船舶运输科技研究所		
承造单位	南通市通德船舶修造有限公司	船级	★CSA
船旗	中国	首制船交船时间	2007年11月22日

主要参数	单位	数据
总长	m	128.36
垂线间长	m	128.00
型宽	m	40.00
型深	m	7.50
吃水	m	5.00

续表

主要参数	单位	数据
肋距	m	2.50
载重量	t	19018
总吨位	t	10843
净吨位	t	3253
空载排水量	t	6104
满载排水量	t	25122
营运海区	—	A1+A2
结构形式	—	纵横混合骨架式
空载吃水	m	2.63

振驳19总布置侧面图及俯视图如图4-2-32所示。

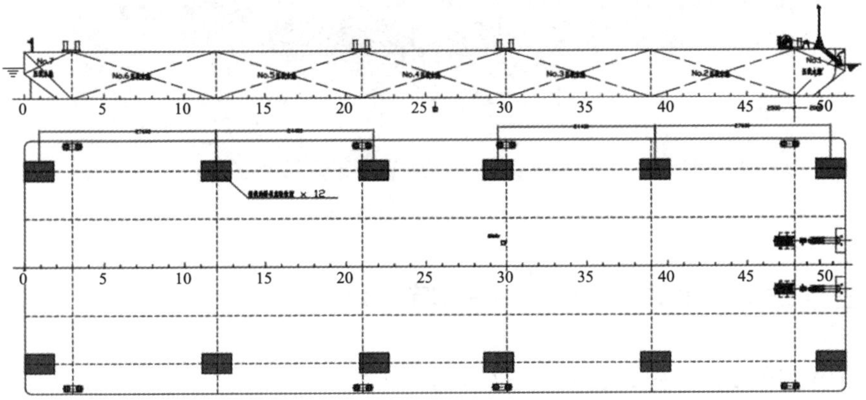

图4-2-32　振驳19总布置侧面图及俯视图（单位：m）

三十二、19900 DWT无动力驳船——船政驳1

19900 DWT无动力驳船资料如表4-2-32所示。

表4-2-32　19900 DWT无动力驳船资料

船型名称	19900 DWT无动力甲板驳船	船籍港	福州
承造单位	福建省马尾造船股份有限公司	船级	★CSA ★CSM
船舶所有人	福建省马尾造船股份有限公司		
船旗	中国	首制船交船时间	2021年2月5日

主要参数	单位	数据
总长	m	126.6
垂线间长	m	126.6
型宽	m	42
型深	m	7.5

续表

主要参数	单位	数据
载重量	t	19900
总吨位	t	11377
净吨位	t	3413
航区	—	近海

船政驳1船舶照片如图4-2-33所示。

图4-2-33　船政驳1船舶照片

三十三、25003 DWT甲板驳——中宇188

25003 DWT甲板驳资料如表4-2-33所示。

表4-2-33　25003 DWT甲板驳资料

船型名称	25003 DWT甲板驳	船型类别	甲板货船
船籍港	泰州		
承造单位	福建恒生船舶重工有限公司	船级	★CSA ★CSM
船舶所有人	中宇远洋海运有限公司		
船旗	中国	首制船交船时间	2022年12月20日

主要参数	单位	数据
总长	m	165.00
垂线间长	m	159.40
型宽	m	42.00
型深	m	9.28
载重量	t	25003
总吨位	t	18021
净吨位	t	5406
主机功率	kW	2980 × 2
满载吃水	m	6.30

中宇188船舶照片如图4-2-34所示。

图4-2-34　中宇188船舶照片

三十四、25584 DWT甲板驳——亚庆之星

25584 DWT甲板驳资料如表4-2-34所示。

表4-2-34　25584 DWT甲板驳资料

船型名称	25584 DWT甲板驳	船型类别	甲板货船
船旗	中国		
主要参数		单位	数据
总长		m	153.80
垂线间长		m	149.88
型宽		m	42.00
型深		m	9.0
最大船宽		m	47.0
航区		—	近海
主机功率		kW	2930 × 2
满载吃水		m	6.0
满载水线长		m	153.69

亚庆之星船舶照片如图4-2-35所示。

图4-2-35　亚庆之星船舶照片

第3节　外贸甲板驳

一、4500 DWT甲板驳——南峰之星

4500 DWT甲板驳资料如表4-3-1所示。

表4-3-1　4500 DWT甲板驳资料

船型名称	4500 DWT甲板驳	船型类别	甲板货船
承造单位	浙江宏盛造船有限公司	船级	BV
船旗	巴拿马	首制船交船时间	2020年
主要参数		单位	数据
总长		m	85.60
垂线间长		m	79.30
型宽		m	28.50
型深		m	6.00
吃水		m	4.20
载重量		t	4500
甲板载荷		t/m^2	15
总吨位		t	3586
甲板载货面积		m^2	71 × 28
淡水量		t	200
燃油量		t	750
平均航速		n mile/h	8.5
主机功率		kW	956 × 2
结构形式		—	纵横混合骨架式
空载排水量		t	1497
满载排水量		t	6752
满载水线长		m	93.22

南峰之星船舶照片如图4-3-1所示。

图4-3-1　南峰之星船舶照片

二、4500 DWT甲板驳——TONGBAO WORLD

4500 DWT甲板驳资料如表4-3-2所示。

表4-3-2　4500 DWT甲板驳资料

船型名称	4500 DWT甲板驳	船型类别	甲板货船
承造单位	泰国海洋工程公司	船级	BV
船旗	新加坡	首制船交船时间	2009年

主要参数	单位	数据
总长	m	85.60
垂线间长	m	79.30
型宽	m	28.50
型深	m	6.00
吃水	m	4.20
载重量	t	4500
甲板载荷	t/m^2	15
总吨位	t	3586
甲板载货面积	m^2	71 × 28
淡水量	t	200
燃油量	t	750
平均航速	n mile/h	8.5
主机功率	kW	956 × 2
结构形式	—	纵横混合骨架式
空载排水量	t	1497
满载排水量	t	6752
满载水线长	m	93.22

TONGBAO WORLD总布置侧面图及俯视图如图4-3-2所示。

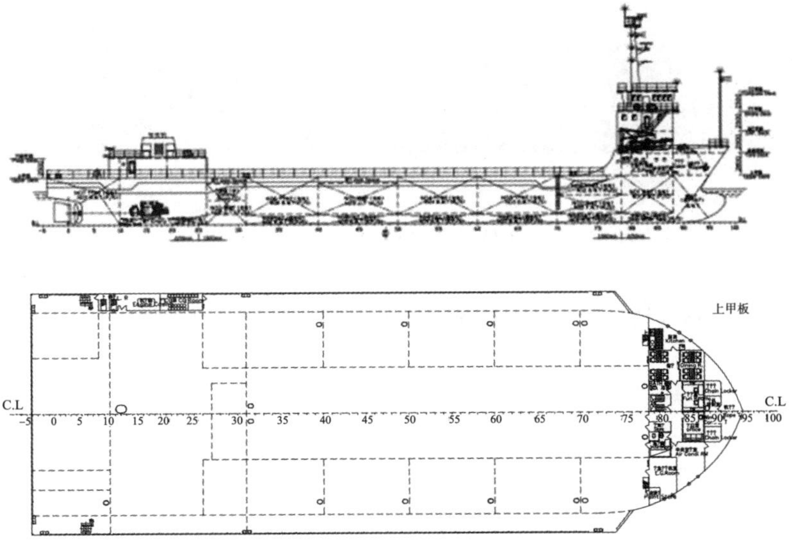

图4-3-2　TONGBAO WORLD总布置侧面图及俯视图

三、10883 DWT甲板驳——DONGBANG GIANT NO.5

10883 DWT甲板驳资料如表4-3-3所示。

表4-3-3 10883 DWT甲板驳资料

船型名称	10883 DWT甲板驳	船型类别	重型货运船
船旗	韩国	首制船交船时间	2006年1月
主要参数		单位	数据
总长		m	131.50
垂线间长		m	125.00
型宽		m	最大40.4
型深		m	8.00
吃水		m	4.528
满载排水量		t	16221
载重量		t	10883
甲板载荷		t/m^2	10
总吨位		t	10380
净吨位		t	3114
甲板载货面积		m^2	103.6 × 35
调载能力		t/hr	4000
平均航速		n mile/h	10.5
主机功率		kW	1618 × 2

DONGBANG GIANT NO.5船舶照片如图4-3-3所示。

图4-3-3 DONGBANG GIANT NO.5船舶照片

四、11394 DWT甲板驳——DONGBANG GIANT NO.1

11394 DWT甲板驳资料如表4-3-4所示。

表4-3-4 11394 DWT甲板驳资料

船型名称	11394 DWT甲板驳	船型类别	重型货运船
船旗	韩国	首制船交船时间	2006年8月

续表

主要参数	单位	数据
总长	m	139.00
垂线间长	m	127.70
型宽	m	32.00
型深	m	7.50
吃水	m	5.10
满载排水量	t	16664
载重量	t	11394
甲板载荷	t/m^2	20
总吨位	t	8521
净吨位	t	2556
甲板载货面积	m^2	113 × 30
调载能力	t/hr	6000
平均航速	n mile/h	11.5
主机功率	kW	2647 × 2

DONGBANG GIANT NO.1船舶照片如图4-3-4所示。

图4-3-4　DONGBANG GIANT NO.1船舶照片

五、12000 DWT无动力驳船——KOREX 20002

12000 DWT无动力驳船资料如表4-3-5所示。

表4-3-5　12000 DWT无动力驳船资料

船型名称	12000 DWT无动力甲板驳	船型类别	无动力甲板驳
承造单位	南通通茂船舶制造有限公司	船级	KR
船旗	韩国	首制船交船时间	2009年7月

续表

主要参数	单位	数据
总长	m	92.50
型宽	m	36.00
型深	m	5.80
吃水	m	4.50
载重量	t	12000
总吨位	t	5102
净吨位	t	1531
甲板载货面积	m^2	85 × 34
调载能力	t/hr	2000
结构形式	—	纵横混合骨架式
空载排水量	t	2365
满载排水量	t	7689
满载水线长	m	90.23

KOREX 20002总布置侧面图及俯视图如图4-3-5所示。

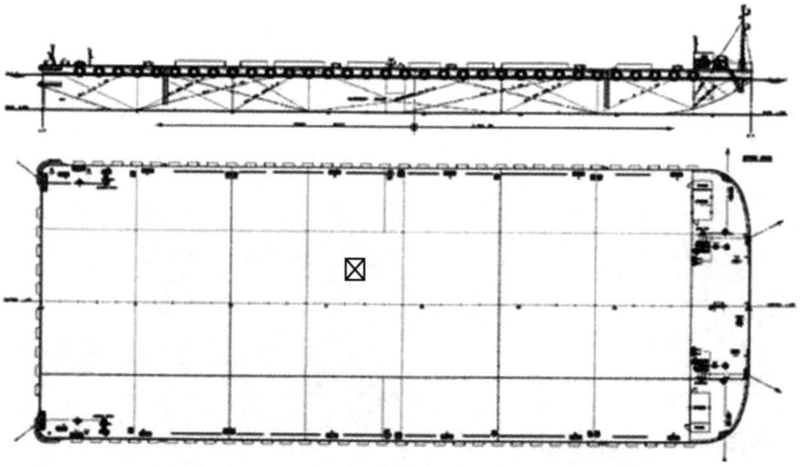

图4-3-5　KOREX 20002总布置侧面图及俯视图

六、12284.8 DWT甲板驳——BIGROLL BISCAY

12284.8 DWT甲板驳资料如表4-3-6所示。

表4-3-6　12284.8 DWT甲板驳资料

船型名称	12284.8DWT甲板驳	船型类别	甲板驳
船旗	葡萄牙	船级	DNV GL
主要参数		单位	数据
总长		m	146.00
型宽		m	28.00

续表

主要参数	单位	数据
型深	m	8.00
吃水	m	5.30
载重量	t	12284.8
甲板载货面积	m^2	3900
甲板载荷	t/m^2	20
总吨位	t	9352
净吨位	t	2805
平均航速	n mile/h	10.0
调载能力	t/hr	1080 x 3
淡水量	t	300
燃油量	t	2095
主机功率	kW	2310 x 4

BIGROLL BISCAY船舶尺寸示意图如图4-3-6所示。

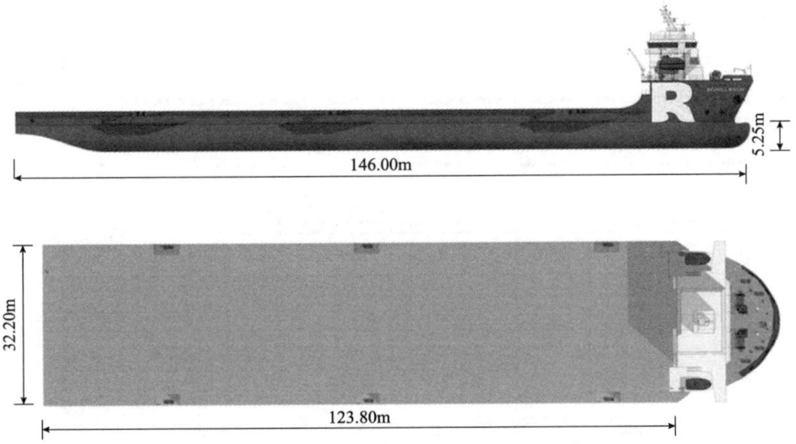

图4-3-6　BIGROLL BISCAY船舶尺寸示意图

七、12317 DWT甲板驳——DONGBANG GIANT NO.2

12317 DWT甲板驳资料如表4-3-7所示。

表4-3-7　12317 DWT甲板驳资料

船型名称	12317 DWT甲板驳	船型类别	重型货运船
船旗	韩国	首制船交船时间	2007年11月
主要参数		单位	数据
总长		m	145.50
垂线间长		m	139.00
型宽		m	38.00

续表

主要参数	单位	数据
型深	m	8.00
吃水	m	4.50
载重量	t	12317
甲板载荷	t/m^2	20
总吨位	t	11391
净吨位	t	3417
甲板载货面积	m^2	120 × 34
调载能力	t/hr	4000
平均航速	n mile/h	10.5
主机功率	kW	1618 × 2
满载排水量	t	16613

DONGBANG GIANT NO.2总布置侧面图及俯视图如图4-3-7所示。

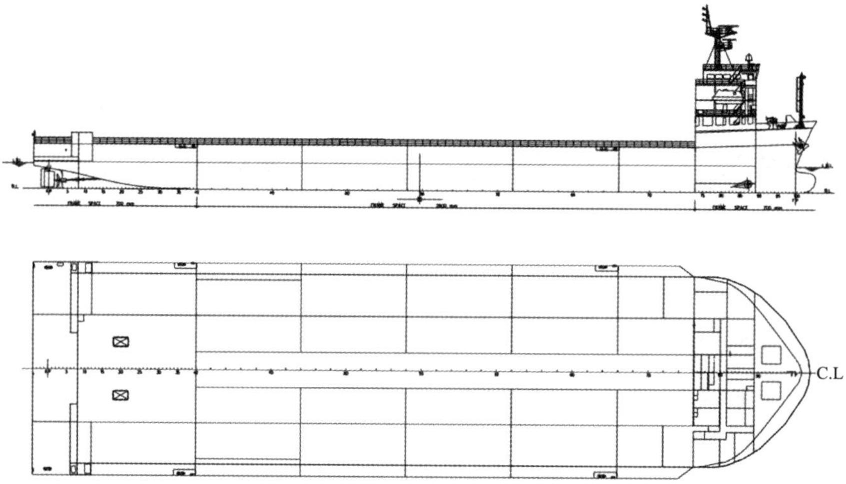

图4-3-7　DONGBANG GIANT NO.2总布置侧面图及俯视图

八、19400 DWT甲板驳——RAM COMMANDER

19400 DWT甲板驳资料如表4-3-8所示。

表4-3-8　19400 DWT甲板驳资料

船型名称	19400 DWT甲板驳	船型类别	重型货运船
船旗	韩国	首制船交船时间	2016年12月
主要参数		单位	数据
总长		m	98.00
垂线间长		m	188.85
型宽		m	通常为40.00，最大42.00

续表

主要参数	单位	数据
型深	m	9.50
吃水	m	6.00
载重量	t	19400
甲板载荷	t/m^2	20
总吨位	t	17346
净吨位	t	5203
甲板载货面积	m^2	139.2 × 40
调载能力	t/hr	7500
平均航速	n mile/h	12.5
主机功率	kW	4000 × 2

RAM COMMANDER船舶照片如图4-3-8所示。

图4-3-8　RAM COMMANDER船舶照片

九、19400 DWT甲板驳——LOCH SEAFORTH

19400 DWT甲板驳资料如表4-3-9所示。

表4-3-9　19400 DWT甲板驳资料

船型名称	19400 DWT甲板驳	船型类别	甲板驳
船旗	新加坡	首制船交船时间	2011年
主要参数		单位	数据
总长		m	158.00
垂线间长		m	148.40
型宽		m	通常为28.20，最大36.00
型深		m	9.00
吃水		m	5.60
载重量		t	19400

续表

主要参数	单位	数据
甲板载荷	t/m^2	20
总吨位	t	10835
净吨位	t	3250
甲板载货面积	m^2	4200
淡水量	t	800
燃油量	t	4000
调载能力	t/hr	4000
平均航速	n mile/h	11.0
主机功率	kW	1800 × 4

LOCH SEAFORTH船舶照片如图4-3-9所示。

图4-3-9　LOCH SEAFORTH船舶照片

十、14006 DWT甲板驳——DONGBANG GIANT NO.3

14006 DWT甲板驳资料如表4-3-10所示。

表4-3-10　14006 DWT甲板驳资料

船型名称	14006 DWT甲板驳	船型类别	重型货运船
船旗	韩国	首制船交船时间	2010年6月
主要参数		单位	数据
总长		m	152.20
垂线间长		m	139.82
型宽		m	38.00
型深		m	8.00
吃水		m	5.10
载重量		t	14006
甲板载荷		t/m^2	20
总吨位		t	12183
净吨位		t	3654

续表

主要参数	单位	数据
甲板载货面积	m^2	125.5 × 36
调载能力	t/hr	7500
平均航速	n mile/h	11.5
主机功率	kW	3360 × 2

DONGBANG GIANT NO.3船舶照片如图4-3-10所示。

图4-3-10　DONGBANG GIANT NO.3船舶照片

十一、15000 DWT甲板驳——KOREX SPB NO.1/ NO.2

15000 DWT甲板驳资料如表4-3-11所示。

表4-3-11　15000 DWT甲板驳资料

船型名称	15000 DWT甲板驳	船型类别	甲板货船
船旗	韩国	首制船交船时间	2012年4月/2012年6月

主要参数	单位	数据
总长	m	152.50
垂线间长	m	140.00
型宽	m	40.00
型深	m	9.00
吃水	m	4.75
载重量	t	15000
甲板载荷	t/m^2	20
总吨位	t	14400
甲板载货面积	m^2	125 × 40
调载能力	t/hr	2500 × 3
平均航速	n mile/h	13

续表

主要参数	单位	数据
主机功率	kW	3309 × 2
压载舱容量	m^3	23000
空载排水量	t	8400

KOREX SPB NO.1/NO.2总布置侧面图及俯视图如图4-3-11所示。

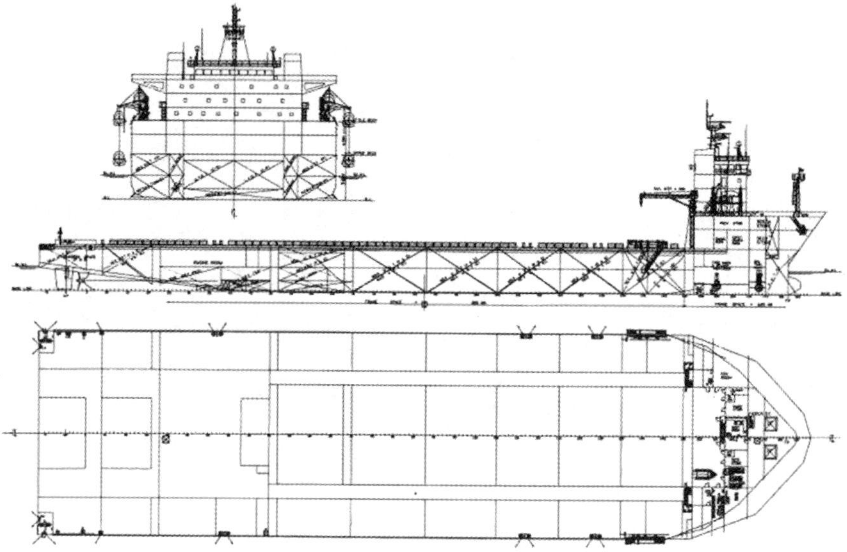

图4-3-11　KOREX SPB NO.1/NO.2总布置侧面图及俯视图

十二、15016 DWT甲板驳——DONGBANG GIANT NO.6

15016 DWT甲板驳资料如表4-3-12所示。

表4-3-12　15016 DWT甲板驳资料

船型名称	15016 DWT甲板驳	船型类别	重型货运船
船旗	韩国	首制船交船时间	2012年2月
主要参数		单位	数据
总长		m	152.50
垂线间长		m	140.00
型宽		m	40.00
型深		m	9.00
吃水		m	5.25
载重量		t	15016
甲板载荷		t/m^2	20
总吨位		t	14462
净吨位		t	4338

续表

主要参数	单位	数据
甲板载货面积	m^2	125 × 40
调载能力	t/hr	7500
平均航速	n mile/h	12
主机功率	kW	3309 × 2

DONGBANG GIANT NO.6船舶照片如图4–3–12所示。

图4–3–12　DONGBANG GIANT NO.6船舶照片

十三、17000 DWT甲板驳——至宪之星

17000 DWT甲板驳资料如表4–3–13所示。

表4–3–13　17000 DWT甲板驳资料

船型名称	17000 DWT甲板驳	船型类别	甲板驳
承造单位	浙江宏信船舶有限公司	船级	★CSA ★CSM
船旗	马绍尔群岛	首制船交船时间	2018年5月31日
主要参数		单位	数据
总长		m	159.60
型宽		m	43.00
型深		m	10.50
吃水		m	7.30
载重量		t	17000
甲板载荷		t/m^2	25
甲板载货面积		m^2	140 × 43
淡水量		t	806
调载能力		t/hr	2000 × 4
平均航速		n mile/h	13.5

续表

主要参数	单位	数据
主机功率	kW	2495 × 2
满载排水量	t	36508

至宪之星船舶照片如图4-3-13所示。

图4-3-13　至宪之星船舶照片

十四、17622 DWT甲板驳——DONGBANG GIANT NO.8

17622 DWT甲板驳资料如表4-3-14所示。

表4-3-14　17622 DWT甲板驳资料

船型名称	17622 DWT甲板驳	船型类别	重型货运船
船旗	韩国	首制船交船时间	2013年3月30日
主要参数		单位	数据
总长		m	165.00
垂线间长		m	155.85
型宽		m	通常为42.00， 最大50.00
型深		m	9.548
吃水		m	5.525
载重量		t	17622
甲板载荷		t/m²	22
总吨位		t	17216
净吨位		t	5164
甲板载货面积		m²	138.5 × 42
调载能力		t/hr	9000
平均航速		n mile/h	11
主机功率		kW	4050 × 2

DONGBANG GIANT NO.8总布置侧面图及俯视图如图4-3-14所示。

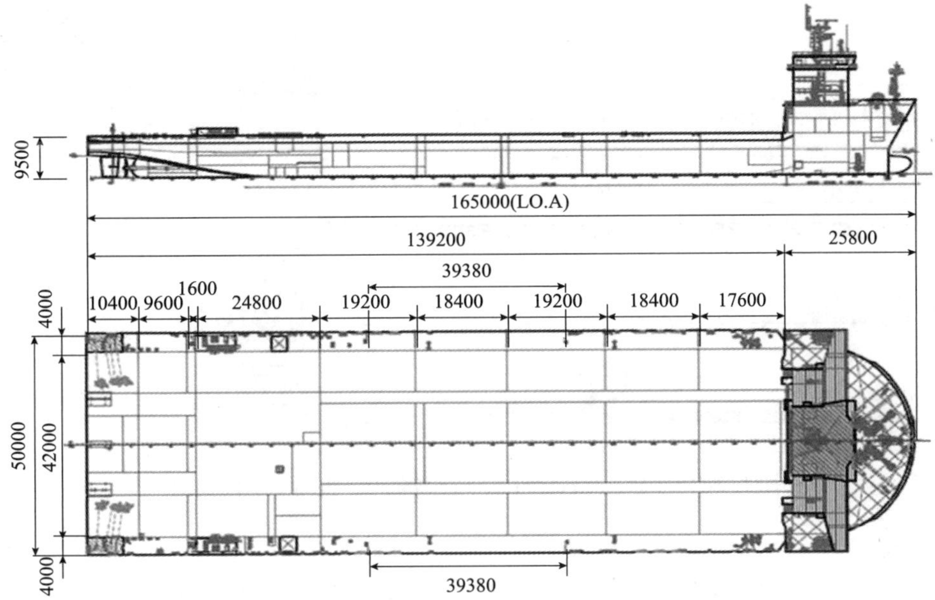

图4-3-14 DONGBANG GIANT NO.8总布置侧面图及俯视图（单位：mm）

十五、17727 DWT甲板驳——Mega Caravan

17727 DWT甲板驳资料如表4-3-15所示。

表4-3-15 17727 DWT甲板驳资料

船型名称	17727 DWT甲板驳	船型类别	重型货运船
船旗	韩国	首制船交船时间	2011年9月
主要参数		单位	数据
总长		m	163.80
型宽		m	47.00
型深		m	9.50
吃水		m	6.00
载重量		t	17727
甲板载荷		t/m^2	28
甲板载货面积		m^2	140 × 42
调载能力		t/hr	10000
平均航速		n mile/h	12
主机功率		kW	3900 × 2
满载排水量		t	27800
压载舱容量		t	28300

Mega Caravan总布置侧面图、正面图及俯视图如图4-3-15所示。

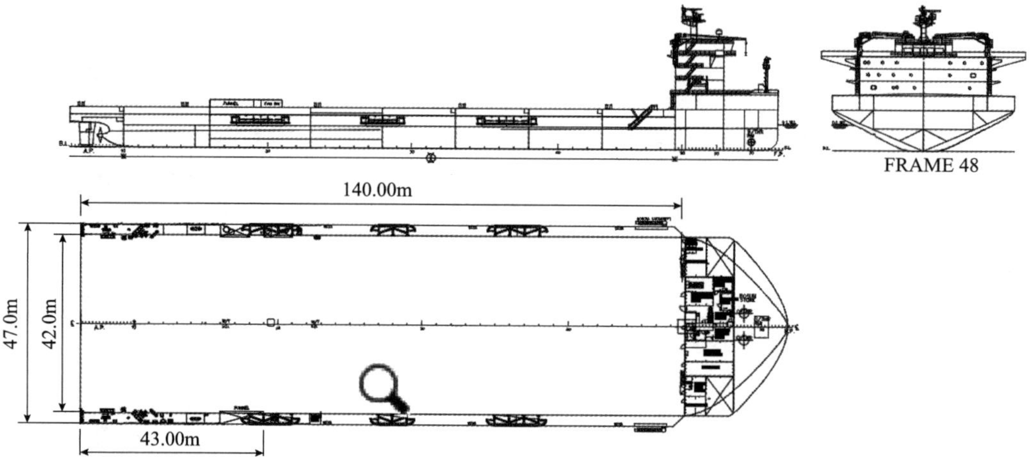

图4-3-15　Mega Caravan总布置侧面图、正面图及俯视图

十六、19400 DWT甲板驳——DONGBANG GIANT NO.7

19400 DWT甲板驳资料如表4-3-16所示。

表4-3-16　19400 DWT甲板驳资料

船型名称	19400 DWT甲板驳	船型类别	重型货运船
船旗	韩国	首制船交船时间	2016年12月

主要参数	单位	数据
总长	m	166.00
垂线间长	m	154.85
型宽	m	通常为40.00， 最大42.00
型深	m	9.50
吃水	m	6.00
载重量	t	19400
甲板载荷	t/m^2	20
总吨位	t	17346
净吨位	t	5203
甲板载货面积	m^2	139.2 × 40
调载能力	t/hr	7500
平均航速	n mile/h	12.5
主机功率	kW	3900 × 2

DONGBANG GIANT NO.7船舶照片如图4-3-16所示。

图4-3-16　DONGBANG GIANT NO.7船舶照片

十七、20675 DWT甲板驳——BIGROLL BERING

20675 DWT甲板驳资料如表4-3-17所示。

表4-3-17　20675 DWT甲板驳资料

船型名称	20675 DWT甲板驳	船型类别	甲板驳
船旗	葡萄牙		
船级	100 A1，ACS（B），LI，防冻（-55° C），*IWS，冰级 1A FS		
主要参数		单位	数据
垂线间长		m	162.80
型宽		m	42.00
型深		m	12.00
吃水		m	10.50
载重量		t	20675
甲板载货面积		m^2	5250
甲板载荷		t/m^2	20
总吨位		t	23134
净吨位		t	6940
平均航速		n mile/h	13.0
主机功率		kW	2880 × 4

BIGROLL BERING船舶尺寸示意图如图4-3-17所示。

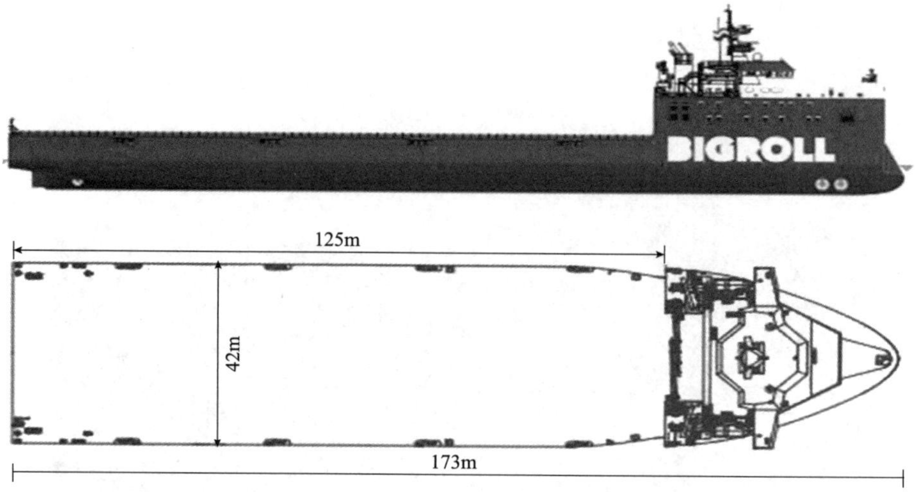

图4-3-17　BIGROLL BERING船舶尺寸示意图

十八、20675 DWT甲板驳——HAPPY D-type

20675 DWT甲板驳资料如表4-3-18所示。

表4-3-18　20675 DWT甲板驳资料

船型名称	20675 DWT甲板驳	船型类别	甲板驳
船旗	荷兰	首制船交船时间	2016年
主要参数		单位	数据
总长		m	173.00
垂线间长		m	162.80
型宽		m	42.00
吃水		m	6.50
型深		m	12.00
载重量		t	20675
甲板载货面积		m^2	5250
甲板载荷		t/m^2	20
总吨位		t	23134
净吨位		t	6940
主机功率		kW	3840 × 2，2880 × 2
平均航速		n mile/h	13

HAPPY D-type船舶尺寸示意图如图4-3-18所示。

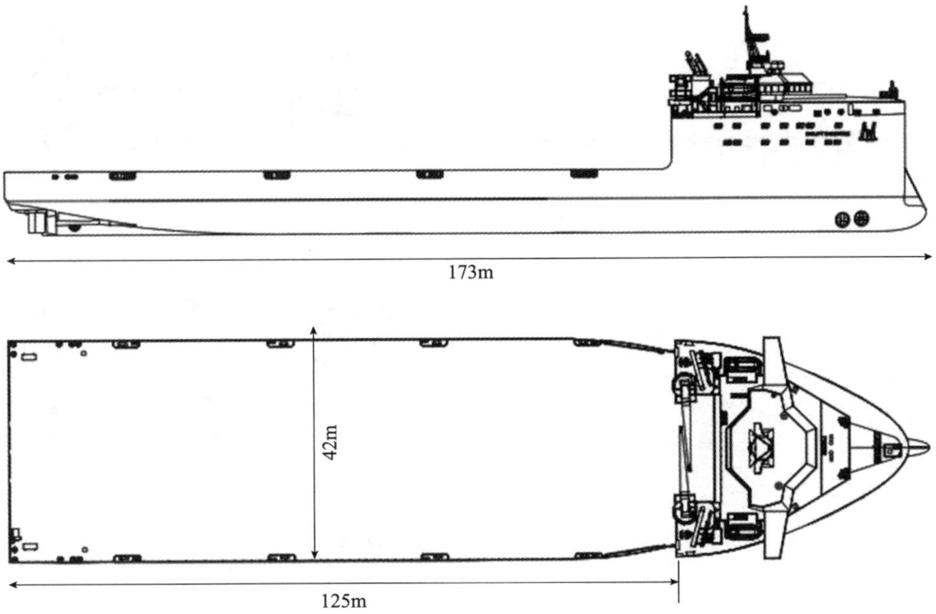

图4-3-18　HAPPY D-type船舶尺寸示意图

十九、21000 DWT甲板驳——Giant 5、Giant 6

21000 DWT甲板驳资料如表4-3-19所示。

表4-3-19　21000 DWT甲板驳资料

船型名称	21000 DWT甲板驳	船型类别	甲板驳
船级	100 A1，IWS，WDL（20t/m²）		
船旗	新加坡	首制船交船时间	2014年12月/2015年1月
		船舶识别号	9725483 9725665
主要参数		单位	数据
总长		m	137.00
型宽		m	36.00
型深		m	8.50
吃水		m	6.45
载重量		t	21000
甲板载荷		t/m²	20
甲板载货面积		m²	4500
调载能力		t/hr	500 × 2
主机功率		kW	445 × 2

Giant 5、Giant 6总布置侧面图及俯视图如图4-3-19所示。

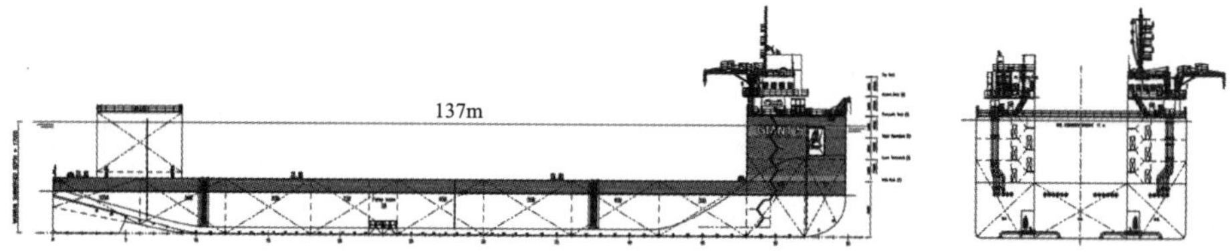

(a)侧视图

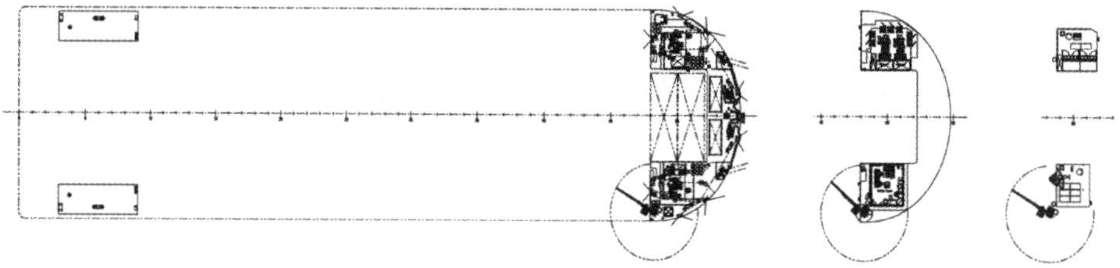

(b)俯视图

图4-3-19　Giant 5、Giant 6总布置侧面图及俯视图

第4节　内外贸甲板驳

一、12000 DWT甲板驳——富海晟

12000 DWT甲板驳资料如表4-4-1所示。

表4-4-1　12000 DWT甲板驳资料

船型名称	12000 DWT甲板驳	船型类别	自航甲板驳
船籍港	洋浦	船旗	中国
承造单位	泰州口岸船舶有限公司	船级	★CSA ★CSM
主要参数		单位	数据
总长		m	140.8
垂线间长		m	137.2
型宽		m	28
型深		m	8.36
载重量		t	12000
总吨位		t	9185
净吨位		t	2755
航区		—	无限航区
满载吃水		m	5.2

富海晟船舶照片如图4-4-1所示。

图4-4-1　富海晟船舶照片

二、25163 DWT甲板驳——宝江777

25163 DWT甲板驳资料如表4-4-2所示。

表4-4-2　25163 DWT甲板驳资料

船型名称	25163 DWT甲板驳	船型类别	自航甲板驳
船籍港	洋浦		
承造单位	海南宝江海运有限公司	船级	★CSA ★CSM
船舶所有人	海南宝江海运有限公司		
船旗	中国	首制船交船时间	2022年12月15日
主要参数		单位	数据
总长		m	156
垂线间长		m	151.6
型宽		m	41.98
型深		m	10.1
载重量		t	25163
总吨位		t	16460
净吨位		t	4938
主机功率		kW	3906×2

宝江777船舶照片如图4-4-2所示。

图4-4-2　宝江777船舶照片

三、5300 DWT甲板驳——建扬诚运

5300 DWT甲板驳资料如表4-4-3所示。

表4-4-3　5300 DWT甲板驳资料

船型名称	5300 DWT甲板驳	船型类别	甲板驳
设计单位	上海航盛船舶设计有限公司		
承造单位	临海市航畅船舶制造有限公司	船级	★CSA ★CSM
船旗	中国	首制船交船时间	2010年

主要参数	单位	数据
总长	m	106.00
垂线间长	m	102.90
型宽	m	25.00
型深	m	6.00
吃水	m	4.30
载重量	t	5300
甲板载荷	t/m²	15
甲板载货面积	m²	90 × 26
平均航速	n mile/h	10.5
主机功率	kW	1030 × 2
航区	—	无限航区

建扬诚运船舶照片如图4-4-3所示。

图4-4-3　建扬诚运船舶照片

四、6546 DWT甲板驳——新奥远鉴

6546 DWT甲板驳资料如表4-4-4所示。

表4-4-4　6546 DWT甲板驳资料

船型名称	6546 DWT甲板驳	船型类别	甲板货船
船籍港	洋浦		
船旗	中国	首制船交船时间	2007年
主要参数		单位	数据
总长		m	130.00
型宽		m	23.00
型深		m	6.80
吃水		m	4.50
载重量		t	6546
甲板载荷		t/m²	20
总吨位		t	5113
净吨位		t	1534
甲板载货面积		m²	110 × 23
淡水量		t	372
燃油量		t	375.1
调载能力		t/hr	550 × 2
平均航速		n mile/h	11.5
主机功率		kW	2060 × 2
航区		—	无限航区

新奥远鉴总布置侧面图及俯视图如图4-4-4所示。

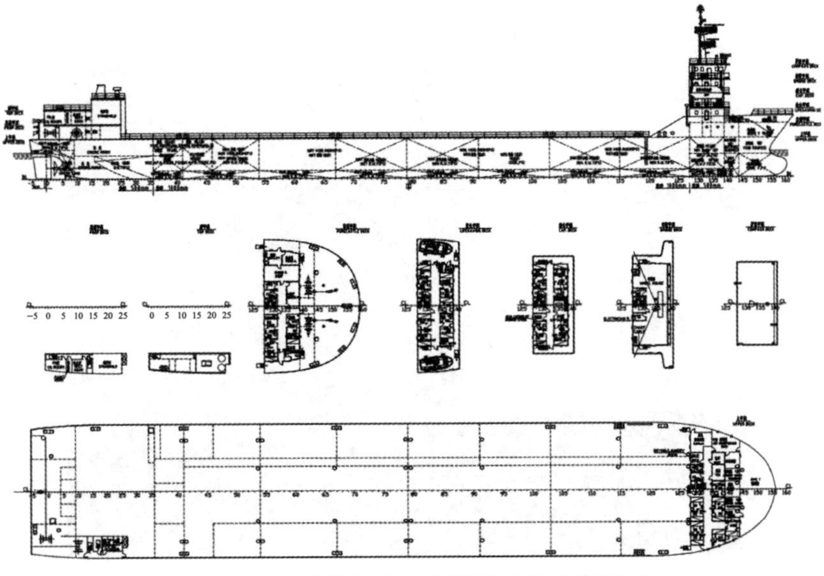

图4-4-4　新奥远鉴总布置侧面图及俯视图

五、8776 DWT甲板驳——博润先锋

8776 DWT甲板驳资料如表4-4-5所示。

表4-4-5　8776 DWT甲板驳资料

船型名称	8776 DWT甲板驳	船型类别	甲板货船
船旗	中国	首制船交船时间	2010年
主要参数		单位	数据
总长		m	108.30
垂线间长		m	99.50
型宽		m	26.00
型深		m	7.38
吃水		m	5.45
载重量		t	8776
甲板载荷		t/m^2	12
总吨位		t	5201
净吨位		t	1560
甲板载货面积		m^2	88 × 26
淡水量		t	800
燃油量		t	1200
调载能力		t/hr	1800
平均航速		n mile/h	12
主机功率		kW	2060 × 2
航区		—	无限航区

博润先锋船舶照片如图4-4-5所示。

图4-4-5　博润先锋船舶照片

六、9300 DWT甲板驳——至宪2

9300 DWT甲板驳资料如表4-4-6所示。

表4-4-6　9300 DWT甲板驳资料

船型名称	9300 DWT甲板驳	船型类别	甲板货船
		船级	★CSAD
船旗	中国	首制船交船时间	2010年7月8日

主要参数	单位	数据
总长	m	118.00
型宽	m	26.00
型深	m	7.38
吃水	m	5.40
载重量	t	9300
甲板载荷	t/m^2	15
总吨位	t	5986
净吨位	t	1795
甲板载货面积	m^2	96×26
淡水量	t	350
燃油量	t	900
调载能力	t/hr	3600
平均航速	n mile/h	10.5
主机功率	kW	2206×2
航区	—	无限航区
水线间长	m	112.64
垂线间长	m	109.30
满载排水量	t	11708.70

至宪2总布置侧面图及俯视图如图4-4-6所示。

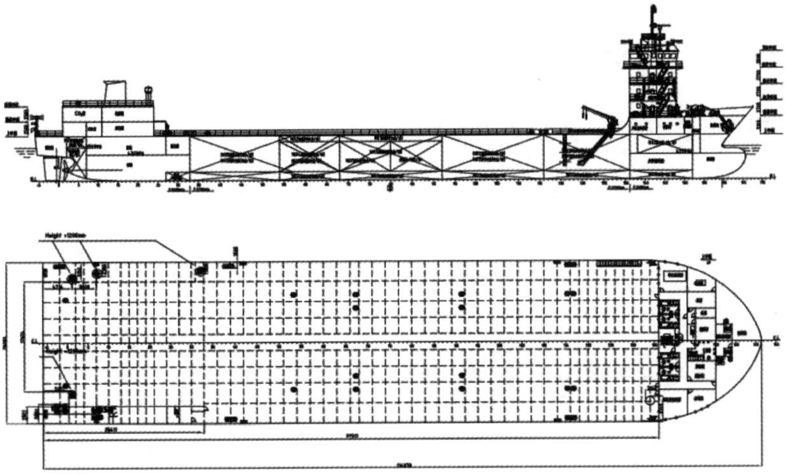

图4-4-6　至宪2总布置侧面图及俯视图

七、9719 DWT甲板驳——金湾时代

9719 DWT甲板驳资料如表4-4-7所示。

表4-4-7 9719 DWT甲板驳资料

船型名称	9719 DWT甲板驳	船籍港	洋浦
承造单位	南京武家嘴船舶制造有限公司	船级	★CSA ★CSM
船舶所有人	嘉合盛航运(海南)有限公司		
船旗	中国	首制船交船时间	2008年9月9日
主要参数		单位	数据
总长		m	136.43
垂线间长		m	128.45
型宽		m	38
型深		m	8
载重量		t	9719
总吨位		t	12078
净吨位		t	3623
主机功率		kW	2320 × 2

金湾时代船舶图片如图4-4-7所示。

图4-4-7 金湾时代船舶图片

八、9996 DWT甲板驳——中茎6

9996 DWT甲板驳资料如表4-4-8所示。

表4-4-8 9996 DWT甲板驳资料

船型名称	9996 DWT甲板驳	船型类别	甲板载货船
船籍港	舟山	承造单位	浙江合兴船业有限公司
船舶所有人	舟山市中茎海运有限公司		
船旗	中国	首制船交船时间	2022年4月14日
主要参数		单位	数据
总长		m	128.00
垂线间长		m	119.10

续表

主要参数	单位	数据
型宽	m	28.00
型深	m	7.38
载重量	t	9996
总吨位	t	7052
净吨位	t	2115
主机功率	kW	2206 × 2
空载吃水	m	2.3
满载吃水	m	5.0

中荃6船舶照片如图4-4-8所示。

图4-4-8　中荃6船舶照片

九、11417 DWT甲板驳——德渤

11417 DWT甲板驳资料如表4-4-9所示。

表4-4-9　11417 DWT甲板驳资料

船型名称	11417 DWT甲板驳	船型类别	BSJY
船级	★ CSA ★ CSM		
船旗	中国	首制船交船时间	2012年1月9日
主要参数		单位	数据
总长		m	128.40
垂线间长		m	122.00
型宽		m	33.00

续表

主要参数	单位	数据
型深	m	7.80
吃水	m	5.20
载重量	t	11417
甲板载荷	t/m^2	10
总吨位	t	10549
甲板载货面积	m^2	3000
淡水量	t	894
燃油量	t	1147
调载能力	t/hr	2000
主机功率	kW	1600 × 4
航区	—	无限航区
平均航速	n mile/h	9.5
辅助发动机	kW	400
应急发电机	kW	3000
对外供电能力	kW	800

德渤船舶照片如图4-4-9所示。

图4-4-9　德渤船舶照片

十、9984 DWT甲板驳——中荃7

9984 DWT甲板驳资料如表4-4-10所示。

表4-4-10　9984 DWT甲板驳资料

船型名称	9984 DWT甲板驳	船型类别	甲板驳
承造单位	浙江合兴船业有限公司	船级	★CSA ★CSM
船旗	中国	首制船交船时间	2023年1月11日

续表

主要参数	单位	数据
总长	m	128.00
垂线间长	m	119.10
型宽	m	28.00
型深	m	7.38
吃水	m	5.10
载重量	t	9984
甲板载荷	t/m^2	15
甲板载货面积	m^2	90 × 26
平均航速	n mile/h	10.5
主机功率	kW	2206 × 2
航区	—	无限航区

中荃7总布置侧面图及俯视图如图4-4-10所示。

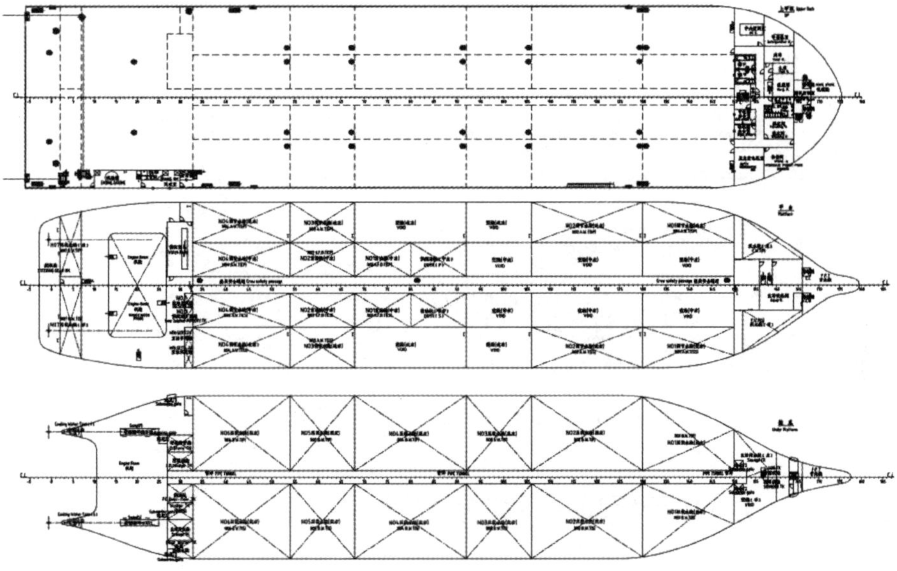

图4-4-10　中荃7总布置侧面图及俯视图

十一、10624 DWT甲板驳——建扬诚和

10624 DWT甲板驳资料如表4-4-11所示。

表4-4-11　10624 DWT甲板驳资料

船型名称	10624 DWT甲板驳	船型类别	甲板驳
设计单位	上海航盛船舶设计有限公司		
承造单位	临海市航畅船舶制造有限公司	船级	★CSA ★CSM
船旗	中国	首制船交船时间	2017年3月30日

续表

主要参数	单位	数据
总长	m	130.00
垂线间长	m	124.80
型宽	m	28.00
型深	m	7.80
吃水	m	5.20
载重量	t	10624
甲板载荷	t/m^2	15
甲板载货面积	m^2	90 × 26
平均航速	n mile/h	10.5
主机功率	kW	1950 × 2
航区	—	无限航区

建扬诚和总布置侧面图及俯视图如图4-4-11所示。

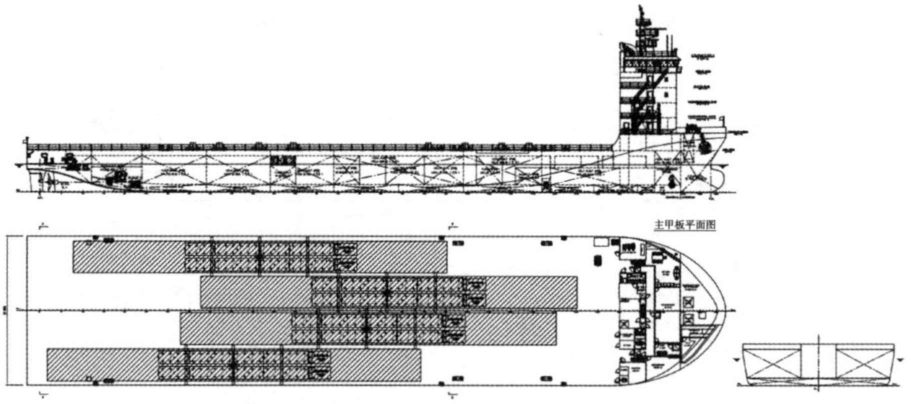

图4-4-11　建扬诚和总布置侧面图及俯视图

十二、10385 DWT甲板驳——建扬诚祥

10385 DWT甲板驳资料如表4-4-12所示。

表4-4-12　10385 DWT甲板驳资料

船型名称	10385 DWT甲板驳	船型类别	甲板驳
设计单位	上海润吉船舶设计有限公司		
承造单位	威海三进船业有限公司	船级	★ CSA ★ CSM
船旗	中国	首制船交船时间	2017年11月16日

主要参数	单位	数据
总长	m	130.00
垂线间长	m	124.80
型宽	m	28.00

续表

主要参数	单位	数据
型深	m	7.80
吃水	m	5.20
载重量	t	10385
甲板载荷	t/m^2	20
总吨位	t	7959
净吨位	t	2387
甲板载货面积	m^2	110 × 28
淡水量	t	368.5
燃油量	t	1292.4
调载能力	t/hr	2400
平均航速	n mile/h	11.5
航区	—	无限航区
主机功率	kW	1950 × 2

建扬诚祥船舶照片如图4-4-12所示。

图4-4-12　建扬诚祥船舶照片

十三、11946 DWT甲板驳——泛舟9

11946 DWT甲板驳资料如表4-4-13所示。

表4-4-13　11946 DWT甲板驳资料

船型名称	11946 DWT甲板驳	船型类别	甲板驳
船旗	中国	首制船交船时间	2012年
主要参数		单位	数据
总长		m	142.80
垂线间长		m	134.50
型宽		m	32.25

续表

主要参数	单位	数据
型深	m	8.00
吃水	m	5.35
载重量	t	11946
甲板载荷	t/m^2	15
甲板载货面积	m^2	117 × 32
调载能力	t/hr	3600
平均航速	n mile/h	11
主机动力	HP	6000
航区	—	无限航区
续航能力	n mile	12000
侧推	kN	60

泛舟9总布置侧面图及俯视图如图4-4-13所示。

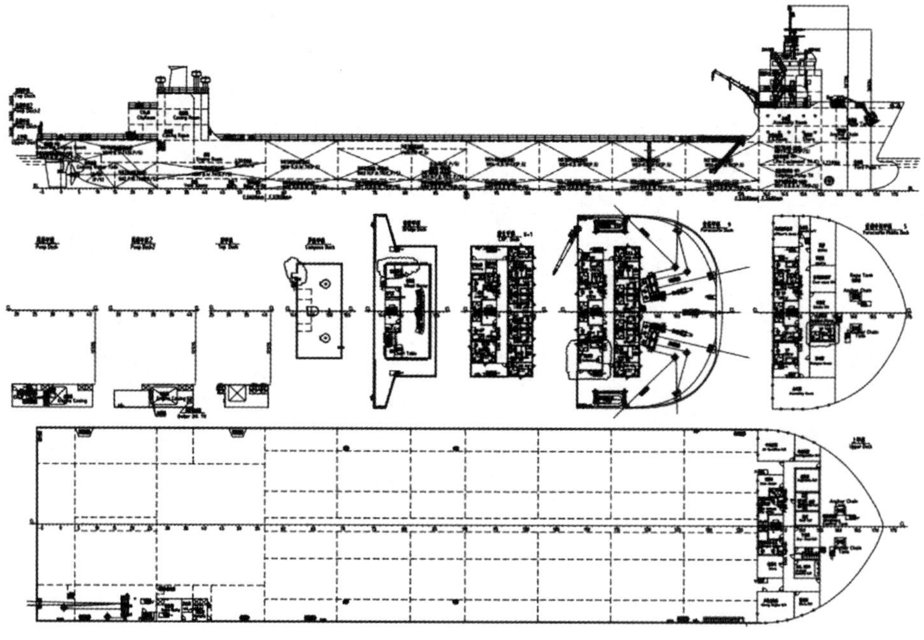

图4-4-13 泛舟9总布置侧面图及俯视图

十四、12000 DWT甲板驳——海港特001

12000 DWT甲板驳资料如表4-4-14所示。

表4-4-14 12000 DWT甲板驳资料

船型名称	12000 DWT甲板驳	船型类别	甲板驳
船旗	中国	首制船交船时间	2006年5月23日

续表

主要参数	单位	数据
总长	m	118.00
型宽	m	28.00
型深	m	7.80
吃水	m	5.30
载重量	t	12000
甲板载荷	t/m^2	15
总吨位	t	6789
净吨位	t	2036
调载能力	t/hr	1600
航区	—	无限航区
压载舱容量	m^3	9000
污油舱容量	m^3	5.70
满载排水量	t	15281.7
空载吃水	m	1.35
空载排水量	t	3102

海港特001总布置侧面图及俯视图如图4-4-14所示。

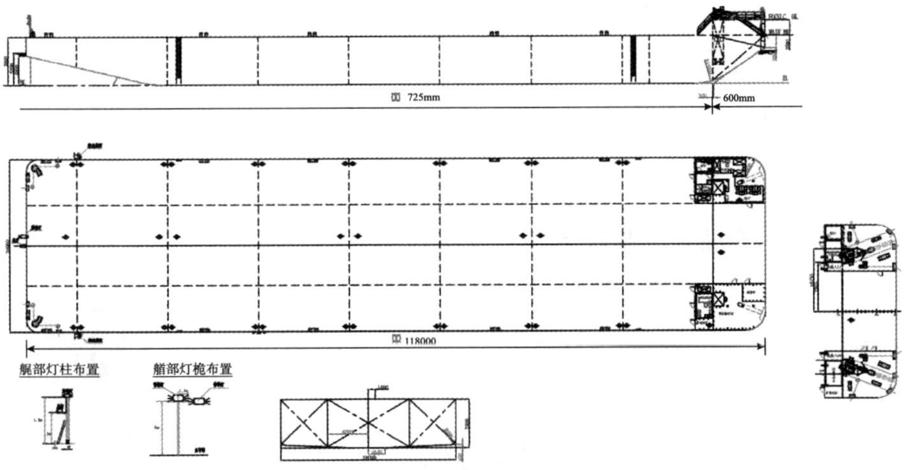

图4-4-14　海港特001总布置侧面图及俯视图

十五、12000 DWT甲板驳——建扬舟山

12000 DWT甲板驳资料如表4-4-15所示。

表4-4-15　12000 DWT甲板驳资料

船型名称	12000 DWT甲板驳	船型类别	甲板驳
设计单位	上海润吉船舶设计有限公司		

续表

承造单位	浙江正和造船有限公司	船级	★ CSA ★ CSM
船旗	中国		

主要参数	单位	数据
总长	m	146.00
垂线间长	m	139.00
设计水线长	m	142.28
型宽	m	通常为28.00， 最大32.20
型深	m	8.00
吃水	m	5.50
载重量	t	12000
甲板载荷	t/m^2	20
甲板载货面积	m^2	4000
淡水量	t	263
燃油量	t	2016
调载能力	t/hr	3240
平均航速	n mile/h	11.5
主机功率	kW	2300 × 2
续航能力	n mile	13000
航区	—	无限航区
总吨位	t	9352
净吨位	t	2805

建扬舟山总布置侧面图及俯视图如图4-4-15所示。

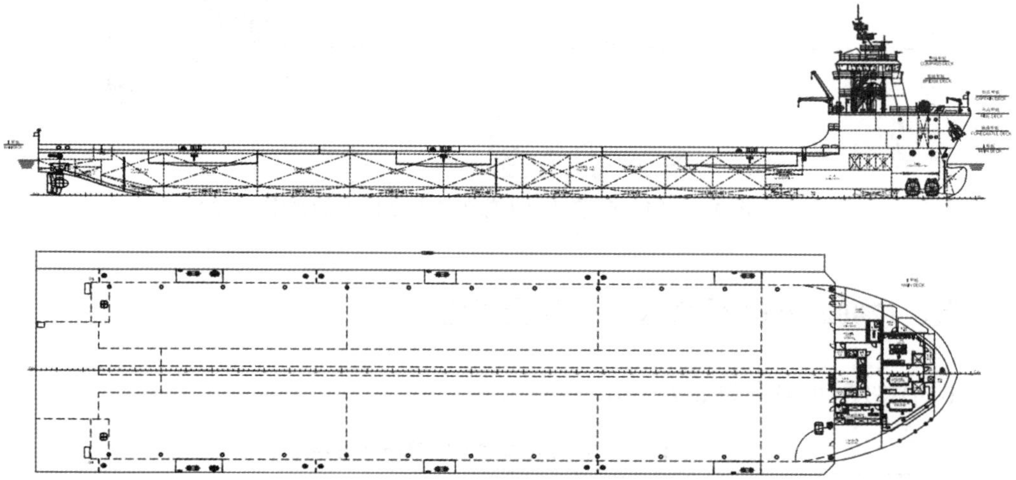

图4-4-15　建扬舟山总布置侧面图及俯视图

十六、12000 DWT甲板驳——新丝路

12000 DWT甲板驳资料如表4-4-16所示。

表4-4-16　12000 DWT甲板驳资料

船型名称	12000 DWT甲板驳	船型类别	干货船
设计单位	扬州海翔船舶科技有限公司		
承造单位	江苏九洲船业有限公司	船级	★CSA ★CSM
船旗	中国	首制船交船时间	2017年2月4日
主要参数		单位	数据
总长		m	144.80
垂线间长		m	134.50
水线间长		m	137.70
型宽		m	32.20
型深		m	8.00
吃水		m	5.20
载重量		t	12708
总吨位		t	10253
净吨位		t	3075
平均航速		n mile/h	11.5
主机功率		kW	2200 × 2
满载排水量		t	19533.1
航区		—	无限航区
船员人数		人	23

新丝路船舶照片如图4-4-16所示。

图4-4-16　新丝路船舶照片

十七、12626 DWT甲板驳——新奥远景

12626 DWT甲板驳资料如表4-4-17所示。

表4-4-17　12626 DWT甲板驳资料

船型名称	12626 DWT甲板驳	船型类别	甲板驳
船旗	中国	首制船交船时间	2009年7月17日
主要参数		单位	数据
总长		m	142.80
垂线间长		m	134.50
型宽		m	32.20
型深		m	8.00
吃水		m	5.20
载重量		t	12626
总吨位		t	10177
净吨位		t	3053
平均航速		n mile/h	10.2
主机功率		kW	2200 × 2
满载排水量		t	19416.5
航区		—	无限航区

新奥远景总布置侧面图及俯视图如图4-4-17所示。

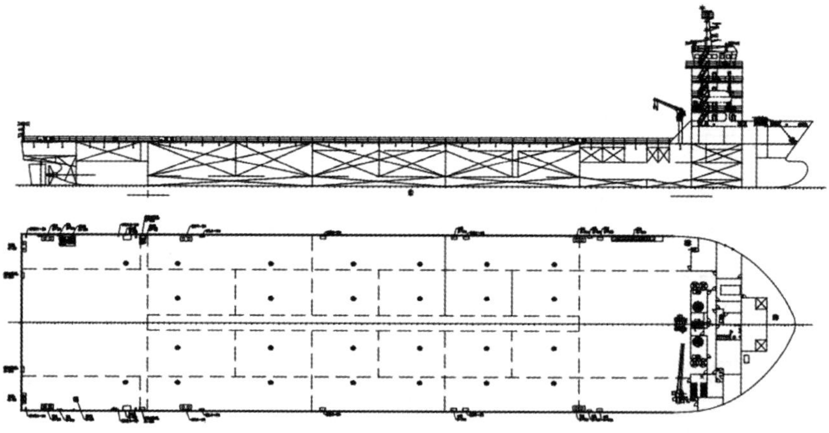

图4-4-17　新奥远景总布置侧面图及俯视图

十八、12024 DWT甲板驳——星狮001

12024 DWT甲板驳资料如表4-4-18所示。

表4-4-18　12024 DWT甲板驳资料

船型名称	12024 DWT甲板驳	船型类别	甲板驳
船籍港	青岛	船级	★CSA
船旗	中国	首制船交船时间	2010年1月25日

续表

主要参数	单位	数据
总长	m	100
型宽	m	30
型深	m	7
吃水	m	5
载重量	t	12024
甲板载荷	t/m^2	15
甲板载货面积	m^2	85 × 30
调载能力	t/hr	2000
航区	—	无限航区

星狮001船舶照片如图4-4-18所示。

图4-4-18　星狮001船舶照片

十九、12338 DWT甲板驳——粤神州5

12338 DWT甲板驳资料如表4-4-19所示。

表4-4-19　12338 DWT甲板驳资料

船型名称	12338 DWT甲板驳	船型类别	甲板驳
承造单位	浙江腾龙造船有限公司	船级	★CSA
船旗	中国	首制船交船时间	2011年12月20日

主要参数	单位	数据
总长	m	139.50
垂线间长	m	131.40
型宽	m	32.00
型深	m	8.00
吃水	m	5.40
载重量	t	12338
甲板载荷	t/m^2	20
甲板载货面积	m^2	3680
淡水量	t	1203

续表

主要参数	单位	数据
燃油量	t	459.8
调载能力	t/hr	900
平均航速	n mile/h	11.5
主机功率	kW	2665 × 2
航区	—	无限航区
满载排水量	t	18951.0
空船排水量	t	6612.6

粤神州5总布置侧面图及俯视图如图4-4-19所示。

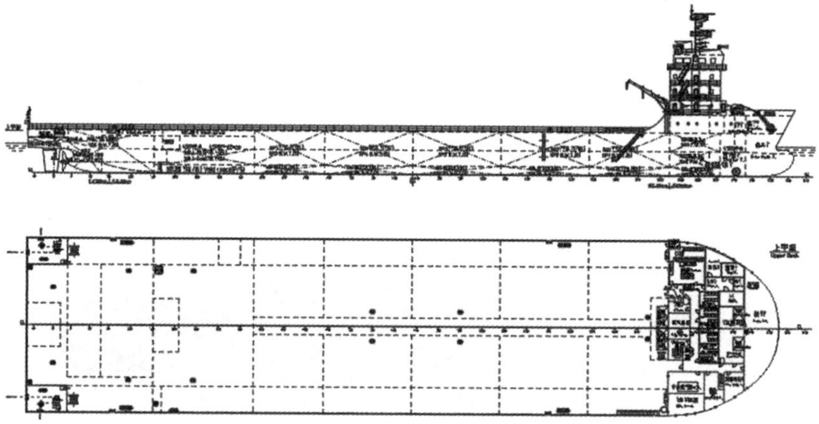

图4-4-19　粤神州5总布置侧面图及俯视图

二十、12388 DWT甲板驳——奥海神州

12388 DWT甲板驳资料如表4-4-20所示。

表4-4-20　12388 DWT甲板驳资料

船型名称	12388 DWT甲板驳	船籍港	洋浦
承造单位	浙江腾龙造船有限公司	船级	★CSA ★CSM
船舶所有人	海南华申国际物流有限公司		
船旗	中国	首制船交船时间	2011年12月20日
主要参数		单位	数据
总长		m	139.5
垂线间长		m	131.4
型宽		m	32
型深		m	8
载重量		t	12388
总吨位		t	9611
净吨位		t	2883

奥海神州船舶照片如图4-4-20所示。

图4-4-20　奥海神州船舶照片

二十一、14000 DWT无动力驳船——宁海驳16001

14000 DWT无动力驳船资料如表4-4-21所示。

表4-4-21　14000 DWT无动力驳船资料

船型名称	14000 DWT无动力甲板驳船	船型类别	无动力甲板驳船
船级	★CSA		
船旗	中国	首制船交船时间	2009年12月28日
主要参数		单位	数据
总长		m	110.00
型宽		m	32.00
型深		m	7.50
载重量		t	14000
甲板载荷		t/m²	18
甲板载货面积		m²	100 × 30
调载能力		t/hr	5000
航区		—	无限航区

宁海驳16001总布置侧面图及俯视图如图4-4-21所示。

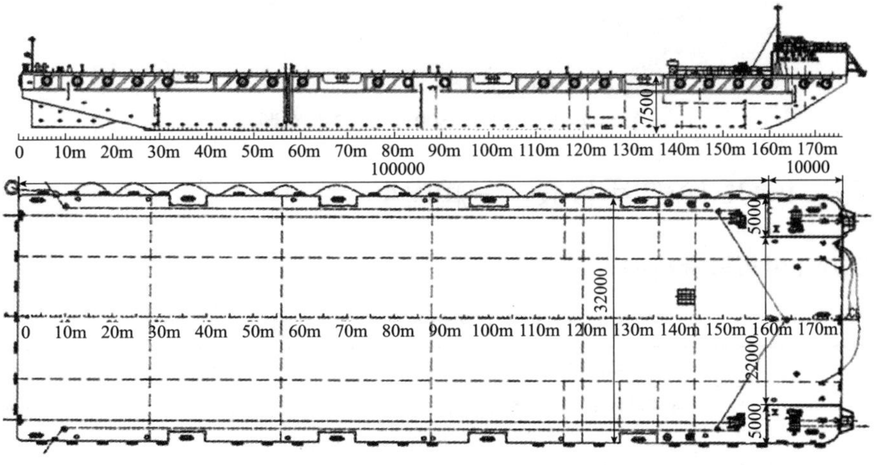

图4-4-21　宁海驳16001总布置侧面图及俯视图（单位：mm）

二十二、16434 DWT无动力驳船——德浮15001/15002

16434 DWT无动力驳船资料如表4-4-22所示。

表4-4-22　16434 DWT无动力驳船资料

船型名称	16434 DWT无动力驳船	船型类别	无动力甲板驳船
船级	★CSA		
船旗	中国	首制船交船时间	2011年4月27日
主要参数		单位	数据
总长		m	125.00
垂线间长		m	124.00
型宽		m	35.00
型深		m	7.50
吃水		m	5.00
载重量		t	16434
甲板载荷		t/m^2	15
总吨位		t	9081
净吨位		t	2724
最大排水量		t	20153
空载吃水		m	2
航区		—	无限航区
调载泵流量		m^3/h	2000

德浮15001/15002船舶照片如图4-4-22所示。

图4-4-22　德浮15001/15002船舶照片

二十三、18432 DWT甲板驳——润舟6

18432 DWT甲板驳资料如表4-4-23所示。

表4-4-23　18432 DWT甲板驳资料

船型名称	18432 DWT甲板驳	船型类别	甲板驳船
承造单位	南通润邦海洋工程装备有限公司	IMO NO.	9980370
船级	★CSA★CSM		
船旗	中国	首制船交船时间	2023年1月

续表

主要参数	单位	数据
总长	m	152.80
垂线间长	m	148.30
型宽	m	40.00
型深	m	9.60
吃水	m	6.20
载重量	t	18432
甲板载荷	t/m^2	20
总吨位	t	14670
甲板载货面积	m^2	5332
净吨位	t	4401
平均航速	n mile/h	13.7
淡水量	t	558.41
燃油量	t	1919.53
航区	—	无限航区
主机功率	kW	3530 × 2
调载泵流量	m^3/h	2500 × 2

润舟6总布置侧面图及俯视图如图4-4-23所示。

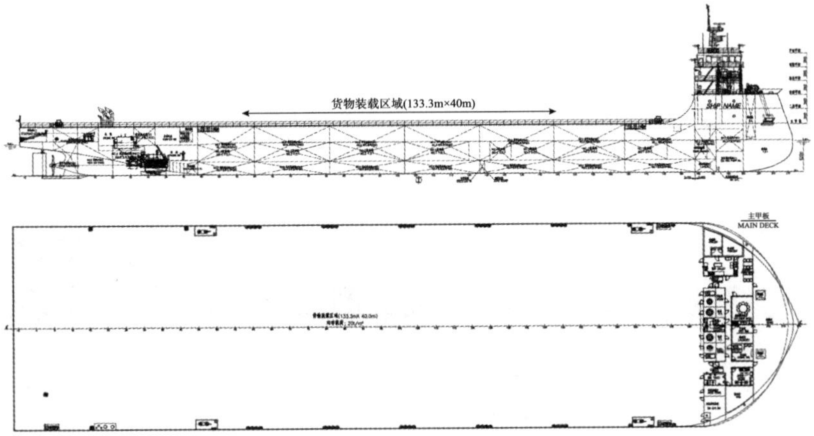

图4-4-23　润舟6总布置侧面图及俯视图

二十四、19500 DWT甲板驳——泛舟6

19500 DWT甲板驳资料如表4-4-24所示。

表4-4-24　19500 DWT甲板驳资料

船型名称	19500 DWT甲板驳	船型类别	甲板驳
设计单位	上海润吉船舶设计有限公司		
承造单位	连云港和利通船舶重工有限公司	船级	RINA
船旗	中国		

续表

主要参数	单位	数据
总长	m	168.53
垂线间长	m	158.95
型宽	m	通常为30.00， 最大36.00
型深	m	10.20
吃水	m	7.00
载重量	t	19500
甲板载荷	t/m^2	20
甲板载货面积	m^2	4750
调载能力	t/hr	2150 × 2
平均航速	n mile/h	12.0
主机功率	kW	3000 × 2
航区	—	无限航区
艏侧推	kW	350 × 2
船员数量	人	25

泛舟6船舶照片如图4-4-24所示。

图4-4-24　泛舟6船舶照片

二十五、20244 DWT甲板驳——德渤2、3

20244 DWT甲板驳资料如表4-4-25所示。

表4-4-25　20244 DWT甲板驳资料

船型名称	20244 DWT甲板驳	船型类别	特种用途船
承造单位	大连中远船务	船级	★CSA ★CSM
船旗	中国	首制船交船时间	2016年

续表

主要参数	单位	数据
总长	m	159.60
垂线间长	m	151.50
型宽	m	通常为37.20， 最大38.80
型深	m	10.90
吃水	m	6.20
载重量	t	20244
甲板载荷	t/m^2	25
总吨位	t	18702
净吨位	t	5610
甲板载货面积	m^2	4800
淡水量	t	480
燃油量	t	1548.9
调载能力	t/hr	2650×（4~6）
平均航速	n mile/h	12.0
主机功率	kW	2800×2
航区	—	无限航区

德渤2、3船舶照片如图4-4-25所示。

图4-4-25　德渤2、3船舶照片

二十六、24242 DWT甲板驳——新辰海洋/泛舟8

24242 DWT甲板驳资料如表4-4-26所示。

表4-4-26　24242 DWT甲板驳资料

船型名称	24242 DWT甲板驳		
设计单位	武汉理工大学华东船舶设计研究院、台州理工船舶工程设计有限公司		
承造单位	中船重工船业有限公司	船级	★CSA ★CSM
船旗	中国	首制船交船时间	2016年5月1日

续表

主要参数	单位	数据
总长	m	153.46
垂线间长	m	149.90
型宽	m	38.60
型深	m	10.80
吃水	m	7.50
载重量	t	24242
甲板载荷	t/m^2	25
甲板载货面积	m^2	130 × 40
调载能力	t/hr	10000
平均航速	n mile/h	11.9
主机功率	kW	2930 × 2
航区	—	无限航区
船员数量	人	26
续航能力	n mile	10000

新辰海洋/泛舟8船舶照片如图4-4-26所示。

图4-4-26　新辰海洋/泛舟8船舶照片

第5节　半潜船

一、5281.5 DWT半潜船——海工装201

5281.5 DWT半潜船资料如表4-5-1所示。

表4-5-1　5281.5 DWT半潜船资料

船型名称	5281.5 DWT半潜船	船型类别	半潜船
船旗	中国		

续表

主要参数	单位	数据
总长	m	130.20
型宽	m	25.20
型深	m	3.20
吃水	m	2.40
载重量	t	5281.5
梁拱	m	0.15
肋距	m	0.70
航区	—	近海

海工装201总布置侧面图及俯视图如图4-5-1所示。

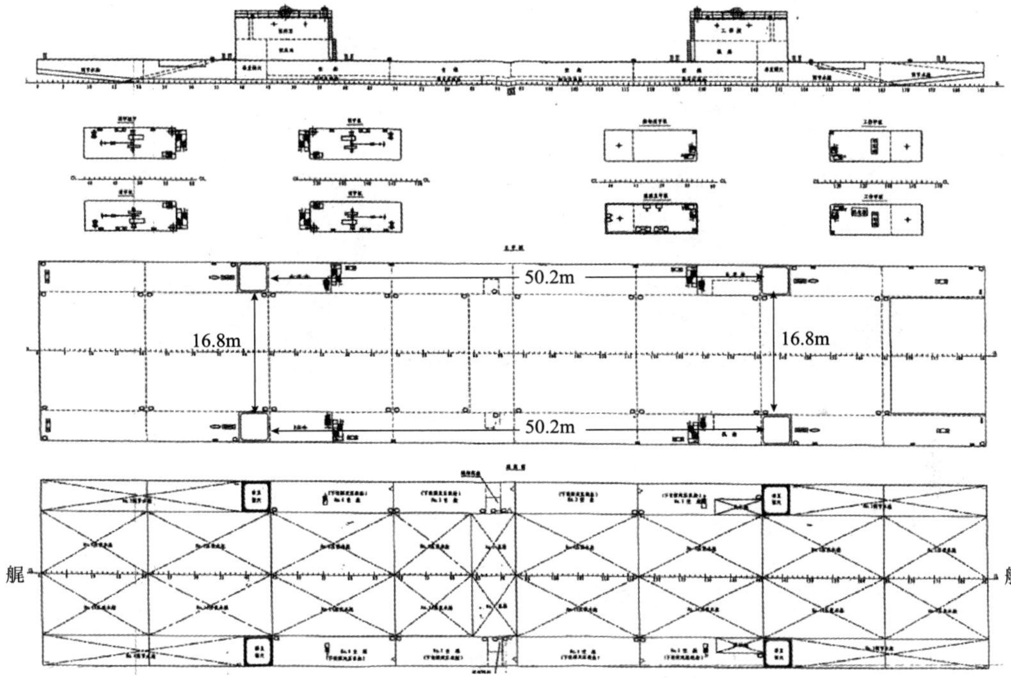

图4-5-1 海工装201总布置侧面图及俯视图

二、7477 DWT半潜船——中建半潜驳6

7477 DWT半潜船资料如表4-5-2所示。

表4-5-2 7477 DWT半潜船资料

船型名称	7477 DWT半潜船	船型类别	半潜船
承造单位	招商局金陵船舶（威海）有限公司	船级	★CSA
船舶所有人	中建港航局集团有限公司		
船旗	中国	首制船交船时间	2016年10月10日

续表

主要参数	单位	数据
总长	m	76.4
垂线间长	m	72
型宽	m	40
型深	m	5.5
载重量	t	7477
总吨位	t	9107
净吨位	t	2732

中建半潜驳6船舶照片如图4-5-2所示。

图4-5-2 中建半潜驳6船舶照片

三、14138 DWT半潜船——Super Servant 3

14138 DWT半潜船资料如表4-5-3所示。

表4-5-3 14138 DWT半潜船资料

船型名称	14138 DWT半潜船	船型类别	半潜船
船旗	荷兰	首制船交船时间	1982年

主要参数	单位	数据
总长	m	139.09
型宽	m	32
吃水	m	6.26
载重量	t	14138
甲板载货面积	m^2	116 × 32
最大航速	n mile/h	14

Super Servant 3船舶照片如图4-5-3所示。

图4-5-3　Super Servant 3船舶照片

四、18000 DWT半潜船——康盛口

18000 DWT半潜船资料如表4-5-4所示。

表4-5-4　18000 DWT半潜船资料

船型名称	18000 DWT半潜船	船型类别	半潜船
承造单位	广船国际有限公司	船级	CCS/DNV
船旗	中国	首制船交船时间	2003年
主要参数		单位	数据
总长		m	156
型宽		m	32.2
吃水		m	7.5
载重量		t	18000
甲板载货面积		m^2	126 × 36
最大航速		n mile/h	14
甲板载荷		t/m^2	18
型深		m	10
主机功率		kW	4050 × 3

康盛口船舶照片如图4-5-4所示。

图4-5-4　康盛口船舶照片

五、18000 DWT半潜船——海洋石油228

18000 DWT半潜船资料如表4-5-5所示。

表4-5-5　18000 DWT半潜船资料

船型名称	18000 DWT半潜船	船型类别	半潜船
承造单位	招商局重工（深圳）有限公司	船级	CCS
船旗	中国香港	首制船交船时间	2012年3月
主要参数		单位	数据
总长		m	192.73
型宽		m	52.5
吃水		m	12.75
两柱间长		m	210.88
续航能力		m	15000
最大航速		n mile/h	14.5
最大结构吃水		m	10.15
型深		m	13.3
主机功率		kW	6000 × 4

海洋石油228船舶照片如图4-5-5所示。

图4-5-5　海洋石油228船舶照片

六、20131 DWT半潜船——泰安口

20131 DWT半潜船资料如表4-5-6所示。

表4-5-6　20131 DWT半潜船资料

船型名称	20131 DWT半潜船	船型类别	半潜船
承造单位	广船国际有限公司	船级	CCS/DNV
船旗	中国	首制船交船时间	2002年
主要参数		单位	数据
总长		m	156
型宽		m	36
吃水		m	7.5
载重量		t	20131

续表

主要参数	单位	数据
甲板载货面积	m^2	126 × 36
最大航速	n mile/h	14
甲板载荷	t/m^2	18
型深	m	10
主机功率	kW	4050 × 3

泰安口船舶照片如图4-5-6所示。

图4-5-6　泰安口船舶照片

七、24000 DWT半潜船——Heerema's barges H-591

24000 DWT半潜船资料如表4-5-7所示。

表4-5-7　24000 DWT半潜船资料

船型名称	24000 DWT半潜船	船型类别	半潜船
承造单位	招商局重工（深圳）有限公司	船级	CCS
船旗	中国香港	首制船交船时间	2012年3月

主要参数	单位	数据
总长	m	180.0
型宽	m	46.0
吃水	m	11.7
两柱间长	m	210.88
续航能力	m	15000
最大航速	n mile/h	14.5
最大结构吃水	m	10.15
型深	m	13.3
主机功率	kW	6000 × 4

Heerema's barges H-591船舶照片如图4-5-7所示。

图4-5-7　Heerema's barges H-591船舶照片

八、24500 DWT半潜船——Audax

24500 DWT半潜船资料如表4-5-8所示。

表4-5-8　24500 DWT半潜船资料

船型名称	24500 DWT半潜船	船型类别	半潜船
承造单位	广船国际	船级	DNV
船旗	库拉索	首制船交船时间	2016年
主要参数		单位	数据
总长		m	206.3
垂线间长		m	193.8
型宽		m	43
吃水		m	8
型深		m	13.5
载重量		t	24500
甲板载货面积		m^2	174 × 43
最大航速		n mile/h	13
甲板载荷		t/m^2	25

Audax总布置侧面图及俯视图如图4-5-8所示。

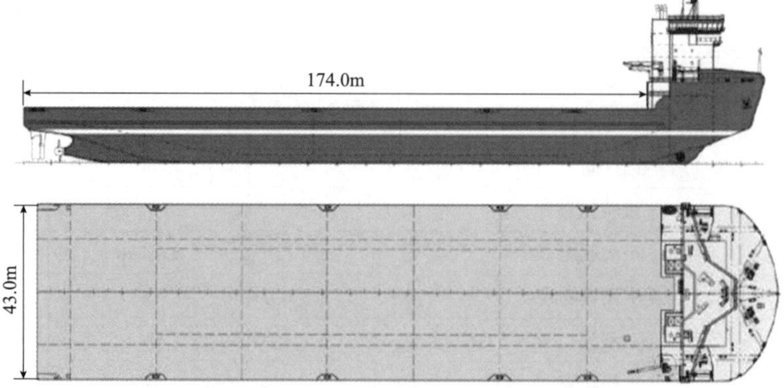

图4-5-8　Audax总布置侧面图及俯视图

九、25500 DWT半潜船——华兴龙/华盛龙

25500 DWT半潜船资料如表4-5-9所示。

表4-5-9　25500 DWT半潜船资料

船型名称	25500 DWT半潜船	船型类别	半潜船
承造单位	招商局重工（深圳）有限公司	船级	CCS
船旗	中国	首制船交船时间	2018年

主要参数	单位	数据
总长	m	166.6
型宽	m	39.8
吃水	m	7.5
型深	m	10.9
载重量	t	25500
最大航速	n mile/h	14

华兴龙/华盛龙船舶照片如图4-5-9所示。

图4-5-9　华兴龙/华盛龙船舶照片

十、26000 DWT半潜船——Heerema's barges H-627

26000 DWT半潜船资料如表4-5-10所示。

表4-5-10　26000 DWT半潜船资料

船型名称	26000 DWT半潜船	船型类别	半潜船
承造单位	招商局重工（深圳）有限公司	船级	CCS
船旗	中国香港	首制船交船时间	2012年3月

主要参数	单位	数据
总长	m	176.8
型宽	m	48.8
吃水	m	11.0
两柱间长	m	210.88

续表

主要参数	单位	数据
续航能力	m	15000
最大航速	n mile/h	14.5
最大结构吃水	m	10.15
型深	m	13.3
主机功率	kW	6000 × 4

Heerema's barges H-627船舶照片如图4-5-10所示。

图4-5-10　Heerema's barges H-627船舶照片

十一、26702 DWT半潜船——振半潜1

26702 DWT半潜船资料如表4-5-11所示。

表4-5-11　26702 DWT半潜船资料

船型名称	26702 DWT半潜船	船型类别	半潜船
船籍港	上海		
承造单位	上海振华重工（集团）股份有限公司	船级	★ CSA ★ CSM
船舶所有人	上海振华重工（集团）股份有限公司		
船旗	中国	首制船交船时间	2011年3月11日

主要参数	单位	数据
总长	m	146.7
垂线间长	m	140
型宽	m	70
型深	m	8.5
载重量	t	26702
总吨位	t	29564
净吨位	t	24833

振半潜1船舶照片如图4-5-11所示。

图4-5-11　振半潜1船舶照片

十二、27720 DWT半潜船——Mighty Servant 3

27720 DWT半潜船资料如表4-5-12所示。

表4-5-12　27720 DWT半潜船资料

船型名称	27720 DWT半潜船	船型类别	半潜船
承造单位	日本长崎大岛会社	船级	LR
船旗	库拉索	首制船交船时间	1984年
主要参数		单位	数据
总长		m	181.23
型宽		m	40
型深		m	12
吃水		m	9.48
载重量		t	27720
甲板载货面积		m^2	140 × 40
最大航速		n mile/h	15
主机功率		kW	6500 × 2

Mighty Servant 3船舶照片如图4-5-12所示。

图4-5-12　Mighty Servant 3船舶照片

十三、38000 DWT半潜船——致远口

38000 DWT半潜船资料如表4-5-13所示。

表4-5-13　38000 DWT半潜船资料

船型名称	38000 DWT半潜船	船型类别	半潜船
承造单位	广船国际有限公司	船级	CCS
船旗	中国	首制船交船时间	2011年11月

主要参数	单位	数据
总长	m	195.2
型宽	m	41.5
吃水	m	8.8
载重量	t	38000
甲板载货面积	m^2	134.4 × 41.5
最大航速	n mile/h	13.5
甲板载荷	t/m^2	20
型深	m	12

致远口船舶照片如图4-5-13所示。

图4-5-13　致远口船舶照片

十四、31650 DWT半潜船——华海龙

31650 DWT半潜船资料如表4-5-14所示。

表4-5-14　31650 DWT半潜船资料

船型名称	31650 DWT半潜船	船型类别	半潜船
承造单位	招商局重工（深圳）有限公司	船级	CCS
船旗	中国	首制船交船时间	2011年9月

主要参数	单位	数据
总长	m	181.9
型宽	m	43.6
吃水	m	7.5/8
型深	m	11
载重量	t	31650
甲板载货面积	m^2	144 × 43.6
最大航速	n mile/h	12
主机功率	kW	4320 × 3

华海龙船舶照片如图4-5-14所示。

图4-5-14　华海龙船舶照片

十五、34030 DWT半潜船——TRANSSHELF

34030 DWT半潜船资料如表4-5-15所示。

表4-5-15　34030 DWT半潜船资料

船型名称	34030 DWT半潜船	船型类别	半潜船
承造单位	芬兰图尔库造船厂	船级	BVHM，ICE CLASS
船旗	库拉索	首制船交船时间	1987年
主要参数		单位	数据
总长		m	173
型宽		m	40
吃水		m	8.80
型深		m	12
载重量		t	34030
甲板载货面积		m^2	132 × 40
最大航速		n mile/h	15.5
主机功率		kW	6750 × 2

TRANSSHELF总布置侧面图及俯视图如图4-5-15所示。

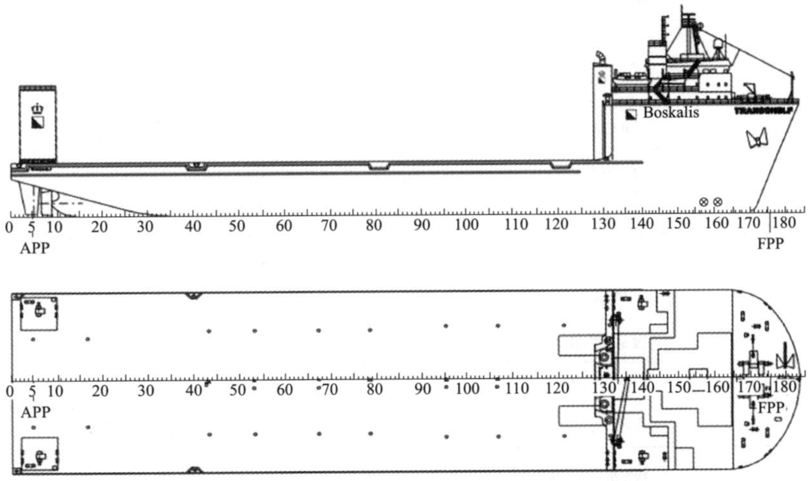

图4-5-15　TRANSSHELF总布置侧面图及俯视图

十六、32897 DWT半潜船——招商重工1号

32897 DWT半潜船资料如表4-5-16所示。

表4-5-16　32897 DWT半潜船资料

船型名称	32897 DWT半潜船	船型类别	半潜船
船籍港	深圳		
承造单位	江苏海新船务重工有限公司	船级	★CSA
船舶所有人	招商局重工（深圳）有限公司		
船旗	中国	首制船交船时间	2009年4月30日

主要参数	单位	数据
总长	m	140
垂线间长	m	140
型宽	m	56
型深	m	8.8
载重量	t	32897
总吨位	t	21981
净吨位	t	6594

十七、40910 DWT半潜船——Mighty Servant 1

40910 DWT半潜船资料如表4-3-17所示。

表4-3-17　40910 DWT半潜船资料

船型名称	40910 DWT半潜船	船型类别	半潜船
船旗	库拉索	首制船交船时间	1983年

主要参数	单位	数据
总长	m	190.03
垂线间长	m	174.70
型宽	m	50
型深	m	12
吃水	m	8.79
载重量	t	40910
总吨位	t	29193
净吨位	t	8557
甲板载荷	t/m^2	19~25
甲板载货面积	m^2	150×50
最大航速	n mile/h	13
主机功率	kW	6770×2

Mighty Servant 1总布置侧面图及俯视图如图4-5-16所示。

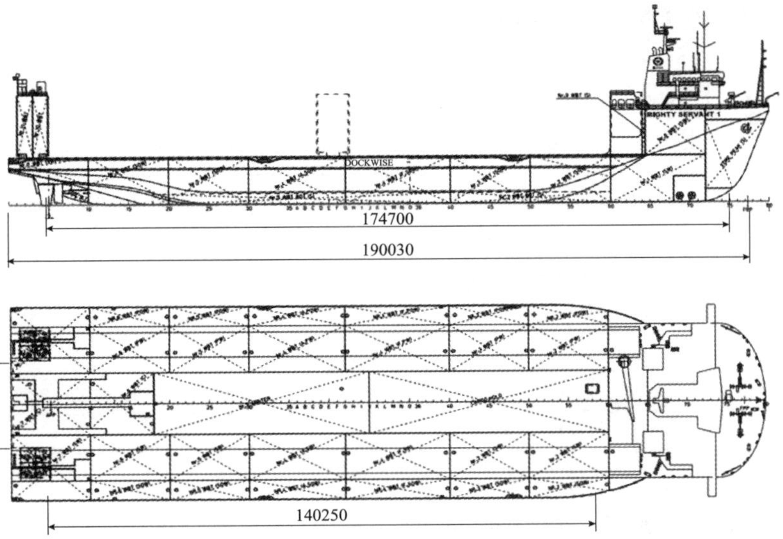

图4-5-16　Mighty Servant 1总布置侧面图及俯视图（单位：mm）

十八、46671 DWT半潜船——振华15

46671 DWT半潜船资料如表4-5-18所示。

表4-5-18　46671 DWT半潜船资料

船型名称	46671 DWT半潜船	船型类别	半潜船
船旗	中国香港		
主要参数		单位	数据
总长		m	233.3
型宽		m	42
型深		m	13.5
载重量		t	46671
总吨位		t	39771

振华15船舶照片如图4-5-17所示。

图4-5-17　振华15船舶照片

十九、47107 DWT半潜船——振华28

47107 DWT半潜船资料如表4-5-19所示。

表4-5-19　47107 DWT半潜船资料

船型名称	47107 DWT半潜船	船型类别	半潜船
船旗	中国香港		
主要参数		单位	数据
总长		m	232.04
型宽		m	42
型深		m	20.3
载重量		t	47107
总吨位		t	40015

振华28船舶照片如图4-5-18所示。

图4-5-18　振华28船舶照片

二十、47900 DWT半潜船——祥和口

47900 DWT半潜船资料如表4-5-20所示。

表4-5-20　47900 DWT半潜船资料

船型名称	47900 DWT半潜船	船型类别	半潜船
承造单位	广船国际有限公司	船级	CCS
船旗	中国	首制船交船时间	2016年5月
主要参数		单位	数据
总长		m	216.7
型宽		m	43
吃水		m	9.68
载重量		t	47900
甲板载货面积		m^2	177.6 × 43
最大航速		n mile/h	13.5

续表

主要参数	单位	数据
甲板载荷	t/m²	25
型深	m	13
主机功率	kW	3840 × 4

祥和口船舶照片如图4-5-19所示。

图4-5-19　祥和口船舶照片

二十一、48000 DWT半潜船——祥云口/祥瑞口

48000 DWT半潜船资料如表4-5-21所示。

表4-5-21　48000 DWT半潜船资料

船型名称	48000 DWT半潜船	船型类别	半潜船
承造单位	广船国际有限公司	船级	CCS/DNV
船旗	中国	首制船交船时间	2011年1月9日
主要参数		单位	数据
总长		m	216.7
型宽		m	43
吃水		m	9.85
载重量		t	48000
甲板载货面积		m²	177.6 × 43
最大航速		n mile/h	13.5
甲板载荷		t/m²	25
型深		m	13
主机功率		kW	3840 × 4

祥云口/祥瑞口船舶照片如图4-5-20所示。

图4-5-20　祥云口/祥瑞口船舶照片

二十二、48127 DWT半潜船——振华7

48127 DWT半潜船资料如表4-5-22所示。

表4-5-22　48127 DWT半潜船资料

船型名称	48127 DWT半潜船	船型类别	半潜船
承造单位	三星重工业有限公司	船级	★CSA ★CSM
船旗	利比里亚	首制船交船时间	1998年9月10日

主要参数	单位	数据
总长	m	244.5
垂线间长	m	233
型宽	m	42
型深	m	13.5
吃水	m	9.2
载重量	t	48127
总吨位	t	44471
净吨位	t	13341
最大航速	n mile/h	13.5

振华7船舶照片如图4-5-21所示。

图4-5-21　振华7船舶照片

二十三、49725 DWT半潜船——招商重工3

49725 DWT半潜船资料如表4-5-23所示。

表4-5-23　49725 DWT半潜船资料

船型名称	49725 DWT半潜船	船型类别	半潜船
船籍港	南通		
承造单位	招商局重工(江苏)有限公司	船级	★CSA
船舶所有人	招商局重工(江苏)有限公司		
船旗	中国	首制船交船时间	2015年12月30日

续表

主要参数	单位	数据
总长	m	152.5
垂线间长	m	152.5
型宽	m	60
型深	m	11.5
载重量	t	49725
总吨位	t	34201
净吨位	t	10260

二十四、49809 DWT半潜船——振华34

49809 DWT半潜船资料如表4-5-24所示。

表4-5-24　49809 DWT半潜船资料

船型名称	49809 DWT半潜船	船型类别	半潜船
承造单位	三星重工业有限公司	船级	★CSA ★CSM
船旗	利比里亚	首制船交船时间	1999年9月20日
主要参数		单位	数据
总长		m	244.5
垂线间长		m	233
型宽		m	42
型深		m	13.5
吃水		m	9.2
载重量		t	49809
总吨位		t	43173
净吨位		t	12951
最大航速		n mile/h	14

振华34船舶照片如图4-5-22所示。

图4-5-22　振华34船舶照片

二十五、50000 DWT半潜船——Red Zed I/II

50000 DWT半潜船资料如表4-5-25所示。

表4-5-25　50000 DWT半潜船资料

船型名称	50000 DWT半潜船	船型类别	半潜船
船级	ABS		
船旗	库拉索/利比里亚	首制船交船时间	2015年8月
主要参数		单位	数据
总长		m	216.7
型宽		m	43
吃水		m	10
型深		m	13.35
载重量		t	50000
甲板载货面积		m^2	177.6 × 43
甲板载荷		t/m^2	25/100
最大航速		n mile/h	13.5
主机功率		kW	19260

Red Zed Ⅰ/Ⅱ总布置侧面图及俯视图如图4-5-23所示。

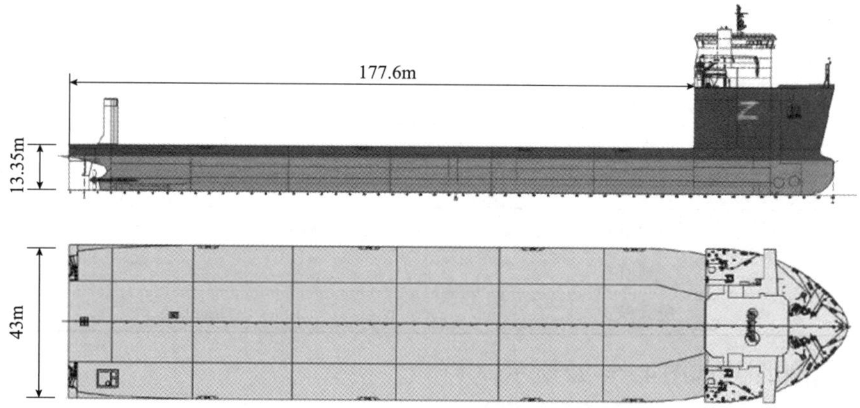

图4-5-23　Red Zed Ⅰ/Ⅱ总布置侧面图及俯视图

二十六、50000 DWT半潜船——Forte/Finesse

50000 DWT半潜船资料如表4-5-26所示。

表4-5-26　50000 DWT半潜船资料

船型名称	50000 DWT半潜船	船型类别	半潜船
承造单位	广船国际有限公司	船级	DNV
船旗	马耳他	首制船交船时间	2011年/2012年

续表

主要参数	单位	数据
总长	m	216.75
型宽	m	43
型深	m	13
吃水	m	9.68
载重量	t	50000
甲板载荷	t/m^2	25
甲板载货面积	m^2	177.6 × 43
最大航速	n mile/h	14.0
主机功率	kW	3840 × 4

Forte/Finesse总布置侧面图及俯视图如图4-5-24所示。

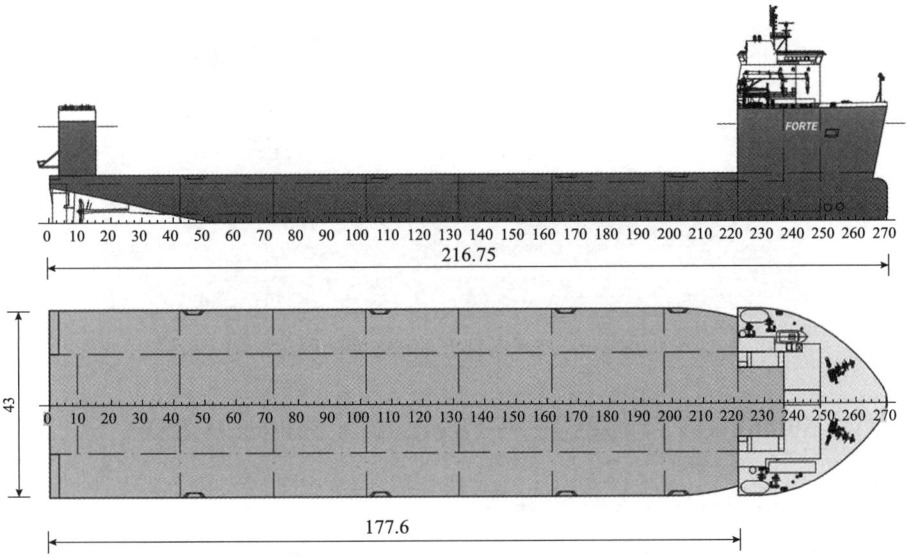

图4-5-24　Forte/Finesse总布置侧面图及俯视图（单位：m）

二十七、50000 DWT半潜船——海洋石油278

50000 DWT半潜船资料如表4-5-27所示。

表4-5-27　50000 DWT半潜船资料

船型名称	50000 DWT半潜船	船型类别	半潜船
承造单位	招商局重工（深圳）有限公司	船级	CCS
船旗	中国香港	首制船交船时间	2012年3月
主要参数		单位	数据
总长		m	221.6
型宽		m	42
吃水		m	6.5

续表

主要参数	单位	数据
两柱间长	m	210.88
续航能力	m	15000
最大航速	n mile/h	14.5
最大结构吃水	m	10.15
型深	m	13.3
主机功率	kW	6000 × 4

海洋石油278船舶照片如图4-5-25所示。

图4-5-25　海洋石油278船舶照片

二十八、50000 DWT半潜船——Heerema's barges H-851

50000 DWT半潜船资料如表4-5-28所示。

表4-5-28　50000 DWT半潜船资料

船型名称	50000 DWT半潜船	船型类别	半潜船
承造单位	招商局重工（深圳）有限公司	船级	CCS
船旗	中国香港	首制船交船时间	2012年3月
主要参数		单位	数据
总长		m	260
型宽		m	63
吃水		m	15
两柱间长		m	210.88
续航能力		m	15000
最大航速		n mile/h	14.5
最大结构吃水		m	10.15
型深		m	13.3
主机功率		kW	6000 × 4

二十九、50352 DWT半潜船——振华33

50352 DWT半潜船资料如表4-5-29所示。

表4-5-29　50352 DWT半潜船资料

船型名称	50352 DWT半潜船	船型类别	半潜船
承造单位	上海振华重工启东海洋工程股份有限公司	船级	★CSA ★CSM
船旗	中国	首制船交船时间	2017年3月2日
主要参数		单位	数据
总长		m	227
垂线间长		m	220.6
型宽		m	43
型深		m	13.5
吃水		m	10
载重量		t	50352
总吨位		t	43788
净吨位		t	13136
最大航速		n mile/h	14

振华33船舶照片如图4-5-26所示。

图4-5-26　振华33船舶照片

三十、52500 DWT自航半潜船——华洋龙

52500 DWT自航半潜船资料如表4-5-30所示。

表4-5-30　52500 DWT自航半潜船资料

船型名称	52500 DWT自航半潜船	船型类别	半潜船
船级	★CSA ★CSM		
船旗	中国	首制船交船时间	2016年
主要参数		单位	数据
总长		m	228.12
垂线间长		m	224.12

续表

主要参数	单位	数据
型宽	m	43.00
型深	m	13.50
吃水	m	10.30
载重量	t	52500
甲板载荷	t/m^2	27.5
总吨位	t	45349
净吨位	t	13562
甲板载货面积	m^2	7500
淡水量	t	660
燃油量	t	4600
调载能力	t/hr	5000
平均航速	n mile/h	14
主机功率	kW	5760 × 4

华洋龙船舶照片如图4-5-27所示。

图4-5-27　华洋龙船舶照片

三十一、53000 DWT半潜船——Mega Passion

53000 DWT半潜船资料如表4-5-31所示。

表4-5-31　53000 DWT半潜船资料

船型名称	53000 DWT半潜船	船型类别	半潜船
承造单位	南通中远船务工程有限公司	船级	KR
船旗	韩国	首制船交船时间	2010年5月
主要参数		单位	数据
总长		m	203
型宽		m	63

续表

主要参数	单位	数据
吃水	m	8.2
型深	m	11
载重量	t	53000
甲板载货面积	m^2	171 × 63
甲板载荷	t/m^2	28~40
最大航速	n mile/h	12
主机功率	kW	3000 × 4

Mega Passion船舶照片如图4-5-28所示。

图4-5-28　Mega Passion船舶照片

三十二、54000 DWT半潜船——Target

54000 DWT半潜船资料如表4-5-32所示。

表4-5-32　54000 DWT半潜船资料

船型名称	54000 DWT半潜船	船型类别	半潜船
承造单位	南通中远船务工程有限公司	船级	BVHM，SS
船旗	马耳他	首制船交船时间	2007年
主要参数		单位	数据
总长		m	216.79
型宽		m	44.5
型深		m	14
吃水		m	10.44
载重量		t	54000
甲板载货面积		m^2	130 × 44.5
最大航速		n mile/h	15.0
主机功率		kW	15552

Target船舶照片如图4-5-29所示。

图4-5-29　Target船舶照片

三十三、54000 DWT半潜船——Trustee

54000 DWT半潜船资料如表4-5-33所示。

表4-5-33　54000 DWT半潜船资料

船型名称	54000 DWT半潜船	船型类别	半潜船
承造单位	南通中远船务工程有限公司	船级	BVHM，SS
船旗	库拉索	首制船交船时间	2008年
主要参数		单位	数据
总长		m	216.79
型宽		m	44.5
型深		m	14
吃水		m	10.44
载重量		t	54000
甲板载货面积		m^2	130 × 44.5
最大航速		n mile/h	15.0
主机功率		kW	15552

Trustee船舶照片如图4-5-30所示。

图4-5-30　Trustee船舶照片

三十四、54000 DWT半潜船——TRIUMPH

54000 DWT半潜船资料如表4-5-34所示。

表4-5-34　54000 DWT半潜船资料

船型名称	54000 DWT半潜船	船型类别	半潜船
承造单位	中国远洋南通船厂	船级	BVHM，SS
船旗	马耳他	首制船交船时间	2008年
主要参数		单位	数据
总长		m	216.79
型宽		m	44.5
吃水		m	10.44
型深		m	14
载重量		t	54000
甲板载货面积		m^2	130 × 44.5
最大航速		n mile/h	15

TRIUMPH船舶照片如图4-5-31所示。

图4-5-31　TRIUMPH船舶照片

三十五、57000 DWT半潜船——海洋石油221

57000 DWT半潜船资料如表4-5-35所示。

表4-5-35　57000 DWT半潜船资料

船型名称	57000 DWT半潜船	船型类别	半潜船
承造单位	招商局重工（深圳）有限公司	船级	CCS
船旗	中国香港	首制船交船时间	2012年3月

续表

主要参数	单位	数据
总长	m	153.55
型宽	m	36
吃水	m	9
两柱间长	m	210.88
续航能力	m	15000
最大航速	n mile/h	14.5
最大结构吃水	m	10.15
型深	m	13.3
主机功率	kW	6000 × 4

海洋石油221船舶照片如图4-5-32所示。

图4-5-32　海洋石油221船舶照片

三十六、57021 DWT半潜船——Black Marlin

57021 DWT半潜船资料如表4-5-36所示。

表4-5-36　57021 DWT半潜船资料

船型名称	57021 DWT半潜船	船型类别	半潜船
承造单位	中国台湾高雄造船厂	船级	LR
船旗	荷兰	首制船交船时间	1999年
主要参数		单位	数据
总长		m	217
型宽		m	42
型深		m	13.3
吃水		m	10.1
载重量		t	57021
甲板载货面积		m^2	178.2 × 42
最大航速		n mile/h	12
主机功率		kW	12640

Black Marlin船舶照片如图4-5-33所示。

图4-5-33 Black Marlin船舶照片

三十七、60000 DWT半潜船——泛舟10

60000 DWT半潜船资料如表4-5-37所示。

表4-5-37 60000 DWT半潜船资料

船型名称	60000 DWT半潜船	船型类别	半潜船
船级	CCS		
船旗	中国	首制船交船时间	2019年

主要参数	单位	数据
总长	m	239.6
型宽	m	48.00
型深	m	13.50
吃水	m	9.80
载重量	t	60000
甲板载荷	t/m^2	25
甲板载货面积	m^2	198.4 × 48
调载能力	t/hr	2500 × 6
最大航速	n mile/h	16.0
主机功率	kW	19140
航区	—	无限航区

泛舟10船舶照片如图4-5-34所示。

图4-5-34　泛舟10船舶照片

三十八、64000 DWT半潜船——GPO Grace/ GPO Amethyst/GPO Sapphire/GPO Emerald

64000 DWT半潜船资料如表4-5-38所示。

表4-5-38　64000 DWT半潜船资料

船型名称	64000 DWT半潜船	船型类别	半潜船
承造单位	中国台湾高雄造船厂	船级	DHV-GL
船旗	马歇尔群岛	首制船交船时间	2017年/2018年/2019年
主要参数		单位	数据
总长		m	225
垂线间长		m	218.4
型宽		m	48
吃水		m	10.7
型深		m	13.8
载重量		t	64000
总吨位		t	49091
净吨位		t	14728
甲板载货面积		m^2	183 × 48
最大航速		n mile/h	16
甲板载荷		t/m^2	30
主机功率		kW	8000 × 2

GPO Grace船舶照片和GPO Grace总布置侧面图及俯视图如图4-5-35、图4-5-36所示。

图4-5-35　GPO Grace船舶照片

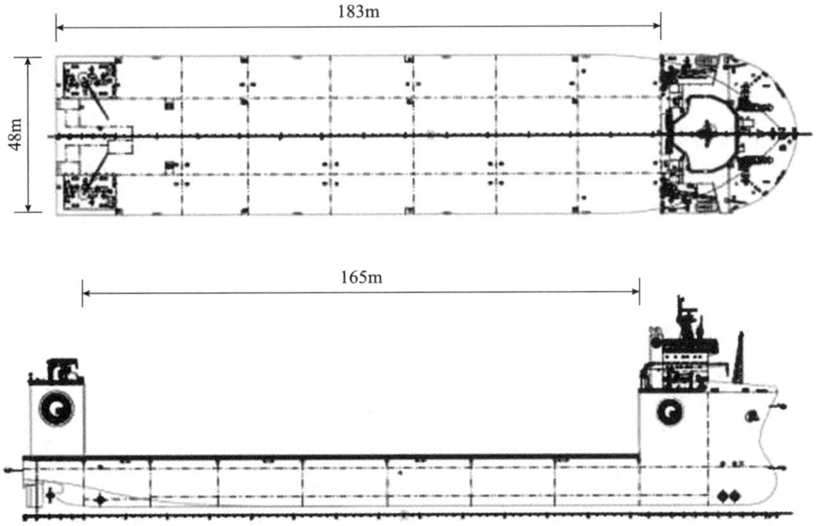

图4-5-36　GPO Grace总布置侧面图及俯视图

三十九、72148 DWT半潜船——White-marlin

72148 DWT半潜船资料如表4-5-39所示。

表4-5-39　72148 DWT半潜船资料

船型名称	72148 DWT半潜船	船型类别	半潜船
承造单位	广船国际有限公司	船级	GSI
船旗	荷兰	首制船交船时间	2015年
主要参数		单位	数据
总长		m	216.7
型宽		m	63
吃水		m	10
载重量		t	72148

续表

主要参数	单位	数据
甲板载货面积	m^2	177.6 × 63
最大航速	n mile/h	13.9
主机功率	kW	8700 × 5

White-marlin总布置侧面图及俯视图如图4-5-37所示。

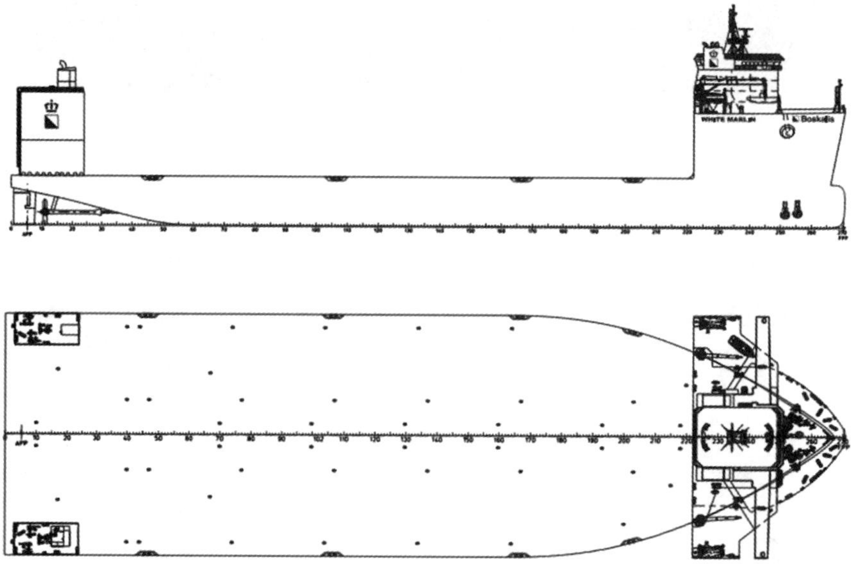

图4-5-37　White-marlin总布置侧面图及俯视图

四十、76292 DWT半潜船——Blue Marlin

76292 DWT半潜船资料如表4-5-40所示。

表4-5-40　76292 DWT半潜船资料

船型名称	76292 DWT半潜船	船型类别	半潜船
承造单位	中国台湾高雄造船厂	船级	LR
船旗	荷兰	首制船交船时间	1999年
主要参数		单位	数据
总长		m	224
型宽		m	63
型深		m	13.3
吃水		m	10.2
载重量		t	76292
甲板载货面积		m^2	178.2 × 63
最大航速		n mile/h	12
主机功率		kW	4500 × 2+12640

Blue Marlin船舶照片如图4-5-38所示。

图4-5-38　Blue Marlin船舶照片

四十一、80067 DWT半潜船——华瑞龙

80067 DWT半潜船资料如表4-5-41所示。

表4-5-41　80067 DWT半潜船资料

船型名称	80067 DWT半潜船	船型类别	半潜船
船籍港	广州		
承造单位	招商局重工（江苏）有限公司	船级	★CSA ★CSM
船舶所有人	广州打捞局		
船旗	中国	首制船交船时间	2022年8月5日
主要参数		单位	数据
总长		m	252
垂线间长		m	246.4
型宽		m	60
型深		m	14.8
载重量		t	80067
总吨位		t	74226
净吨位		t	22267

华瑞龙船舶照片如图4-5-39所示。

图4-5-39　华瑞龙船舶照片

四十二、89000 DWT半潜船——海洋石油229

89000 DWT半潜船资料如表4-5-42所示。

表4-5-42　89000 DWT半潜船资料

船型名称	89000 DWT半潜船	船型类别	半潜船
承造单位	招商局重工（深圳）有限公司	船级	CCS
船旗	中国香港	首制船交船时间	2012年3月
主要参数		单位	数据
总长		m	234.7
型宽		m	65
吃水		m	14.25
两柱间长		m	210.88
续航能力		m	15000
最大航速		n mile/h	14.5
最大结构吃水		m	10.15
型深		m	13.3
主机功率		kW	6000 × 4

海洋石油229船舶照片如图4-5-40所示。

图4-5-40　海洋石油229船舶照片

四十三、98000 DWT半潜船——新光华（光华口）

98000 DWT半潜船资料如表4-5-43所示。

表4-5-43　98000 DWT半潜船资料

船型名称	98000 DWT半潜船	船型类别	半潜船
承造单位	广船国际有限公司	船级	CCS
船旗	中国香港	首制船交船时间	2016年12月
主要参数		单位	数据
总长		m	255
型宽		m	68
吃水		m	10
载重量		t	98000
甲板载货面积		m^2	211 × 68

续表

主要参数	单位	数据
最大航速	n mile/h	14.5
甲板载荷	t/m^2	20
型深	m	14.5
主机功率	kW	4950 × 6

新光华（光华口）船舶照片如图4-5-41所示。

图4-5-41　新光华（光华口）船舶照片

第6节　拖轮

一、宁海拖4002

宁海拖4002资料如表4-6-1所示。

表4-6-1　宁海拖4002资料

船型名称	拖轮	船型类别	常规拖轮
船级	CCS		
船旗	中国	首制船交船时间	2012年
主要参数		单位	数据
总长		m	62.00
型宽		m	12.60
型深		m	6.00
吃水		m	4.80
总吨位		t	1374
艏侧推		kN	32
系柱拖力		t	56
续航能力		n mile	8000
平均航速		n mile/h	12.5
主机动力		HP	4400
航区		—	无限航区

宁海拖4002船舶照片及侧视图如图4-6-1所示。

图4-6-1　宁海拖4002船舶照片及侧视图

二、宁海拖4003

宁海拖4003资料如表4-6-2所示。

表4-6-2　宁海拖4003资料

船型名称	拖轮	船型类别	常规拖轮
船级	CCS		
船旗	中国	首制船交船时间	2006年
主要参数		单位	数据
总长		m	49.80
型宽		m	13.00
型深		m	5.00
吃水		m	4.00
总吨位		t	967
系柱拖力		t	52
续航能力		n mile	9847
平均航速		n mile/h	12
主机功率		kW	2942
航区		—	无限航区

宁海拖4003船舶照片如图4-6-2所示。

图4-6-2　宁海拖4003船舶照片

三、宁海拖6002

宁海拖6002资料如表4-6-3所示。

表4-6-3　宁海拖6002资料

船型名称	拖轮	船型类别	三用拖轮
船级	CCS		
船旗	中国	首制船交船时间	2015年
主要参数		单位	数据
总长		m	58.80
型宽		m	13.20
型深		m	6.00
吃水		m	4.60
总吨位		t	1449
淡水量		t	372.54
燃油量		t	586.92
甲板载货面积		m^2	210
艏侧推		kN	50
艉侧推		kN	25
系柱拖力		t	85.1
续航能力		n mile	5000
平均航速		n mile/h	13.5
主机动力		HP	6000
航区		—	无限航区

宁海拖6002船舶照片及侧视图如图4-6-3所示。

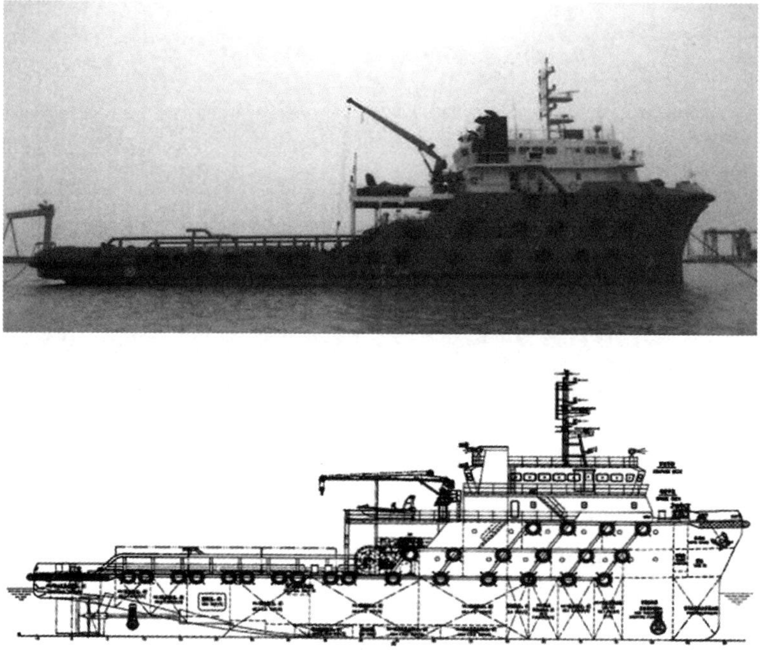

图4-6-3　宁海拖6002船舶照片及侧视图

四、宁海拖6001

宁海拖6001资料如表4-6-4所示。

表4-6-4　宁海拖6001资料

船型名称	拖轮	船型类别	三用拖轮
船级	CCS		
船旗	中国	首制船交船时间	2009年
主要参数		单位	数据
总长		m	69.30
型宽		m	14.20
型深		m	6.90
吃水		m	5.00
总吨位		t	1912
系柱拖力		t	81
续航能力		n mile	15120
平均航速		n mile/h	14
主机动力		HP	6600
淡水量		t	319.82
燃油量		t	862.48
甲板载货面积		m^2	415
艏侧推		kN	60

宁海拖6001船舶照片及侧视图如图4-6-4所示。

图4-6-4 宁海拖6001船舶照片及侧视图

五、宁海拖3002

宁海拖3002资料如表4-6-5所示。

表4-6-5 宁海拖3002资料

船型名称	拖轮	船型类别	常规拖轮
船级	CCS		
船旗	中国	首制船交船时间	2009年
主要参数		单位	数据
总长		m	42.00
型宽		m	10.00
型深		m	5.00
吃水		m	4.80
总吨位		t	527
系柱拖力		t	45
续航能力		n mile	3000
平均航速		n mile/h	12
主机动力		HP	3600

宁海拖3002船舶照片及侧视图如图4-6-5所示。

图4-6-5　宁海拖3002船舶照片及侧视图

六、宁海拖5001

宁海拖5001资料如表4-6-6所示。

表4-6-6　宁海拖5001资料

船型名称	拖轮	船型类别	常规拖轮
船级	CCS		
船旗	中国	首制船交船时间	2009年
主要参数		单位	数据
总长		m	58.50
型宽		m	12.65
型深		m	5.80
吃水		m	4.30
总吨位		t	1455
系柱拖力		t	68
续航能力		n mile	4000
平均航速		n mile/h	13
主机动力		HP	5600

宁海拖5001船舶照片及侧视图如图4-6-6所示。

图4-6-6　宁海拖5001船舶照片及侧视图

七、宁海拖4001

宁海拖4001资料如表4-6-7所示。

表4-6-7　宁海拖4001资料

船型名称	拖轮	船型类别	常规拖轮
船级	CCS		
船旗	中国	首制船交船时间	2009年
主要参数		单位	数据
总长		m	62.00
型宽		m	12.60
型深		m	6.00
吃水		m	4.80
总吨位		t	1374
系柱拖力		t	63
续航能力		n mile	8000
平均航速		n mile/h	12.5
主机动力		HP	4000
艏侧推		kN	32

宁海拖4001船舶照片及侧视图如图4-6-7所示。

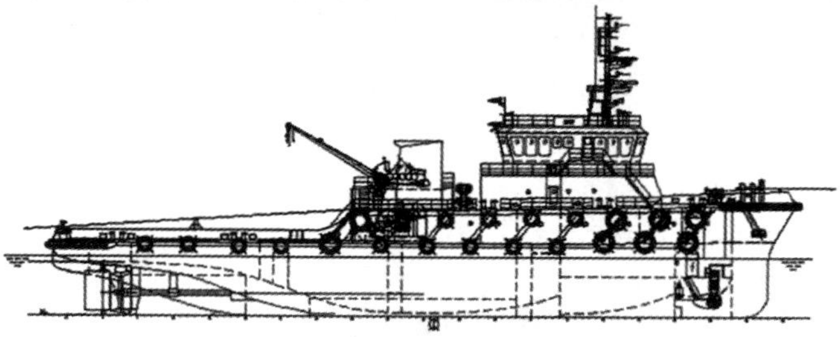

图4-6-7　宁海拖4001船舶照片及侧视图

第7节　重吊船

一、12950 DWT重吊船——HISTORY EDUARD

12950 DWT重吊船资料如表4-7-1所示。

表4-7-1　12950 DWT重吊船资料

船型名称	12950 DWT重吊船	船型类别	重吊船
船级	GL+ 100 A5 E3 BWM IW	IMO NO.	9504803
船旗	利比里亚	首制船交船时间	2022年
主要参数		单位	数据
总长		m	153.80
型宽		m	23.20
型深		m	12.80
舱容量		m^3	19600
最大吃水		m	8.50
起重机		t	400 × 2+80
平均航速		n mile/h	17.5
总吨位		t	13200
净吨位		t	13200
主机功率		kW	900

HISTORY EDUARD总布置侧面图及俯视图如图4-7-1所示。

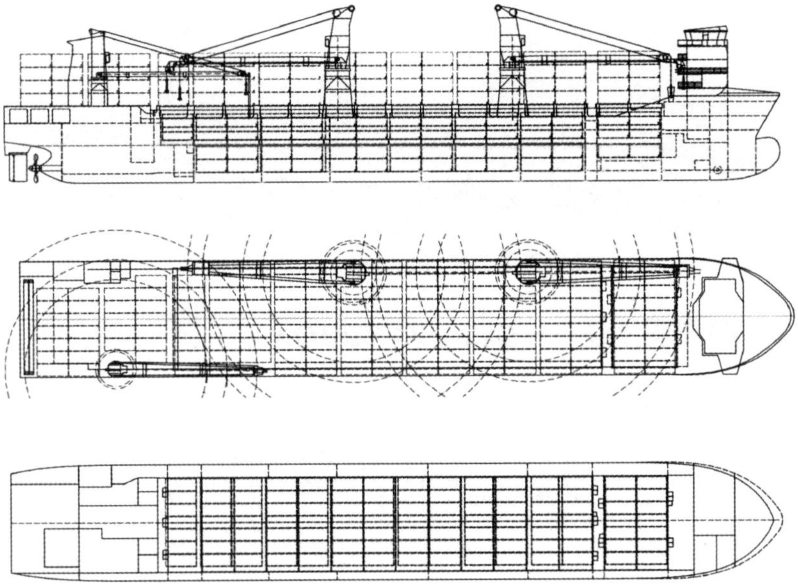

图4-7-1　HISTORY EDUARD总布置侧面图及俯视图

二、6000 DWT重吊船——ROLLDOCK SUN/SEA/SKY

6000 DWT重吊船资料如表4-7-2所示。

表4-7-2　6000 DWT重吊船资料

船型名称	6000 DWT重吊船	船型类别	重吊船
船级	GL+100 A5 E2 BMW（冰级E2）		
船旗	荷兰		
主要参数		单位	数据
总长		m	142.00
型宽		m	24.00
型深		m	5.90
吃水		m	5.67
载重量		t	6000
甲板载荷		t/m^2	12
舱板载荷		t/m^2	7
总吨位		t	12802
净吨位		t	3841
甲板载货面积		m^2	116.2 × 19.0
主机功率		kW	9000
舱容量		m^3	17000
起重机		t	2 × 350（350mt × 18m&200mt × 33m）

ROLLDOCK SUN船舶照片如图4-7-2所示。

图4-7-2　ROLLDOCK SUN船舶照片

三、6993 DWT重吊船——JUMBO VISION

6993 DWT重吊船资料如表4-7-3所示。

表4-7-3　6993 DWT重吊船资料

船型名称	6993 DWT重吊船	船型类别	重吊船
船级	100 A1，LMS，UMS，SCM		
船旗	荷兰	首制船交船时间	2000年
		IMO NO.	9153642
主要参数		单位	数据
总长		m	110.49
型宽		m	20.85
舱容量		m^3	10977
吃水		m	7.72
载重量		t	6993
甲板载货面积		m^2	1500
起重机		t	2 × 400
平均航速		n mile/h	14.5
总吨位		t	7966
净吨位		t	2389
甲板载荷		t/m^2	12
主机功率		kW	4900
淡水量		t	168

JUMBO VISION船舶照片如图4-7-3所示。

图4-7-3　JUMBO VISION船舶照片

四、7051 DWT重吊船——JUMBO FAIRLANE

7051 DWT重吊船资料如表4-7-4所示。

表4-7-4　7051 DWT重吊船资料

船型名称	7051 DWT重吊船	船型类别	重吊船
船级	100 A1，LMS，UMS，SCM		
船旗	荷兰	首制船交船时间	2001年
		IMO NO.	9153654
主要参数		单位	数据
总长		m	110.49
型宽		m	20.85
舱容量		m^3	10977
吃水		m	7.72
载重量		t	7051
甲板载货面积		m^2	1500
起重机		t	2 × 400
平均航速		n mile/h	14.5
总吨位		t	7971
净吨位		t	2391
甲板载荷		t/m^2	12
主机功率		kW	4900
淡水量		t	167

JUMBO FAIRLANE船舶照片如图4-7-4所示。

图4-7-4　JUMBO FAIRLANE船舶照片

五、8000 DWT重吊船——ROLLDOCK STORM/STAR

8000 DWT重吊船资料如表4–7–5所示。

表4–7–5　8000 DWT重吊船资料

船型名称	8000 DWT重吊船	船型类别	重吊船
船级	GL+100 A5 E2 BMW（冰级E2）		
船旗	荷兰		

主要参数	单位	数据
总长	m	151.50
型宽	m	25.4
型深	m	5.90
吃水	m	5.67
载重量	t	8000
甲板载荷	t/m²	12
舱板载荷	t/m²	7
总吨位	t	15382
净吨位	t	4615
甲板载货面积	m²	119.44 × 19.4
主机功率	kW	9000
舱容量	m³	18768
起重机	t	2 × 350

ROLLDOCK STORM船舶照片如图4–7–5所示。

图4–7–5　ROLLDOCK STORM船舶照片

六、8305 DWT重吊船——BANDURA

8305 DWT重吊船资料如表4–7–6所示。

表4-7-6　8305 DWT重吊船资料

船型名称	8305 DWT重吊船	船型类别	重吊船
船级	100 A1 +LMC，UMS		
船旗	中国		
主要参数		单位	数据
总长		m	118.14
型宽		m	16.13
吃水		m	7.19
载重量		t	8305
总吨位		t	5425
净吨位		t	2949
主甲板载货面积		m^2	1150
二层甲板面积		m^2	955
甲板载荷		t/m^2	17
舱容量		ft^3	371155
起重机		t	2 × 40

BANDURA总布置侧面图及俯视图如图4-7-6所示。

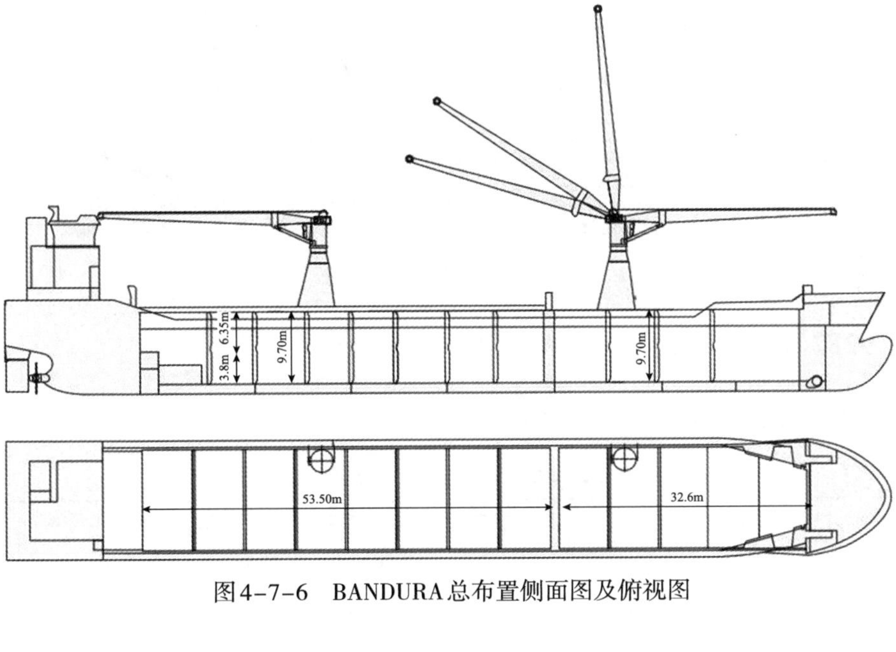

图4-7-6　BANDURA总布置侧面图及俯视图

七、8900 DWT重吊船——HLV Annette

8900 DWT重吊船资料如表4-7-7所示。

表4-7-7　8900 DWT重吊船资料

船型名称	8900 DWT重吊船	船型类别	重吊船
船旗	安提瓜和巴布达		

续表

主要参数	单位	数据
总长	m	151.67
型宽	m	21.02
吃水	m	7.85
载重量	t	8900
甲板载货面积	m^2	2363
舱容量	m^3	13604
平均航速	n mile/h	20
起重机	t	2 × 350+1 × 250

HLV Annette船舶照片如图4-7-7所示。

图4-7-7　HLV Annette船舶照片

八、9282 DWT重吊船——BBC系列

9282 DWT重吊船资料如表4-7-8所示。

表4-7-8　9282 DWT重吊船资料

船名	建造时间	IMO NO.	船旗	船名	建造时间	IMO NO.	船旗
BBC Everest	2011年	9508407	德国	BBC Olympus	2012年	9508457	安提瓜和巴布达
BBC Fuji	2011年	9508419		BBC Rushmore	2012年	9508469	
BBC Kibo	2011年	9508421	安提瓜和巴布达	BBC Vesuvius	2012年	9508471	
BBC Mont Blanc	2011年	9508433		BBC Xingang	2013年	9508483	

船型名称	9282 DWT重吊船	船型类别	重吊船
船级	DNV		

主要参数	单位	数据
总长	m	125.80
垂线间长	m	119.66

续表

主要参数	单位	数据
型宽	m	22.00
型深	m	10.80
吃水	m	7.60
载重量	t	9282
甲板载货面积	m^2	2286
甲板载荷	t/m^2	16
舱板载荷	t/m^2	2.5-3
总吨位	t	8255
净吨位	t	3966
平均航速	n mile/h	14.50
舱容量	m^3	13119
起重机	t	2 × 350

BBC系列船舶照片如图4-7-8所示。

图4-7-8　BBC系列船舶照片

九、9370 DWT重吊船——HLV Paula

9370 DWT重吊船资料如表4-7-9所示。

表4-7-9　9370 DWT重吊船资料

船型名称	9370 DWT重吊船	船型类别	重吊船
船旗	安提瓜和巴布达		
主要参数		单位	数据
总长		m	151.67
型宽		m	21.02
吃水		m	7.85
载重量		t	9370
甲板载货面积		m^2	2329

续表

主要参数	单位	数据
舱容量	m^3	13604
平均航速	n mile/h	20
起重机	t	2 × 320+1 × 200

HLV Paula船舶照片如图4-7-9所示。

图4-7-9　HLV Paula船舶照片

十、9544 DWT重吊船——HLV Annemieke

9544 DWT重吊船资料如表4-7-10所示。

表4-7-10　9544 DWT重吊船资料

船型名称	9544 DWT重吊船	船型类别	重吊船
船旗	安提瓜和巴布达		
主要参数		单位	数据
总长		m	151.67
型宽		m	20.65
吃水		m	7.85
载重量		t	9544
甲板载货面积		m^2	2329
舱容量		m^3	13614
平均航速		n mile/h	20
起重机		t	2 × 320+1 × 200

HLV Annemieke船舶照片如图4-7-10所示。

图4-7-10　HLV Annemieke船舶照片

十一、9800 DWT重吊船——BOKA NORTHERN OCEAN

9800 DWT重吊船资料如表4-7-11所示。

表4-7-11　9800 DWT重吊船资料

船型名称	9800 DWT重吊船	船型类别	重吊船
建造厂家	西班牙维哥市Metalships & Docks船厂		
船级	DNV 1A, EO, DK(+), CLEAN, COMF-V(3)CARGO SHIP, NAUT-OSV(A), HELIDK		
船旗	马耳他	首制船交船时间	2012年
		IMO NO.	9433183
主要参数		单位	数据
总长		m	132.44
垂线间长		m	120.40
型宽		m	30.00
型深		m	9.70
吃水		m	6.85
载重量		t	9800
甲板载荷		t/m^2	10
总吨位		t	10764
净吨位		t	3230
甲板载货面积		m^2	2000
压载水		m^3	7142
主机功率		kW	3360 × 2

BOKA NORTHERN OCEAN船舶照片和BOKA NORTHERN OCEAN总布置侧面图及俯视图如图4-7-11、图4-7-12所示。

图4-7-11　BOKA NORTHERN OCEAN船舶照片

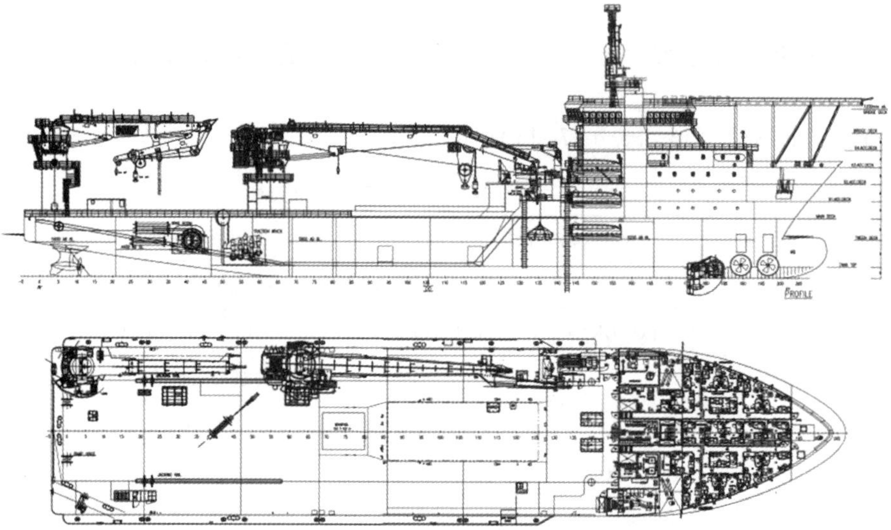

图4-7-12　BOKA NORTHERN OCEAN总布置侧面图及俯视图

十二、10000 DWT重吊船——HLV Anna

10000 DWT重吊船资料如表4-7-12所示。

表4-7-12　10000 DWT重吊船资料

船型名称	10000 DWT重吊船	船型类别	重吊船
船旗	安提瓜和巴布达		
冰级	DNV E3，1A		
主要参数		单位	数据
总长		m	133.00
型宽		m	23.00
吃水		m	7.80
载重量		t	10000
甲板载货面积		m^2	2311
舱容量		m^3	15700
平均航速		n mile/h	16
起重机		t	2×450

HLV Anna船舶照片如图4-7-13所示。

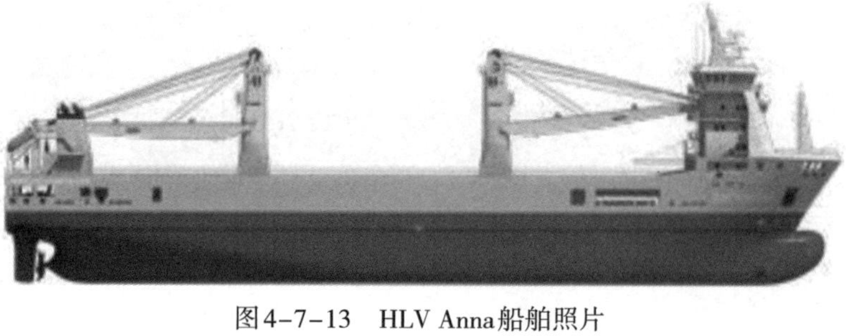

图4-7-13　HLV Anna船舶照片

十三、10700 DWT重吊船——HLV FAIRPLAYER

10700 DWT重吊船资料如表4-7-13所示。

表4-7-13　10700 DWT重吊船资料

船型名称	10700 DWT重吊船	船型类别	重吊船
船级	100 A1, UMS, CG, LI, IWS		
船旗	荷兰	首制船交船时间	2008年
		IMO NO.	9371579
主要参数		单位	数据
总长		m	144.10
垂线间长		m	133.80
型宽		m	26.70
型深		m	14.10
吃水		m	8.10
载重量		t	10700
甲板载货面积		m^2	3100
起重机		t	2 × 900
平均航速		n mile/h	17.0
总吨位		t	15027
净吨位		t	5244
甲板载荷		t/m^2	9~12
主机功率		kW	4500 × 2
淡水量		t	200

HLV FAIRPLAYER船舶照片和HLV FAIRPLAYER侧面图及俯视图如图4-7-14、图4-7-15所示。

图4-7-14　HLV FAIRPLAYER船舶照片

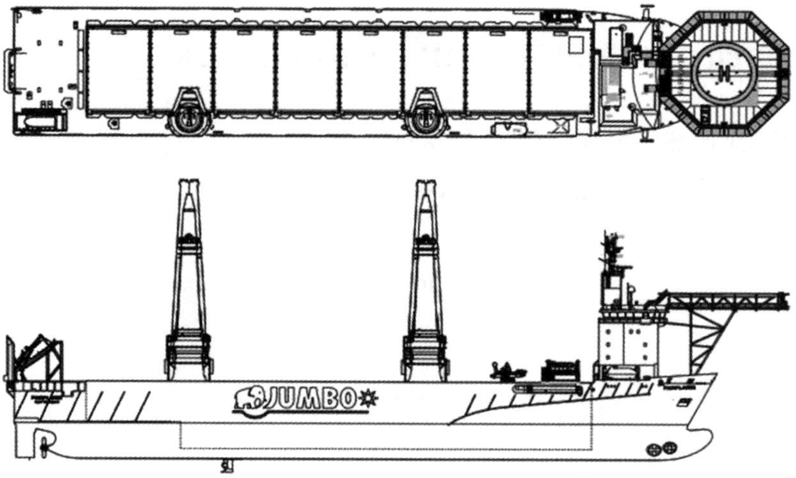

图4-7-15　HLV FAIRPLAYER侧面图及俯视图

十四、10942 DWT重吊船——JUMBO JAVELIN

10942 DWT重吊船资料如表4-7-14所示。

表4-7-14　10942 DWT重吊船资料

船型名称	10942 DWT重吊船	船型类别	重吊船
船级	100 A1, UMS, CG, LI, IWS		
船旗	荷兰	首制船交船时间	2004年
		IMO NO.	9243837
主要参数		单位	数据
总长		m	144.10
垂线间长		m	133.80
型宽		m	26.70
型深		m	14.10
吃水		m	6.00
载重量		t	10942
甲板载货面积		m^2	3100
起重机		t	2 × 900
平均航速		n mile/h	17.0
总吨位		t	15022
净吨位		t	4506
甲板载荷		t/m^2	9~12
主机功率		kW	4320 × 2
淡水量		t	141

JUMBO JAVELIN船舶照片和JUMBO JAVELIN侧面图及俯视图如图4-7-16、图4-7-17所示。

图4-7-16　JUMBO JAVELIN船舶照片

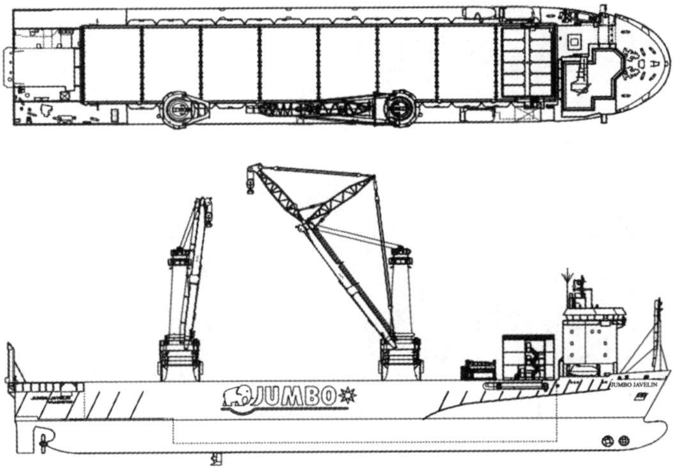

图4-7-17　JUMBO JAVELIN侧面图及俯视图

十五、11036 DWT重吊船——JUMBO JUBILEE

11036 DWT重吊船资料如表4-7-15所示。

表4-7-15　11036 DWT重吊船资料

船型名称	11036 DWT重吊船	船型类别	重吊船
船级	100 A1，UMS，CG，LI，IWS		
船旗	荷兰	首制船交船时间	2009年
		IMO NO.	9371581
主要参数		单位	数据
总长		m	144.80
舱容量		m^3	18130
型宽		m	26.84
吃水		m	7.50
载重量		t	11036

续表

主要参数	单位	数据
甲板载货面积	m^2	3100
起重机	t	2 × 900
平均航速	n mile/h	17
总吨位	t	15012
净吨位	t	4503
甲板载荷	t/m^2	12
主机功率	kW	9000
淡水量	t	140

JUMBO JUBILEE船舶照片如图4-7-18所示。

图4-7-18　JUMBO JUBILEE船舶照片

十六、12000 DWT重吊船——HLV Frauke

12000 DWT重吊船资料如表4-7-16所示。

表4-7-16　12000 DWT重吊船资料

船型名称	12000 DWT重吊船	船型类别	重吊船
船旗	安提瓜和巴布达		
主要参数		单位	数据
总长		m	159.80
型宽		m	24.34
吃水		m	9.00
载重量		t	12000
甲板载货面积		m^2	2918
舱容量		m^3	19299
平均航速		n mile/h	20
起重机		t	2 × 700+1 × 350

HLV Frauke船舶照片如图4-7-19所示。

图4-7-19　HLV Frauke船舶照片

十七、12200 DWT重吊船——Maasgracht

12200 DWT重吊船资料如表4-7-17所示。

表4-7-17　12200 DWT重吊船资料

船型名称	12200 DWT重吊船	船型类别	多用途船
冰级	1A		
船旗	荷兰		
主要参数		单位	数据
总长		m	142.10
型宽		m	18.90
吃水		m	8.70
载重量		t	12200
舱容量		ft^3	552100
起重机		t	3 × 80
总吨位		t	9524
净吨位		t	4402

Maasgracht船舶照片如图4-7-20所示。

图4-7-20　Maasgracht船舶照片

十八、12400 DWT重吊船——BBC系列

12400 DWT重吊船资料如表4-7-18所示。

表4-7-18　12400 DWT重吊船资料

船名	建造时间	IMO NO.	船旗	船名	建造时间	IMO NO.	船旗
Miena Desgagnes	2017年	9700380	巴巴多斯	St.Petersburg	2020年	9736200	安提瓜和巴布达
BBC Russia	2018年	9700392	安提瓜和巴布达	BBC Arkhangelsk	2020年	9736212	

续表

船型名称	12400 DWT重吊船	船型类别	重吊船
船级	DNV		
主要参数	单位	数据	
总长	m	147.00	
垂线间长	m	140.00	
型宽	m	22.80	
型深	m	11.55	
吃水	m	8.18	
载重量	t	12400	
甲板载货面积	m^2	2940	
甲板载荷	t/m^2	20~25	
舱板载荷	t/m^2	4~8	
总吨位	t	11503	
净吨位	t	4474	
平均航速	n mile/h	14.00	
舱容量	m^3	17600	
起重机	t	2 × 250	

BBC系列船舶照片如图4-7-21所示。

图4-7-21　BBC系列船舶照片

十九、12500 DWT重吊船——Florijngracht

12500 DWT重吊船资料如表4-7-19所示。

表4-7-19　12500 DWT重吊船资料

船型名称	12500 DWT重吊船	船型类别	多用途船
冰级	1A		
船旗	荷兰		

续表

主要参数	单位	数据
总长	m	137.07
型宽	m	18.90
吃水	m	8.53
载重量	t	12500
舱容量	ft^3	556980
起重机	t	3 × 80
总吨位	t	8620
净吨位	t	4398

Florijngracht船舶照片如图4-7-22所示。

图4-7-22　Florijngracht船舶照片

二十、12501 DWT重吊船——HLV Lone

12501 DWT重吊船资料如表4-7-20所示。

表4-7-20　12501 DWT重吊船资料

船型名称	12501 DWT重吊船	船型类别	重吊船
船旗	安提瓜和巴布达		
主要参数		单位	数据
总长		m	160.60
型宽		m	27.91
吃水		m	9.01
载重量		t	12501
甲板载货面积		m^2	DP1：3372 DP2：3215
舱容量		m^3	DP1：18470 DP2：17735
平均航速		n mile/h	20
起重机		t	2 × 1000

HLV Lone船舶照片如图4-7-23所示。

图4-7-23　HLV Lone船舶照片

二十一、12744 DWT重吊船——Heemskerkgracht

12744 DWT重吊船资料如表4-7-21所示。

表4-7-21　12744 DWT重吊船资料

船型名称	12744 DWT重吊船	船型类别	多用途船
冰级	1A		
船旗	荷兰		
主要参数		单位	数据
总长		m	138.50
型宽		m	21.00
吃水		m	8.00
载重量		t	12744
舱容量		ft^3	563340
起重机		t	2 × 180
总吨位		t	9611
净吨位		t	4260

Heemskerkgracht船舶照片如图4-7-24所示。

图4-7-24　Heemskerkgracht船舶照片

二十二、12754 DWT重吊船——Edamgracht

12754 DWT重吊船资料如表4-7-22所示。

表4-7-22　12754 DWT重吊船资料

船型名称	12754 DWT重吊船	船型类别	多用途船
冰级	1A		
船旗	荷兰		
主要参数		单位	数据
总长		m	137.16
型宽		m	18.90
吃水		m	8.52
载重量		t	12754
舱容量		ft^3	558678
起重机		t	3 × 60
总吨位		t	8448
净吨位		t	4651

Edamgracht船舶照片如图4-7-25所示。

图4-7-25　Edamgracht船舶照片

二十三、12767 DWT重吊船——ASIAN SPIRIT

12767 DWT重吊船资料如表4-7-23所示。

表4-7-23　12767 DWT重吊船资料

船型名称	12767 DWT重吊船	船型类别	重吊船
船级	美国船级社	冰级	E3
船旗	利比里亚	首制船交船时间	2006年
主要参数		单位	数据
总长		m	156.75
型宽		m	21.50
垂线间长		m	147.09
吃水		m	7.80
载重量		t	12767
总吨位		t	10899
净吨位		t	5766
起重机		t	2 × 240

ASIAN SPIRIT船舶照片如图4-7-26所示。

图4-7-26　ASIAN SPIRIT船舶照片

二十四、12780 DWT重吊船——BBC系列

12780 DWT重吊船资料如表4-7-24所示。

表4-7-24　12780 DWT重吊船资料

船名	建造时间	IMO NO.	船旗	船名	建造时间	IMO NO.	船旗
Aralia	2007年	9357212	利比里亚	BBC Georgia	2008年	9357224	安提瓜和巴布达
BBC Maine	2007年	9357200	安提瓜和巴布达	BBC Vermont	2008年	9357236	安提瓜和巴布达
BBC Texas	2007年	9388883	安提瓜和巴布达	Jannes	2009年	9435129	安提瓜和巴布达
Louise Auerbach	2007年	9388895	利比里亚	BBC Alaska	2010年	9453793	利比里亚
Erik	2008年	9435105	安提瓜和巴布达	BBC Maryland	2010年	9433298	安提瓜和巴布达
Pia	2007年	9384318	安提瓜和巴布达	BBC Michigan	2010年	9501241	安提瓜和巴布达
Frieda	2008年	9435117	安提瓜和巴布达	Claude A.Desgagnes	2011年	9488059	巴巴多斯
BBC Dakota	2008年	9388900	利比里亚				

船型名称	12780 DWT重吊船	船型类别	重吊船
船级	挪威船级社，Class NK		
主要参数		单位	数据
总长		m	138.50
垂线间长		m	130.50
型宽		m	21.00
型深		m	11.00
吃水		m	8.00
载重量		t	12780

续表

主要参数	单位	数据
甲板载货面积	m^2	2810
甲板载荷	t/m^2	16
舱板载荷	t/m^2	1.75–4
总吨位	t	9620
净吨位	t	4260
平均航速	n mile/h	13
舱容量	m^3	15952
起重机	t	2×150，合并300

BBC系列船舶照片如图4-7-27所示。

图4-7-27　BBC系列船舶照片

二十五、13740 DWT重吊船——HAPPY BUCCANEER

13740 DWT重吊船资料如表4-7-25所示。

表4-7-25　13740 DWT重吊船资料

船型名称	13740 DWT重吊船	船型类别	重吊船
船级	LRS X100A1 XLMC UMS		
船旗	荷兰	首制船交船时间	1984年
主要参数		单位	数据
总长		m	145.89
垂线间长		m	134.00
型宽		m	28.30
吃水		m	8.24
载重量		t	13740
甲板载货面积		m^2	3067
甲板载荷		t/m^2	15
舱板载荷		t/m^2	5

续表

主要参数	单位	数据
总吨位	t	16341
净吨位	t	4902
主机功率	kW	3840 × 2
舱容量	m^3	12391
起重机	t	2 × 700

HAPPY BUCCANEER船舶示意图如图4-7-28所示。

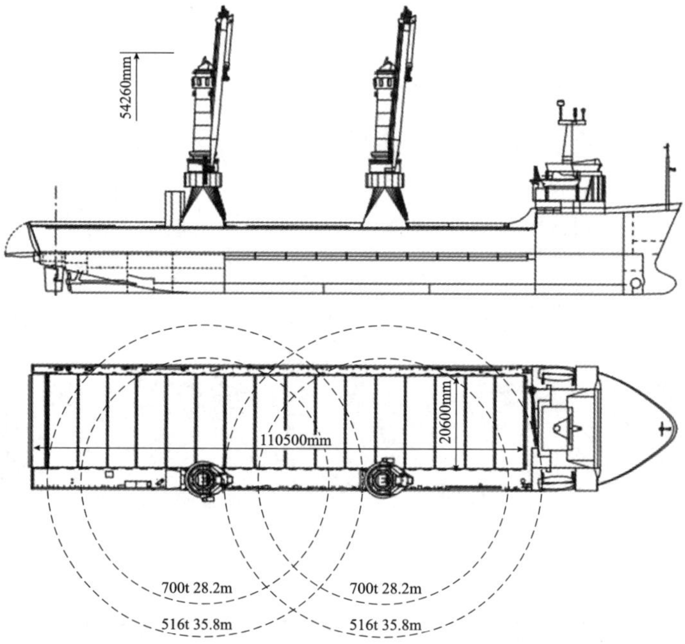

图4-7-28　HAPPY BUCCANEER船舶示意图

二十六、14000 DWT重吊船——HLV JUMBO KINETIC/ HLV FAIRMASTER

14000 DWT重吊船资料如表4-7-26所示。

表4-7-26　14000 DWT重吊船资料

船型名称	14000 DWT重吊船	船型类别	重吊船
船级	100 A1, UMS, CG, LI, IWS	冰级	1A FS
船旗	荷兰		
主要参数		单位	数据
总长		m	152.60
型宽		m	27.40
吃水		m	8.10
载重量		t	14000

续表

主要参数	单位	数据
甲板载货面积	m^2	3250
舱容量	m^3	21000
起重机	t	2 × 1500
平均航速	n mile/h	17.0
总吨位	t	18099
净吨位	t	5844
甲板载荷	t/m^2	12
舱板载荷	t/m^2	7
淡水量	t	298

HLV JUMBO KINETIC船舶照片如图4-7-29所示。

图4-7-29　HLV JUMBO KINETIC船舶照片

二十七、14350 DWT重吊船——BBC系列

14350 DWT重吊船资料如表4-7-27所示。

表4-7-27　14350 DWT重吊船资料

船名	建造时间	IMO NO.	船旗	船名	建造时间	IMO NO.	船旗
BBC Topaz	2010年	9506734	安提瓜和巴布达	BBC Coral	2012年	9563720	安提瓜和巴布达
BBC Amber	2011年	9563706		BBC Sapphire	2012年	9504798	
BBC Onyx	2011年	9506746		BBC Pearl	2012年	9504786	
BBC Opal	2011年	9506758		BBC Emerald	2013年	9504750	
BBC Amethyst	2012年	9504724		BBC Moonstone	2013年	9563732	
BBC Aquamarine	2012年	9504736		BBC Ruby	2016年	9563744	
BBC Citrine	2012年	9504748					

船型名称	14350 DWT重吊船	船型类别	重吊船
船级	DNV，NK		

续表

主要参数	单位	数据
总长	m	153.44
垂线间长	m	146.35
型宽	m	23.20
型深	m	11.95
吃水	m	9.10
载重量	t	14350
甲板载货面积	m^2	3364
甲板载荷	t/m^2	15
舱板载荷	t/m^2	2.5~5
总吨位	t	12838
净吨位	t	5968
平均航速	n mile/h	15.50
舱容量	m^3	20140
起重机	t	2 × 400+1 × 80

BBC系列船舶照片如图4-7-30所示。

图4-7-30　BBC系列船舶照片

二十八、15000 DWT重吊船——BOKALIFT 1

15000 DWT重吊船资料如表4-7-28所示。

表4-7-28　15000 DWT重吊船资料

船型名称	15000 DWT重吊船	船型类别	重吊船
冰级	1D		
船旗	塞浦路斯	首制船交船时间	2017年
		IMO NO.	9592850
主要参数		单位	数据
总长		m	216.00

续表

主要参数	单位	数据
型宽	m	43.00
型深	m	13.00
吃水	m	9.00
载重量	t	15000
甲板载货面积	m^2	6300
起重机	t	3000
平均航速	n mile/h	12.5
甲板载荷	t/m^2	25
主机功率	kW	3840 × 4，4800 × 2
调载能力	t/hr	1500 × 2

BOKALIFT 1船舶照片如图4-7-31所示。

图4-7-31　BOKALIFT 1船舶照片

二十九、15000 DWT重吊船——BOKALIFT 2

15000 DWT重吊船资料如表4-7-29所示。

表4-7-29　15000 DWT重吊船资料

船型名称	15000 DWT重吊船	船型类别	重吊船
船级	BV，AUT-UMS，AVM-DPS，ALM		
船旗	塞浦路斯	首制船交船时间	2000年
		IMO NO.	9190705
主要参数		单位	数据
总长		m	231.00
垂线间长		m	210.00
型宽		m	49.00
型深		m	21.00
吃水		m	10.00

续表

主要参数	单位	数据
载重量	t	15000
甲板载货面积	m^2	7500
主起重机	t	4000
平均航速	n mile/h	11
主机功率	kW	4320 × 8
调载能力	t/hr	750 × 2

BOKALIFT 2船舶照片如图4-7-32所示。

图4-7-32　BOKALIFT 2船舶照片

三十、15634 DWT重吊船——HAPPY R-TYPE

15634 DWT重吊船资料如表4-7-30所示。

表4-7-30　15634 DWT重吊船资料

船型名称	15634 DWT重吊船	船型类别	重吊船
船级	100 A1，冰级1A		
船旗	荷兰	首制船交船时间	1997年/1998年
主要参数		单位	数据
总长		m	138.00
垂线间长		m	127.90
型宽		m	22.88
吃水		m	9.50
载重量		t	15634
甲板载荷		t/m^2	20
舱板载荷		t/m^2	3.5~12.5
总吨位		t	10990

续表

主要参数	单位	数据
净吨位	t	5041
主机功率	kW	8775
舱容量	m^3	17863
起重机	t	2 × 400

HAPPY R-TYPE船舶示意图如图4-7-33所示。

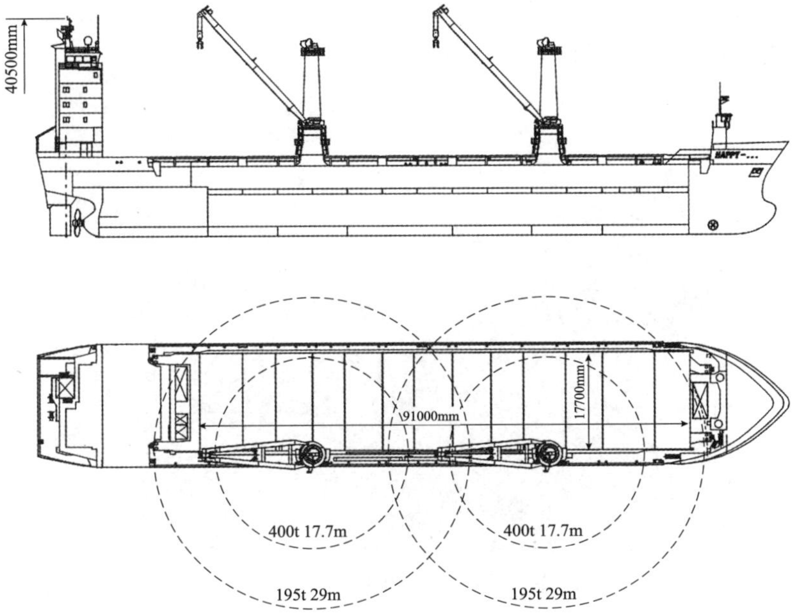

图4-7-33 HAPPY R-TYPE船舶示意图

三十一、16500 DWT重吊船——SAPODILLA

16500 DWT重吊船资料如表4-7-31所示。

表4-7-31 16500 DWT重吊船资料

船型名称	16500 DWT重吊船	船型类别	重吊船
船级	GL + 100 A5 E3 G IW ERS BWM SOLAS II + MC E3 AUT		
船旗	利比里亚	首制船交船时间	2010年

主要参数	单位	数据
总长	m	166.25
垂线间长	m	156.00
型宽	m	22.90
吃水	m	9.50
载重量	t	16500
甲板载荷	t/m^2	18

续表

主要参数	单位	数据
舱板载荷	t/m^2	3.5~8
总吨位	t	15377
净吨位	t	5722
主机功率	kW	9800
舱容量	m^3	22502
起重机	t	2 × 400+120

SAPODILLA船舶照片如图4-7-34所示。

图4-7-34 SAPODILLA船舶照片

三十二、17518 DWT重吊船——HAPPY D-TYPE

17518 DWT重吊船资料如表4-7-32所示。

表4-7-32 17518 DWT重吊船资料

船型名称	17518 DWT重吊船	船型类别	重吊船
船级	100A1，冰级 1A，LA，LI，NAV1，*IWS，XLMC，UMS		
船旗	荷兰	首制船交船时间	2011年
主要参数		单位	数据
总长		m	156.93
垂线间长		m	147.75
型宽		m	25.60
吃水		m	10.32
载重量		t	17518
甲板载荷		t/m^2	20
舱板载荷		t/m^2	5.5~12.5
总吨位		t	14784

续表

主要参数	单位	数据
净吨位	t	6070
主机功率	kW	8400
舱容量	m^3	20892
起重机	t	2×400

HAPPY D-TYPE船舶示意图如图4-7-35所示。

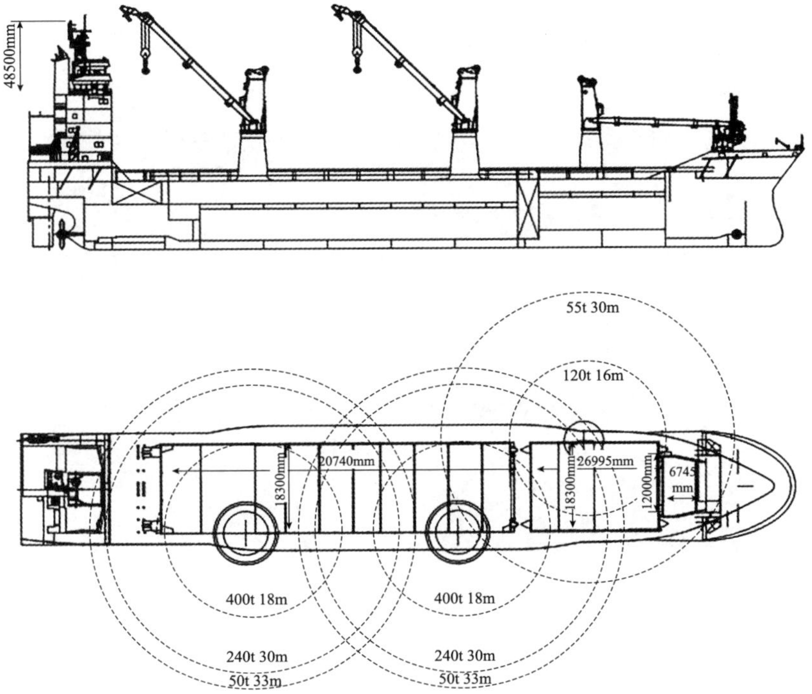

图4-7-35 HAPPY D-TYPE船舶示意图

三十三、17775 DWT重吊船——HAPPY SKY

17775 DWT重吊船资料如表4-7-33所示。

表4-7-33 17775 DWT重吊船资料

船型名称	17775 DWT重吊船	船型类别	重吊船
船级	100 A1，冰级1A		
船旗	荷兰	首制船交船时间	2013年
主要参数		单位	数据
总长		m	154.80
垂线间长		m	145.80
型宽		m	26.50
吃水		m	9.50
载重量		t	17775

续表

主要参数	单位	数据
甲板载荷	t/m^2	20
舱板载荷	t/m^2	4~12.5
总吨位	t	15989
净吨位	t	4989
主机功率	kW	8775
舱容量	m^3	20561
起重机	t	2 × 900

HAPPY SKY船舶照片如图4-7-36所示。

图4-7-36　HAPPY SKY船舶照片

三十四、18143 DWT重吊船——Dijksgracht

18143 DWT重吊船资料如表4-7-34所示。

表4-7-34　18143 DWT重吊船资料

船型名称	18143 DWT重吊船	船型类别	多用途船
冰级	1A		
船旗	荷兰		

主要参数	单位	数据
总长	m	156.93
型宽	m	22.80
吃水	m	10.25
载重量	t	18143
舱容量	ft^3	760500
起重机	t	3 × 120
总吨位	t	13558
净吨位	t	5981

Dijksgracht船舶照片如图4-7-37所示。

图4-7-37　Dijksgracht船舶照片

三十五、18661 DWT重吊船——Giant 7

18661 DWT重吊船资料如表4-7-35所示。

表4-7-35　18661 DWT重吊船资料

船型名称	18661 DWT重吊船	船型类别	重吊船
船级	劳氏船级社		
建造厂家	海庭（南通）船业有限公司		
船旗	比利时	首制船交船时间	2015年
主要参数		单位	数据
总长		m	137.00
型宽		m	36.00
型深		m	8.50
吃水		m	6.45
载重量		t	18661
燃油量		m^3	1056.4
舱容量		m^3	30180
调载能力		t/hr	1600
起重机		t	35000-600 600/1000（可选）

Giant 7船舶照片如图4-7-38所示。

图4-7-38　Giant 7船舶照片

三十六、19000 DWT重吊船——HAPPY STAR

19000 DWT重吊船资料如表4-7-36所示。

表4-7-36　19000 DWT重吊船资料

船型名称	19000 DWT重吊船	船型类别	重吊船
船级	100 A1，冰级1A		
船旗	荷兰		
主要参数		单位	数据
总长		m	156.00
垂线间长		m	147.60
型宽		m	29.00
吃水		m	9.50
载重量		t	19000
甲板载荷		t/m^2	20
舱板载荷		t/m^2	15
主机功率		kW	8775
舱容量		m^3	20535
起重机		t	2 × 1100

HAPPY STAR船舶照片如图4-7-39所示。

图4-7-39　HAPPY STAR船舶照片

三十七、19100 DWT重吊船——HLV Lisa

19100 DWT重吊船资料如表4-7-37所示。

表4-7-37　19100 DWT重吊船资料

船型名称	19100 DWT重吊船	船型类别	重吊船
船旗	葡萄牙		
冰级	DNV GL E3		

续表

主要参数	单位	数据
总长	m	166.15
型宽	m	22.90
吃水	m	9.80
载重量	t	19100
甲板载货面积	m^2	1992
舱容量	m^3	23720
平均航速	n mile/h	17
起重机	t	2 × 400/1 × 120

图4-7-40　HLV Lisa船舶照片

三十八、19450 DWT重吊船——Paleisgracht

19450 DWT重吊船资料如表4-7-38所示。

表4-7-38　19450 DWT重吊船资料

船型名称	19450 DWT重吊船	船型类别	多用途船
冰级	E3		
船旗	荷兰		
主要参数		单位	数据
总长		m	168.68
型宽		m	25.43
吃水		m	9.50
载重量		t	19450
舱容量		ft^3	929696
起重机		t	2 × 700/1 × 180
总吨位		t	17634
净吨位		t	6617

Paleisgracht船舶照片如图4-7-41所示。

图4-7-41　Paleisgracht船舶照片

三十九、20100 DWT重吊船——Parkgracht

20100 DWT重吊船资料如表4-7-39所示。

表4-7-39　20100 DWT重吊船资料

船型名称	20100 DWT重吊船	船型类别	重吊船
船级	DNV GL X100 A5，冰级E3		
船旗	澳大利亚		
主要参数		单位	数据
总长		m	168.68
型宽		m	25.43
吃水		m	9.50
载重量		t	20100
甲板载货面积		m^2	2220
甲板载荷		t/m^2	18
舱容量		ft^3	929696
起重机		t	2 × 400/1 × 180
总吨位		t	17634
净吨位		t	6617

Parkgracht船舶照片如图4-7-42所示。

图4-7-42　Parkgracht船舶照片

四十、21400 DWT重吊船——STATENGRACHT

21400 DWT重吊船资料如表4-7-40所示。

表4-7-40　21400 DWT重吊船资料

船型名称	21400 DWT重吊船	船型类别	重吊船
船级	劳氏船级社100 A1，冰级1A		
船旗	澳大利亚		

主要参数	单位	数据
总长	m	168.21
型宽	m	25.20
吃水	m	10.74
载重量	t	21400
甲板载货面积	m^2	2155
甲板载荷	t/m^2	20
舱容量	ft^3	840250
起重机	t	3 × 120
总吨位	t	16641
净吨位	t	6730

STATENGRACHT船舶照片如图4-7-43所示。

图4-7-43　STATENGRACHT船舶照片

四十一、22039 DWT重吊船——蓉达长沙

22039 DWT重吊船资料如表4-7-41所示。

表4-7-41　22039 DWT重吊船资料

船型名称	22039 DWT重吊船	船型类别	重吊船
船旗	中国	船级	CCS

主要参数	单位	数据
总长	m	169.685
垂线间长	m	162.50
型宽	m	27.50
型深	m	13.798

续表

主要参数	单位	数据
吃水	m	9.32
载重量	t	22039
平均航速	n mile/h	12.20
续航能力	n mile	11000
船员人数	人	20+4
舱容量	m^3	37339+33606
起重机	t	150 × 1/100 × 2

蓉达长沙船舶照片如图4-7-44所示。

图4-7-44　蓉达长沙船舶照片

四十二、23660 DWT重吊船——SAMPOGRACHT

23660 DWT重吊船资料如表4-7-42所示。

表4-7-42　23660 DWT重吊船资料

船型名称	23660 DWT重吊船	船型类别	重吊船
船级	劳氏船级社100 A1，冰级1A		
船旗	澳大利亚		
主要参数		单位	数据
总长		m	185.40
型宽		m	25.30
吃水		m	10.61
载重量		t	23660
甲板载货面积		m^2	2441
甲板载荷		t/m^2	20
舱容量		ft^3	973180
起重机		t	3 × 120
总吨位		t	18321
净吨位		t	7647

SAMPOGRACHT船舶照片如图4-7-45所示。

图4-7-45　SAMPOGRACHT船舶照片

四十三、28309 DWT重吊船——黄海开拓

28309 DWT重吊船资料如表4-7-43所示。

表4-7-43　28309 DWT重吊船资料

船型名称	28309 DWT重吊船	船型类别	重吊船
船旗	中国		
主要参数		单位	数据
总长		m	166.495
垂线间长		m	158.320
型宽		m	27.40
型深		m	14.20
吃水		m	10.10
载重量		t	28309
平均航速		n mile/h	14.20
续航能力		n mile	12000
船员人数		人	29+4
舱容量		m^3	39102+38320
起重机		t	3 × 80

黄海开拓船舶示意图如图4-7-46所示。

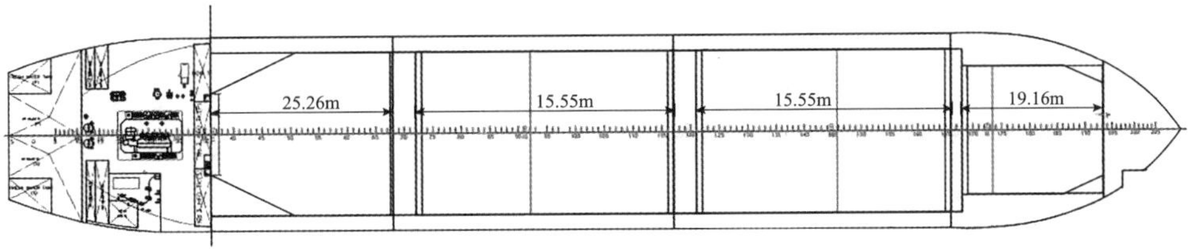

图4-7-46　黄海开拓船舶示意图

第5章　工程实例

受益于超大的载重能力和灵活的拼接方式，加之空车转场方便，可以通过标准集装箱运往世界各地工作现场，SPMT广泛应用于石油化工、海上风电、海洋工程、工民建和装备制造业等领域的大型设备运输及安装工作中，为全世界基础设施、能源建设发挥了巨大作用。SPMT与重型甲板驳船或半潜船的组合已经成为兼具经济性、安全性和快速性的模块运输模式。

第1节　LNG模块运输项目

Yamal LNG项目（图5-1-1）是全球最大的天然气液化和出口基地建设项目之一，位于俄罗斯亚马尔半岛，由俄罗斯诺瓦泰克（占股60%）、法国道达尔（占股20%）、中国石油（占股20%）共同组成联合体运营。主要开发South Tambey天然气田，并建造一座设计产能1650×10^4t/a的LNG工厂，由3条产能为550×10^4t/a的生产线组成。项目EPC由Technip、JGC和Chiyoda的联合体承担。因项目所在地靠近北极，天气严寒，地表大面积被永冻层覆盖，施工建造难度极大，因此，工程整体采用模块化模式施工。

图5-1-1　Yamal LNG项目现场

亚洲区域10个海工生产厂家参与到上述3条生产线的制作工作中，其中，我国共有6家生产厂商，模块总重超过45×10^4t，模块数量超200个，最大单体模块超8000t，3条生产线分别于2016年底、2017年底和2018年底投产。总共有15艘半潜船（包括RED BOX AUDAX、RED ZEDI、RED ZEDII、华洋龙、康盛口、BIGROLL、祥云口等）、4艘破冰船和3000轴线SPMT参与到模块运输工作中（图5-1-2）。

图5-1-2　Yamal LNG模块装船

鉴于Yamal LNG项目在项目建设、能源安全和外汇收益等方面取得了巨大成功，俄罗斯继续开发了体量更大的Artic2 LNG项目，借鉴了Yamal LNG模块成功建造经验，Artic2 LNG项目进一步推进单体模块建造尺寸和重量。

Artic2 LNG项目包括3条660 × 10^4t/a的生产线，总生产能力为1980 × 10^4t/a，每条生产线由14个模块组成，绝大部分模块由中国厂家生产制造。截至2023年11月，已经完成第一条生产线模块的运输工作，发运的最重模块质量为14000t，使用SPMT 630轴线完成场内运输和装船工作（图5-1-3），使用10 × 10^4t级新光华半潜船完成海运工作。

图5-1-3　GBS2模块2-TMR-005滚装

第2节　石化模块运输项目

美国得克萨斯州石化项目位于美国得克萨斯州休斯敦，由台塑集团投资建设。项目管廊装置在中国制造组装为模块，后经过海运运输至休斯敦项目现场进行安装。根据所分割模块大小、重量和制造厂家的不同，采取自航式甲板驳船和重吊船两种海运装备配合SPMT的模式完成全流程运输工作。

一、自航式甲板驳船运输

自航式甲板驳船运输9个大型管廊模块，总重3200t，其中，最大模块长41m、宽15m、高20m，重630t。

运输环节包括模块称重、制造场地至码头运输、滚装上船、海运绑扎加固、海运、清报关、解绑及滚卸下船、公路运输、现场自卸、现场倒运及基础就位等工作。海洋运输起止地是中国江苏南通制造工厂自备码头和美国得克萨斯州休斯敦Point Comfort，装船港（图5-2-1）与卸船港（图5-2-2）在靠泊等级、码头岸线、航道通航等级等方面差距很大，需要统筹考虑船舶选择、航线选择等关键装备和运输路径。

图5-2-1　装船港

运输船舶在海洋运输过程中需要通航好望角航线，风浪大，船舶在此航区航行会有较大的运动姿态变化，带动甲板上模块横摇、纵摇和垂荡，还会受到风力、上浪等外力作用。为确保可靠，绑扎固定系统需要专门的设计和实施，并对船舶甲板强度和模块局部强度进行验证。

在使用SPMT进行模块安装（图5-2-3）时，需要将模块柱脚板预留的螺孔与预制在水泥基础上的螺柱精确匹配对位，由于螺孔与螺柱之间空间预留较小，安装时对模块变形控制、基础及螺柱预制精度、液压轴线车性能和操作水平提出了很高的要求。

图5-2-2 卸船港

图5-2-3 使用SPMT进行模块安装

二、重吊船运输

重吊船共计运输82台模块，10×10^4计费吨，主要运输流程包括模块称重、制造场地至码头运输、吊装上船、海运绑扎加固、海运、清报关、解绑及吊卸下船、公路运输、车板交货等工作。使用2艘3×10^4载重吨重吊船（并吊700t）进行海洋运输，并设计专用吊具以完成装卸船作业。

参考文献

[1] 李兴举. 工程物流实务 [M]. 北京：人民交通出版社股份有限公司，2021.
[2] 郑艳召. 大件运输装备 [M]. 北京：中国财务出版社，2018.
[3] 李兴举. 大件运输安全技术 [M]. 北京：中国财富出版社，2018.
[4] 曾传华，兰林刚. 工程物流实务 [M]. 北京：中国铁道出版社，2014.
[5] 肖建英. 公路大件运输技术 [M]. 北京：人民交通出版社股份有限公司，2015.
[6] 魏莉洁. 船舶常识 [M]. 哈尔滨：哈尔滨工程大学出版社，2009.
[7] 余建星. 船舶与海洋工程设备 [M]. 天津：天津大学出版社，2011.
[8] 王正禄，赵瑜. 船舶概述 [M]. 北京：化学工业出版社，2015.
[9] 徐邦祯. 船舶货运 [M]. 大连：大连海事大学出版社，2011.
[10] 王建平. 船舶货运技术 [M]. 大连：大连海事大学出版社，2010.
[11] 范育军，王威. 船舶结构与货运 [M]. 哈尔滨：哈尔滨工程大学出版社，2016.